Gunter Geiger
Beatrice van Saan-Klein (Hrsg.)

Menschenrechte weltweit – Schöpfung bewahren!

Grundlagen einer ethischen Umweltpolitik

Verlag Barbara Budrich
Opladen • Berlin • Toronto 2013

Bibliografische Information der Deutschen Nationalbibliothek
Die Deutsche Nationalbibliothek verzeichnet diese Publikation in der Deutschen
Nationalbibliografie; detaillierte bibliografische Daten sind im Internet über
http://dnb.d-nb.de abrufbar.

ClimatePartner °
klimaneutral

Druck | ID: 53192-1304-1009

Gedruckt auf säurefreiem und alterungsbeständigem Papier.

Alle Rechte vorbehalten.
© 2013 Verlag Barbara Budrich, Opladen, Berlin & Toronto
www.budrich-verlag.de

     ISBN   **978-3-8474-0094-3 (Paperback)**
     eISBN   978-3-8474-0362-3 (eBook)

Umschlaggestaltung: Bettina Lehfeldt, Kleinmachnow – www.lehfeldtgraphic.de
Druck: oeding print GmbH, Braunschweig
Printed in Europe

Inhalt

Einleitung

Die Erde ist uns Menschen von Gott als Geschenk anvertraut, um sie in Ehrfurcht und Verantwortung zu bebauen und zu bewahren (Gen 2,15). Dieser Schöpfungsglaube ist die Grundlage für die kirchliche Umweltarbeit. Moralische Appelle zur Bewahrung der Schöpfung als Stellungnahmen seitens der Kirche gibt es mindestens, seit die ökologische Krise erstmals ins öffentliche Bewusstsein gerückt ist. So hat Papst Paul VI. in seiner Botschaft an die internationale Umweltschutzkonferenz in Stockholm (1972) auf die Notwendigkeit hingewiesen, die Biosphäre zu schützen.

In der Aufarbeitung des Weltgipfels 1992 von Rio de Janeiro werden vielfältige Zusammenhänge zwischen dem Begriff der Nachhaltigkeit mit ihren drei Säulen „Ökologie, Ökonomie und Soziales" und dem konziliaren Prozess für „Frieden, Gerechtigkeit und Bewahrung der Schöpfung" offensichtlich. 1997 wird die „nachhaltige Entwicklung" in dem gemeinsamen Text von EKD und DBK „Für eine Zukunft in Solidarität und Gerechtigkeit" offiziell als grundlegende Perspektive christlicher Ethik aufgenommen. Mit der 1998 erschienenen Schrift der Kommission VI der deutschen Bischöfe „Handeln für die Zukunft der Schöpfung" rücken auch im innerkirchlichen Raum die eigenen Handlungsoptionen zur Bewahrung der Schöpfung stärker in den Fokus.

Energiesparen oder Umstellung auf regenerative Energieträger wird nicht nur aus wirtschaftlichen Gründen vorangetrieben, sondern auch als Beitrag zum Weltfrieden gesehen. Die 1998 neu gegründete Clearingstelle Kirche & Umwelt sowie die nun vermehrt benannten Umweltbeauftragten in den deutschen Diözesen zählen auch die nachhaltige Landwirtschaft, den Artenschutz sowie die Verwendung von Recyclingpapier als ersten Schritt zu einer Beschaffung nach ökologischen Kriterien zu ihren Aufgabenfeldern. Die Frage nach der gleichzeitigen Einhaltung von Sozialstandards prägt bald den Begriff der „ökofairen" Beschaffung und legt die Zusammenarbeit mit den bischöflichen Referaten für Weltkirche sowie mit den kirchlichen Entwicklungsorganisationen nahe.

Im Herbst 2006 wurde von der Vollversammlung der Deutschen Bischöfe in Fulda das vielbeachtete so genannte „Klimapapier" veröffentlicht, welches die Entwicklung der ökologischen Krise mit seinem prägnanten Titel „Der Klimawandel: Brennpunkt globaler, intergenerationeller und ökologischer Gerechtigkeit" im wahrsten Sinne des Wortes auf den Punkt bringt. Bereits im April 2007 erschienen sowohl die 2. überarbeitete Auflage als auch die englische Übersetzung. Als weiteren Höhepunkt amtskirchlicher Verlautbarungen zur Umweltkrise schreibt Papst Benedikt XVI. im Sommer 2009 in seiner Enzyklika *Caritas in Veritate*: „Die mit der Sorge und dem Schutz für die Umwelt zusammenhängenden Fragen müssen heute der Energieproblematik entsprechende Beachtung schenken." (Nr. 49) In seiner Botschaft zum Weltfriedenstag 2010 ergänzt er dies noch einmal mit der Aussage: „Wenn Du den Frieden willst, bewahre die Schöpfung". Unter dieses Motto stellt die Kommission Umwelt des Rates der europäischen Bischofskonferenzen (CCEE) dann auch ihre internationale „Pilgerreise für die Schöpfung", die im September 2010 unter Teilnahme zahlreicher Bischöfe von Ungarn über die Slowakei nach Österreich führte. Angesichts der Dringlichkeit des Handelns legen die Deutschen Bischöfe bereits im Jahr 2011 einen weiteren Expertentext als Arbeitshilfe mit dem Titel „Der Schöpfung verpflichtet – Anregungen für einen nachhaltigen Umgang mit Energie" vor.

Auch diese vermehrte mediale Präsenz des Umweltthemas im Wortlaut höchster kirchlicher Würdenträger macht deutlich, dass es bei der Diskussion um den Klimawandel längst nicht mehr „nur" um die Frage geht, wie viel Schaden die Umwelt durch ungehemmtes Verbrennen fossiler Energieträger und maßlosen Konsum insbesondere der Menschen in den Industriestaaten nehmen wird. Obwohl auch das schon im Sinne der Schöpfungsgerechtigkeit Anlass genug zum Umdenken wäre.

Vermehrtes Auftreten von extremen Wetterereignissen, unkalkulierbar auftretende Dürren und Starkregen mit der Folge von ausbleibenden oder vernichteten Ernten sowie der Anstieg des Meeresspiegels betreffen in besonderer Härte auch die menschlichen Mitgeschöpfe und zwar vermehrt jene, welche relativ wenig oder gar nichts zum Klimawandel beigetragen haben. Zukünftigen Generationen wird die Chance für eine gute Entwicklung auf Grundlage einer intakten Umwelt genommen. Auch sind die schon heute am Existenzminimum oder darunter lebenden Armen in den Ländern des Südens kaum in der Lage, sich an den Klimawandel anzupassen oder sich vor dessen Folgen zu schützen. Das weithin anerkannte naturwissenschaftliche Faktum des Klimawandels ist also zutiefst mit dem Ruf nach Gerechtigkeit verbunden, steht also tatsächlich im „Brennpunkt globaler, intergenerationeller und ökologischer Gerechtigkeit".

Die Herausgeber kamen überein, die sehr komplexe Gerechtigkeitsfrage im Zusammenhang mit dem Klimawandel interdisziplinär aufzugreifen. Die vielfältigen Facetten der Problematik legten sehr schnell nahe, daraus eine ganze Akademieabendreihe (eine Vortragsreihe die als Ringvorlesung angelegt ist) werden zu lassen, zumal sich diese unmittelbar an das im Bonifatiushaus seit mehreren Jahren aktuelle Menschenrechtsthema anschließt. Ausgehend vom Schöpfungsgedanken und unserem christlichen Menschen- und Weltbild sehen wir in der aktuellen Umwelt- und Nachhaltigkeitsdebatte ein „Einmischen" für unabdingbar.

Anerkannte Wissenschaftler verschiedenster Fakultäten sind unserer Einladung gefolgt und haben ihre je eigene fachliche Sichtweise im Rahmen der Akademieabendreihe „Menschenrechte weltweit – Schöpfung bewahren! Grundlagen einer ethischen Umweltpolitik" über zwei Semester hinweg vorgetragen. Um unsere Standpunkte in die aktuelle Diskussion einzubringen, haben wir uns entschlossen, die Ergebnisse der einzelnen Akademieabende im vorliegenden Buch zu veröffentlichen. Wir hoffen damit einen konkreten Beitrag zu leisten, um Politik, Kirche und Gesellschaft zu mehr Engagement in Umweltfragen anzuregen und die Schöpfung zu bewahren.

Als Auftakt des Themenschwerpunkts legt Thomas Hieke unter dem Titel „Alles nur Mythos? Impulse für heutiges Handeln aus biblischer Schöpfungsrede", der Frage „Kann man mit der Bibel ein Land regieren?" folgend, dar, dass dies nicht direkt funktioniert, da die Bibel nicht wortwörtlich spricht, sondern im Geist Gottes und in einem lebendigen Prozess des Lesens und Auslegens in unsere Zeit hineinwirkt. Ihre Geschichten sind „Mythos", aber positiv verstanden: Erzählungen auf der Suche nach dem größeren Sinn der vorfindlichen Welt, nach Zusammenhängen und Orientierungen zur Interpretation der vielen Daten und zum Handeln. Die Schöpfungsrede der Bibel soll daraufhin befragt werden, welche Impulse ihre „Mythen", ihre Sinnstiftungsmodelle für heutiges Denken und Handeln ausstrahlen. Es wird deutlich werden, dass laut der Bibel genau die Dinge, die wir spontan als „nicht in Ordnung" bezeichnen würden, tatsächlich nicht der von Gott eingerichteten lebensförderlichen Ordnung entsprechen. Die biblische Schöpfungsrede ist ein „Gegentext", der mit Idealen für eine bessere Welt kämpft. Und wir haben bei weitem noch nicht alle diese Ideale umgesetzt.

Markus Vogt stellt „Die Zukunft der Kernenergie nach Tschernobyl und Fukushima" dar. Er beschreibt den deutschen Ausstieg aus der Kernenergie als weitgehend nationalen Alleingang und geht den folgenden Fragestellungen nach: Was sind die Gründe für die weltweit sehr unterschiedlichen Reaktionen auf Tschernobyl und Fukushima? Welche Rolle spielte Tschernobyl für den Zerfall der Sowjetunion? Was können wir aus Fukushima für den Umgang mit Risiken lernen? Wie kann man zwischen den Risiken von Atomenergie und fossilen Energien abwägen? Welche Rolle spielt die Atomenergie auf dem Weg zu einer Energiewende?

Maria Müller-Lindenlauf beschreibt in ihrem Beitrag „Energie aus Biomasse: ein Beitrag zum Klimaschutz?! – Ökobilanzen von Bioenergieträgern", dass der Anbau von Biomasse für die energetische Nutzung in den letzten Jahren weltweit massiv zugenommen hat. Neben der Unabhängigkeit von knapper werdenden fossilen Rohstoffen ist die Reduktion der klimaschädlichen Emissionen das wichtigste Motiv für die vermehrte Nutzung von Bioenergieträgern. Ob durch die energetische Nutzung von Biomasse tatsächlich ein effektiver Beitrag zum Klimaschutz geleistet wird, ist jedoch umstritten. Aus Umweltsicht sind vor allem die durch die verstärkte Nachfrage nach Land verursachten Landnutzungsänderungen – z.B. Regenwaldabholzungen – sowie negative Auswirkungen eines Biomasseanbaus in intensiver Landwirtschaft kritisch zu berücksichtigen. Der Fokus des Beitrags liegt auf Europa und der hier erzeugten bzw. nachgefragten Bioenergie. Zusätzlich zu den

Umweltbilanzen wird auch dargestellt, welche Potenziale für die Erzeugung von Bioenergie zur Verfügung stehen und welcher Anteil des Energiebedarfs mit einem nachhaltigen Biomasseanbau gedeckt werden kann.

Andreas Lienkamp, der sich schon in seiner *Habilitationsschrift* „Klimawandel und Gerechtigkeit – Eine Ethik der Nachhaltigkeit in christlicher Perspektive" mit der Thematik auseinandersetzte, folgt bei seinen Überlegungen aus der Perspektive einer christlichen Ethik der Nachhaltigkeit dem methodischen Dreischritt Sehen – Urteilen – Handeln. Der erste Schritt wendet sich dem anthropogenen Klimawandel, seinen Symptomen, Ursachen und Folgen zu. Im zweiten Schritt werden einschlägige theologische und ethische Kriterien entfaltet und auf die dargelegte Situation und Entwicklung bezogen. Der dritte Schritt stellt eine daraus sich ergebende Praxis des Klimaschutzes sowie der Anpassung an die unvermeidlichen Folgen des Klimawandels vor.

Anika Schroeder reflektiert die Berichte von Kleinbauern aus aller Welt: „Das Wetter spielt verrückt und treibt mich in den Ruin". Während die Industrienationen den größten Anteil an der globalen Erwärmung haben, sind es die Ärmsten der Armen, die am stärksten von dessen Folgen betroffen sind. Anika Schroeder legt dar, wie Menschen im Süden den Wandel erleben, was sie tun, um sich an die Veränderungen anzupassen und wie wir sie dabei unterstützen können. Wir sehen: Unterstützung bei der Anpassung und letztlich vor allem ambitionierter Klimaschutz sind das Gebot der Stunde! Denn auch wir in Deutschland tragen Verantwortung, damit diese Menschen im Klimawandel würdevoll leben können. Jedoch zeigen Beispiele verfehlter Klimapolitik, wie z.B. Biosprit, dass ein „weiter wie bisher" nicht möglich ist und neue Wege für eine schöpfungsgerechte Welt eingeschlagen werden müssen.

Christoph Görg belegt seine Thesen in dem Beitrag „Klima – Macht – (Un)Gerechtigkeit. Die Forderung nach Klimagerechtigkeit in der internationalen Politik" an drei Hauptbegriffen: Worum geht es eigentlich beim Klimawandel (warum werden überhaupt Gerechtigkeitsfragen aufgeworfen)? Wie wird dieses Thema in der internationalen Politik behandelt (und welche Machtfragen sind dabei angesprochen)? Wie äußert sich die Forderung nach Gerechtigkeit und wie hat sich diese Forderung in den letzten Jahren entwickelt? Diese letzte Frage hat dabei durchaus verschiedene Facetten, die in ihren Hauptakzenten herausgearbeitet werden.

Bernd Overwien fragt in seinem Artikel „Nachhaltige Entwicklung für alle! Globale Entwicklungen in schulischer und außerschulischer Bildung", inwieweit Bildung globale Entwicklungen beeinflusst. Bildung für nachhaltige Entwicklung und globales Lernen sind seit mehr als zwanzig Jahren Teil der Bildungspraxis innerhalb wie außerhalb der Schule. Sowohl die bekannten Zuspitzungen der Umweltkrise(n), als auch der fortlaufende Globalisierungsprozess haben die Integration der Konzepte beschleunigt. Ein „Orientierungsrahmen für den Lernbereich globale Entwicklung" der Kultusministerkonferenz bewirkt verstärkte Aktivitäten in den Ländern, auch der Kooperation zwischen schulischer und außerschulischer Bildung.

Michael Reder hinterfragt, inwieweit man „Klimawandel als Verletzung der Menschenrechte?" bezeichnen kann. Klimawandel ist gegenwärtig eine der drängendsten globalen Herausforderungen in politischer und ökonomischer Hinsicht. Ethisch betrachtet stellen die Klimafolgen für viele Menschen des Südens eine Erfahrung von Ungerechtigkeit dar: Denn sie sind kaum für die Klimafolgen verantwortlich und haben gleichzeitig weniger Möglichkeiten, sich an diese anzupassen. Deswegen werden heute die Folgen des Klimawandels politisch immer häufiger als eine Verletzung der Menschenrechte interpretiert. Der Beitrag geht ethischen, politischen und ökonomischen Aspekten des Klimawandels nach und lotet Merkmale für eine politische Lösung aus, die sich an dem Prinzip der Gerechtigkeit orientiert.

Umweltschutz, Klimawandel, Energie, soziale Gerechtigkeit, wirtschaftliche Leistungsfähigkeit und Nachhaltigkeit sind die Schlagworte, um die sich die Texte des vorliegenden Bandes drehen. Wir danken allen Autorinnen und Autoren für ihre engagierten Beiträge und hoffen mit dem Band unsere Verantwortung für die Schöpfung deutlich gemacht zu haben. Wir danken dem Missio-Referenten unseres Bistums, Herrn Sturmius Schneider dafür, die dem Buch vorausgegangene Akademieabendreihe mit geplant zu haben, und allen MitarbeiterInnen des Verlages Barbara Budrich für die Unterstützung bei der Herausgabe der vorliegenden Publikation. Wir wollen mit diesem Buch erreichen, dass die behandelten Themen und Fragestellungen in der Gesellschaft, der Schule und Hochschule, aber auch in kirchlichen Kontexten noch größere Sichtbarkeit und „nachhaltige" Bearbeitung erfahren.

Fulda, im März 2013   *Beatrice van Saan-Klein und Gunter Geiger*

Alles nur Mythos? Impulse für heutiges Handeln aus biblischer Schöpfungsrede

Thomas Hieke

1. Einführung

Kann man mit der Bibel in der Hand ein Land regieren? Moderne Menschen wittern hier Fundamentalismus und lehnen jegliche Einflussnahme der Religion auf den Staat ab. Aber auch ein gläubiger Mensch hätte wohl spontan gewisse Schwierigkeiten. Sind die Geschichten der Bibel nicht bloße Mythen, die nichts mit unserer heutigen komplizierten Wirklichkeit zu tun haben? Um ein Missverständnis vorweg auszuräumen: Die Bibel ist nicht dazu gedacht, sofort und 1:1 in jedem Bereich „umgesetzt" zu werden, so dass man in einer falsch verstandenen Hermeneutik der Nachahmung alles buchstabengetreu in konkretem Handeln verwirklicht. Die Bibel ist – wie die Literatur der jüdischen Rabbinen von der Tora sagt – „zur Auslegung" gegeben. Als Gotteswort in Menschenwort ergangen, spricht sie in jede Zeit hinein, doch nicht wortwörtlich oder buchstäblich, sondern im Geiste Gottes und in einem lebendigen Prozess des Lesens, des Nachsinnens, des Besprechens und des Handelns. Die Aufgabe aller, die sich mit Bibelauslegung beschäftigen, besteht also auch darin, immer wieder im biblischen Text Impulse zu finden, die heutige brennende Fragen behandeln und dafür Orientierung geben. Man wird keine Patentrezepte (wie in einem Kochbuch) finden, aber richtungsweisende Ideale, oftmals auch in Form eines unangenehmen „Stachels im Fleisch", der bohrend darauf hinweist, dass in unserem Alltag „eigentlich" etwas nicht in Ordnung ist und wir nicht einfach so weitermachen können.

Im Folgenden geht es darum, die biblische Schöpfungsrede anhand ausgewählter Beispiele (erneut) kennen zu lernen und sie daraufhin zu befragen, welche Impulse aus ihr für heutige Problemfelder entstehen. Damit der biblische Text aber nicht sofort als „bloßer Mythos" abgetan wird, ist es nötig, sich ein paar Gedanken über den Mythosbegriff und das moderne Wirklichkeitsverständnis (im Vergleich zum antiken Denken) zu machen.

2. Mythos

2.1 Die Frage nach dem „Woher"

Einer der Aspekte, die den Menschen zum Menschen machen, besteht darin, dass er nach seinem „Woher?" fragt. Ähnlich bedeutsam wie die „Sinnfrage" nach der Zukunft ist die Frage nach der Vergangenheit: „Woher komme ich?" und: „Woher kommt diese Welt?". In der Neuzeit übernimmt die Naturwissenschaft auf der Basis eines gewaltigen Datenmaterials mit den Modellen der Physik und Biologie die Vorherrschaft in der Beantwortung der Frage nach dem „Woher?". In anderen Zeiten mit weitaus weniger Daten haben die Menschen andere Antworten gegeben – diese gilt es mit Respekt zu behandeln und nicht als „veraltet" abzuqualifizieren.

Die Suche nach dem „Woher?" mündet in die Frage nach dem Ur-Anfang – man stellt sie auch deshalb, weil man in ihrer Antwort eine sinnstiftende Kraft vermutet, die bis in die Gegenwart von Relevanz ist.[1] Die Texte der Bibel sind nicht die ersten und nicht die einzigen, die die Frage nach dem „Woher" bis zum Ur-Anfang zurückverfolgen. Aus dem Umfeld der Bibel, dem Alten Orient und dem Alten Ägypten sind zahlreiche Mythen erhalten, die von der Entstehung der Götter, der Welt und des Menschen reden und in Bildern und Geschichten Sinnzusammenhänge aufspannen, um die vorfindlichen Phänomene und ihr Herkommen zu erklären.[2]

2.2 Heutiger Gebrauch des Begriffs „Mythos" – ein positiver Versuch

Auch wenn der Begriff „Mythos" im Alltagssprachgebrauch negativ konnotiert ist, so kann er bei neutraler Verwendung hilfreich sein. Der Mythos stellt demnach den Sprachversuch dar, die vorhandenen Daten aus Beobachtungen und Messungen in einem Gesamtmodell zu interpretieren. Das tut auch die heutige Naturwissenschaft: Physik, Biologie und Chemie sammeln Milliarden von Daten in Millionen von Messungen. Alle diese Daten müssen interpretiert werden, und dazu schaffen die Naturwissenschaften Modelle und Hypothesen. Es wäre unseriös, diese Modelle und Hypothesen mit „der Wirklichkeit" zu verwechseln. Nach moderner Wissenschaftstheorie gilt ein Modell zur Beschreibung und Interpretation der Daten so lange als gültig, bis bestimmte Daten das Modell als falsch erwiesen haben oder eine andere Theorie die Daten besser erklärt. Da also die Beschreibungen und Erklärungen der Naturwissenschaften wandelbar sind (was auch gut so ist, sonst gäbe

---

1 Vgl. Feldmeier/Spieckermann (2011: 253–254).
2 Vgl. dazu u.a. Schnocks (2004); ferner Müller (2004).

es keinen Erkenntnisfortschritt), können die Modelle und Hypothesen auch als „Mythen" im positiven Wortsinne verstanden werden. Mythen sind Modelle zur Deutung der Welt, insbesondere ihrer Entstehung. Dabei beruhen diese Modelle oder „Mythen" im positiven Sinne auf Daten, die nach wissenschaftlichen Kriterien und nachvollziehbare Weise erhoben worden sind.

Eine Weltdeutung, die nicht auf neutralen Daten aufbaut, sondern bestimmte Interessen verfolgt, ist kein Mythos, sondern eine Ideologie – und solche Ideologien hat es zu allen Zeiten gegeben und gibt es bis heute. Damit sei eine grundlegende These in den Raum gestellt, von der die Gültigkeit der folgenden Vorschläge auch abhängig ist: Die Bibel ist keine Ideologie, sondern ein Mythos im positiven Sinne. Sie hat mit den modernen Naturwissenschaften gemeinsam, dass sie ihre Modelle der Weltentstehung und der Weltdeutung auf der Basis von Beobachtungen und Daten entwickelt. Es ist klar, dass Anzahl und Art dieser Daten zwischen der Antike, in der die Bibel geschrieben wurde, und den heutigen Erkenntnismöglichkeiten der Naturwissenschaften erheblich differieren; entsprechend unterschiedlich sind die Modelle der Weltbeschreibung. Aber vom Grundprinzip geht es beiden, der Bibel und der Naturwissenschaft, um die redliche Sinndeutung des vorhandenen Datenmaterials. Dieses Unterfangen kann man in neutral-positiver Weise „Mythos" nennen.

Die Bibel und die Naturwissenschaften[3] haben gemeinsam, dass aus den entwickelten Weltbildern (den „Mythen") auch Richtlinien und Impulse für das konkrete Handeln in Politik und Gesellschaft, beim Einzelnen wie beim Staat folgen. Nun könnte man einwenden, dass die Mythen der Bibel, ihre Weltdeutung und ihre Handlungsimpulse aufgrund des veralteten Datenmaterials ebenso veraltet seien. In mancherlei Hinsicht ist das auch gewiss der Fall. Biblische Texte, die ein geozentrisches Weltbild (die Erde als feste Scheibe im Mittelpunkt) vorauszusetzen scheinen, weisen eine veraltete Wirklichkeitssicht auf. Die Frage ist aber, ob wirklich *alle* „Daten", auf denen die Bibel ihr „Weltbild" gründet, *völlig veraltet* sind, oder ob sich nicht gewisse Grundkonstanten zeigen, die bis heute als Richtungsimpulse Orientierung geben können. Eine naturwissenschaftliche Theorie, die aus bestimmten Daten entwickelt wurde, muss nicht notwendigerweise falsch werden, wenn man merkt, dass die Ausgangsdaten zu grob waren und neuere Messungen andere Daten ergeben – auch die neuen Daten können die Gültigkeit der Theorie zeigen und die Anwendung der Theorie in der Interpretation der Daten kann sinnvolle Ergebnisse hervorbringen. So ist es auch mit der Bibel: Ihre Ausgangsdaten für die Konstruktion ihres Weltbildes mögen veraltet sein – aber die Deutungsweisen bleiben richtig. Insofern kann die Konfrontation heutiger Erkenntnisse und Fragestellungen mit den Prinzipien der Bibel durchaus zu wertvollen Hinweisen und Impulsen führen.

---

3   Vgl. dazu u.a. Kessler (2006); van Kooten (Hrsg.) (2005).

3. Schöpfungstexte der Bibel

3.1 Genesis 1

3.1.1 Auslegung des Textes

Der Schöpfungstext in *Gen 1*[4] ist kein Faktenbericht über die Entstehung der Welt „wie es wirklich war", sondern eine Vorstellung der Welt als von Gott geschaffen und geordnet. Diese Ordnung gilt weiterhin: Der Anfang wird nicht zurückgelassen, sondern bestimmt die Welt und die Menschen. Ziel und Höhepunkt des Textes ist nicht der Mensch. Das 6+1-Schema zeigt, worauf der Text zuläuft: die Ruhe Gottes am siebten Tag, die Heiligung des siebten Tages als Ruhetag. Die in Gen 1 erwähnten Zeiteinheiten (v.a. Tag/Nacht) sind alle in der Natur zu beobachten; nahezu alle Zeiteinheiten sind aus der Natur ableitbar. Das gilt jedoch nicht für den Wochenrhythmus von 6+1. Diese „künstliche" Zeiteinteilung ist – nach Ausweis von Gen 1 – durch Gott als Geschenk in die Schöpfungsordnung eingestiftet worden.

Die Macht liegt allein bei Gott: Sein *Wort* erschafft alles, seine *Tat* bewirkt alles in analogieloser Weise. Die Schöpfung wird entmythisiert und entgöttlicht: Die Urflut ist keine Gottheit mehr. Sonne und Mond werden nicht genannt, da diese Begriffe auch Götternamen sind. Vielmehr sind die Gestirne Lampen mit Kalender- und Uhrfunktion.

Die Schöpfung ist vollendet (abgeschlossen) und „sehr gut". Der Segen ermöglicht die Fortpflanzung ohne weiteres Eingreifen Gottes. Diese Schöpfung ist der Entwurf der Welt, wie sie sein soll.

Geschrieben wurde der Text in einer Zeit, in der Israel „alles" verloren hatte: Die Babylonier hatten im 6. Jh. v. Chr. die Stadt Jerusalem erobert und zerstört, der Tempel lag in Schutt und Asche, weite Teile der Bevölkerung waren ins Exil nach Babylon verschleppt worden. Inmitten dieses Chaos behauptet der Text, dass Israel hoffen darf: Gott nimmt das Ja zu seinem Volk und zum Land Israels als „Lebenshaus" für sein Volk nicht zurück. Gott steht zu seiner Verheißung – und zwar, solange die Schöpfung besteht. Trotz aller chaotischen Bedrohungen ist die Schöpfung auf heilvolles Leben angelegt – und mit dieser Schöpfung hat Gott auch für sein Volk als Teil dieser Schöpfung die Verantwortung übernommen. Damit aber bedeutet das Heil der Menschen auch das Heil der Schöpfung, Gott will keine Erlösung an der Schöpfung vorbei. Die Erde ist als Lebenshaus für alle gewollt. Die Zerstörung der Erde ist eine Absage an den Schöpfergott und eine Behinderung des von Gott in der Schöpfung gewollten Heils.

---

4   Literaturauswahl: Janowski (2010); Bauks (1997); Groß (1989/1999); Wahl (2006); Seebass (1996); Jacob (1934).

3.1.2   Impulse für heutiges Handeln

Als Impulse für heutiges Denken und Handeln ergeben sich folgende Überlegungen:

a) Der gemeinsame Ruhetag für alle: Der Zielpunkt des Schöpfungstextes von Gen 1 ist nicht der Mensch, sondern die Ruhe am siebten Tag. Es ist dies eine gemeinsame Ruhe aller: Gott, Mensch, Tier. So wird es später im Dekalog, in den Zehn Geboten, ausgefaltet.

„Gedenke des Sabbats: Halte ihn heilig! Sechs Tage darfst du schaffen und jede Arbeit tun. Der siebte Tag ist ein Ruhetag, dem Herrn, deinem Gott, geweiht. An ihm darfst du keine Arbeit tun: du, dein Sohn und deine Tochter, dein Sklave und deine Sklavin, dein Vieh und der Fremde, der in deinen Stadtbereichen Wohnrecht hat. Denn in sechs Tagen hat der Herr Himmel, Erde und Meer gemacht und alles, was dazugehört; am siebten Tag ruhte er. Darum hat der Herr den Sabbattag gesegnet und ihn für heilig erklärt" (Ex 20,8–11).

Es muss festgehalten werden, dass der gemeinsame Ruhetag für alle Standesschichten, vom Sklaven bis zum Herrn, eine kulturanthropologische Errungenschaft der jüdisch-christlichen Tradition ist. In der Antike war die Arbeit nicht nach der Zeit verteilt, sondern nach den Ständen: Die Sklaven arbeiteten immer, fast pausenlos, die Reichen arbeiteten nie. In der modernen Gesellschaft hat sich dies – zumindest in den westlichen Ländern – geändert. Gewerkschaften haben gute Arbeitsbedingungen und ausreichend Zeit zur Erholung in der Woche und im Jahr hart erkämpft. Doch es wäre einfältig zu sagen, damit wäre die Forderung des biblischen Textes erledigt. Zum einen gibt es in den ärmeren Ländern dieser Erde, aber leider auch an den Rändern der Gesellschaften in den reichen Ländern genug prekäre Arbeitsverhältnisse, in denen es kaum Pausen und Ruhetage gibt. Zum anderen ruft die Wirtschaft in den reicheren Ländern immer wieder nach durchgehenden Maschinenlaufzeiten und Ladenöffnungszeiten. Der gemeinsame Ruhetag, in den westlichen Gesellschaften der Sonntag, ist vielen lästig. Müsste man da nicht flexibler sein und den festen Ruhetag streichen? Erholen kann sich doch jeder an einem anderen Tag, da wechselt man sich einfach ab. Abgesehen davon, dass diese Forderung angesichts der Komplexität der heutigen Arbeitswelt naiv ist, so führt sie doch auch zu einer Einebnung aller Wochentage zu Werktagen und zu einem Verlust eines besonderen Erlebens. In diesen Diskussionen geht es nicht nur um Religion, sondern auch um ein kulturelles Bewusstsein – und um die Einsicht, dass wirtschaftlicher Profit nicht alles sein kann.

b) Gegen die Vergöttlichung der Natur: Der biblische Text in Gen 1 wehrt sich – indirekt und sehr subtil – dagegen, dass Naturphänomene (die Flut, Sonne, Mond, Sterne) als Gottheiten betrachtet werden. Damit wendet er sich massiv gegen den „religiösen mainstream" seiner Umwelt. Im Alten Orient und im Alten Ägypten galten Sonne, Mond, Sterne und weitere Naturerscheinungen als Repräsentationen von Gottheiten. Diese polytheistische Welt wird in der Bibel zugunsten eines strikten Monotheismus verlassen; die

Weltdeutung („der Mythos") kommt nun mit einer einzigen Gottheit aus, die noch dazu die vorfindliche Welt völlig transzendiert. Naturerscheinungen werden als das gesehen, was sie auch nach heutiger Anschauung sind: Naturerscheinungen. Diese Nüchternheit des biblischen Textes wirkt bisweilen geradezu tröstlich, wenn man in die religiöse Esoterikszene blickt und dort die aufkeimende Begeisterung für authentische und erfundene Naturreligionen sieht. Die biblische Schöpfungsrede macht einen sehr deutlichen Unterschied zwischen Schöpfer und Geschöpf und widerstreitet jedem Versuch, irgendetwas Geschaffenes mit dem Schöpfer selbst zu verwechseln oder bewusst zu identifizieren. Biblische Schöpfungsrede kann auch heilsam kritisch wirken, wenn in bestimmten Kreisen ein „ökologisch verantwortbarer Lebensstil" zur Ersatzreligion wird.

c) Die Bewahrung der Schöpfung; die Erde als Lebenshaus für alle: Sowenig biblische Schöpfungsrede die Natur vergöttlicht, so sehr betont sie doch die Pflicht zur Bewahrung der Schöpfung. Der so genannte „Herrschaftsauftrag" (*dominium terrae*), der in Gen 1,26.28 von Gott an die Menschheit erteilt wird, ist keineswegs ein Auftrag oder eine Erlaubnis zur Ausbeutung der Erde um jeden Preis, sondern spiegelt die altorientalische Königsideologie wider: In ihren Inschriften stellten sich die altorientalischen Könige als Fürsorger im Auftrag der Gottheiten für ihre Untertanen dar; sie sorgen für Gerechtigkeit und helfen den Armen, sie weisen die Gewalttäter in die Schranken und richten die rechte Ordnung auf. So schreibt z.B. König Hammurapi auf seiner Stele im Prolog:

„... damals haben mich, Hammurapi, den frommen Fürsten, den Verehrer der Götter, um Gerechtigkeit im Lande sichtbar zu machen, den Bösen und den Schlimmen zu vernichten, den Schwachen vom Starken nicht schädigen zu lassen, dem Sonnengott gleich den »Schwarzköpfigen« [den Menschen] aufzugehen und das Land zu erleuchten, Anu und Enlil, um für das Wohlergehen der Menschen Sorge zu tragen, mit meinem Namen genannt" (TUAT I, 40).

Die altorientalischen Könige sehen sich als verantwortlich für ihr Land und ihre Untertanen vor den Göttern, und sie beanspruchen die Hilfe der Götter für den Erfolg ihres Landes. In genau dieser Weise sollen nach Genesis 1 die Menschen über die Erde „herrschen": wie Könige, die die Gottheit auf Erden repräsentieren (Gottesbildlichkeit in Gen 1,26.27[5]) und an ihrer Stelle ordnend und fürsorglich eingreifen. Von Ausbeutung und Rohstoffverschwendung ist nirgendwo die Rede. Dass sich die Menschen „die Erde untertan machen" sollen, ist der Auftrag, mit Mut und Kraft, aber auch Verantwortungsbewusstsein und Fürsorge diese Welt zu gestalten. Nur schlechte Könige, Despoten, beuten ihr Land und ihre Untertanen aus – sie schaden letztlich sich selbst und müssen irgendwann verschwinden. Zugleich ist zu betonen, dass der Auftrag zur Herrschaft über die Erde nicht an einen einzelnen Men-

---

5   Vgl. dazu u.a. Groß (1981); Groß (2000).

schen oder einen irdischen König ergangen ist, sondern an alle Menschen: Alle sind in die königliche Verantwortung gerufen, das Lebenshaus Erde für alle Wesen zu erhalten.

d) Die Gestaltung von Herrschaft: In Genesis 1 ist nirgends von einer Herrschaft von Menschen über Menschen die Rede. Auch damit steht der biblische Text idealtypisch gegen den gesellschaftspolitischen *mainstream* seiner Zeit, die keine andere Staatsform als die Monarchie, das Königtum, kannte. Hier, in Genesis 1, liegen auch ideengeschichtliche Wurzeln der Demokratie. In ihr sind alle der „Souverän": Alle Staatsgewalt geht vom Volke aus (Grundgesetz der Bundesrepublik Deutschland, Art. 20, Absatz (2)). Die Demokratie ist diejenige Staatsform, die eine Herrschaft von Menschen über Menschen am stärksten vermeidet und die daher dem biblischen Ideal am nächsten kommt. Keine Monarchie, keine Diktatur, keine Oligarchie oder Aristokratie, aber auch keine Theokratie lässt sich durch den biblischen Schöpfungstext von Genesis 1 legitimieren – wenn man aus diesem Text einen staats- bzw. gesellschaftstheoretischen Impuls herauslesen will, dann nur den, der zu einem demokratisch verfassten Gemeinwesen führt, in dem die Herrschaft von Menschen über Menschen auf ein Minimum reduziert ist und das Ideal der Freiheit des Einzelnen als sehr hohes Gut eingestuft wird.

3.2   Genesis 2–3

3.2.1   Auslegung des Textes

Im Schöpfungstext von *Gen 2–3*[6] wird Gott relativ „anthropomorph" (menschengestaltig) dargestellt: Der Mensch hat direkten Kontakt zur Gottheit. Diese Unmittelbarkeit geht durch die „Sünde" des ersten Menschenpaares verloren. So wird erklärt, warum der Mensch nicht (mehr) unmittelbar Gott begegnen kann.

Gott stattet den Menschen mit allen lebenswichtigen Dingen aus. Der Mensch erhält eine ihn erfüllende Aufgabe mit Verantwortung (Bebauen und Hüten des Gartens) sowie eine lebensförderliche Weisung. Das Gebot, von einem bestimmten Baum nicht zu essen, ist paradigmatisch und als „Abstraktion" gemeint: Die an sich unverständliche Weisung eines „Speiseverbots" steht stellvertretend für *alle* Weisungen Gottes, die Gott dem Menschen (im weiteren Verlauf bis hin zur Tora am Sinai!) mitteilen wird. Für sie gilt: Auch wenn sie der Mensch (noch) nicht durchschaut, er muss sie befolgen, sonst droht der Tod. Letztere Sanktion ist keine akute „Todesstrafe", sondern ein paradigmatischer Hinweis: Das Übertreten dessen, was Gott dem Menschen als Gebot/Verbot mitteilt, führt immer in die Sphäre des Todes.

---

6   Literaturauswahl: Dohmen (1996); Titus (2011); Seebass (1996); Jacob (1934).

Lebensabträglich („nicht gut") wäre ferner die Einsamkeit des Menschen. Dafür schafft Gott Abhilfe. Sein erster Versuch ist die Erschaffung der Tiere. Der Mensch benennt zwar jedes lebendige Wesen, das ihm von Gott zugeführt wird, aber eine ihm entsprechende „Hilfe" findet er dabei nicht. Erst die aus der „Rippe"[7] des Menschen gebaute Frau beendet den defizitären Zustand der Einsamkeit. Die „Hilfe" ist damit eine göttliche Hilfe, wie auch genau dieses Wort „Hilfe" in den Psalmen dort wiederkehrt, wo von der Hilfe *Gottes* die Rede ist (Ps 20,3; 33,20; 70,6).

In der gemeinsamen Entscheidung des ersten Menschenpaares gegen das göttliche Verbot, vom Baum der Erkenntnis von Gut und Böse zu essen, verwirklicht der Mensch seine sittliche Autonomie: Nicht mehr Gott bestimmt, was lebensförderlich („gut") ist, vielmehr nimmt es der Mensch selbst in die Hand, zu erkennen (und zu bestimmen), was „gut" (lebensförderlich) und „böse" (lebensabträglich) ist. Der Mensch gibt sich sein Gesetz selbst. Die Bibel anerkennt das als unleugbare Realität: „Der Mensch ist geworden wie unsereiner, dass er Gut und Böse erkennt" (Gen 3,22). Es gibt hier keinen Unterschied mehr zwischen Mensch und Gott – daher erhält eine zweite Differenz, das Sterben-Müssen, umso größere Bedeutung. Mit dem Ausschluss des Menschen vom Baum des Lebens (und damit von der Unsterblichkeit) erklärt der Text eine Grundfrage menschlichen Lebens: Was soll es, dass der Mensch um seine Sterblichkeit weiß, aber nichts dagegen tun kann? Antwort der Bibel: Es ist so von Gott verfügt.

Am Ende der christlichen Bibel taucht das Motiv vom Baum des Lebens wieder auf: Ein eschatologischer Ausblick in der Offenbarung des Johannes betrifft die Überwindung des Todes überhaupt, so dass es keinen Tod mehr geben wird (21,4) – dann hat der Mensch Anteil am Baum des Lebens (22,2 und 22,19) und ist – wie Gott – unsterblich. Diese Hoffnung bildet eine literarische Klammer (von mehreren) um die christliche Bibel.

3.2.2   Impulse für heutiges Handeln

Auch in der zweiten „Schöpfungsgeschichte" der Bibel zeigen sich wichtige Impulse für heutiges Denken:

a) Die Bibel erkennt die menschliche Autonomie an und nimmt sie ernst. Ein für alle Mal wird schon ganz am Anfang des heiligen Buches deutlich gemacht, dass der Mensch sittliche Entscheidungen treffen darf und muss – keine Macht der Welt, keine Institution, und sei sie noch so wohlmeinend, kann dem Menschen diese Verantwortung und Pflicht zur Entscheidung abnehmen. Und keine Macht der Welt darf diese sittliche Freiheit des Menschen einschränken, indem sie ihm feste ideologische Denkmuster aufoktro-

---

7   Diese traditionelle Übersetzung sollte nicht zu missverständlichen Vorstellungen führen. Das hebräische Wort bezeichnet eigentlich die „Seite" und steht allgemein für ein „wichtiges Bauteil".

yiert. Damit lässt sich auch die Forderung nach religiöser, politischer und gesellschaftlicher Freiheit aus diesen Kapiteln der Bibel ableiten. Freilich wird der Mensch mit seiner Entscheidungsfähigkeit, aber auch dem Zwang zur Entscheidung nicht alleine gelassen: Gott gibt dem Menschen eine Weisung zur Orientierung, sie soll den Menschen den Weg zum wahren Leben zeigen – aber der Mensch ist und bleibt frei in der Entscheidung, dieser göttlichen Weisung zu folgen oder nicht. In seinem Scheitern, in seiner menschlichen Fehlentscheidung wird Gott den Menschen nicht allein lassen, nicht fallen lassen, auch dies macht der Text deutlich: Die ursprüngliche Sanktion für die Verbotsübertretung („dann werdet ihr gewiss sterben") tritt nicht ein; freilich aber nimmt Gott den Menschen insofern ernst, als es nach der Entscheidung des ersten Menschenpaares gegen Gottes Gebot nicht einfach so weitergeht wie bisher – die bisherige Sorglosigkeit im Paradiesgarten ist dahin. Doch es kommt nicht zur vollständigen Vernichtung der Menschheit. Hier zeigt sich erstmalig eine Grundspannung biblischer Theologie, die sich durch die gesamte Bibel zieht: Einerseits nimmt Gott in seiner Gerechtigkeit die Verantwortlichkeit des Menschen für seine Entscheidungen sehr ernst – andererseits lässt Gott in seiner Barmherzigkeit den Menschen nicht endgültig fallen.

b) Die Bibel erkennt die menschliche Sterblichkeit an und gibt ihr großes Gewicht. Schon das „Baumaterial" des Menschen – „Staub vom Ackerboden" – deutet die Sterblichkeit (Vergänglichkeit) des Menschen an. Im weiteren Verlauf der Geschichte wird die Sterblichkeit zum nahezu einzigen Unterschied zwischen Gott und dem Menschen: Der Mensch hat keinen Zugang zum „Baum des Lebens", wie die Bibel das bildhaft ausdrückt. Das Anerkennen und Ernstnehmen der menschlichen Sterblichkeit fehlt bisweilen in der heutigen medizinethischen Debatte um das Altern. Es kann groteske Züge annehmen: Wenn man selbst keine Vorsorge trifft und Angehörige nicht in der entsprechenden Weise bevollmächtigt, kann es geschehen, dass man durch Maßnahmen der modernen Medizin am Leben gehalten und der natürliche Vorgang des Sterbens aufgehalten wird. Es ist gut, was wir an medizinischem Fortschritt erreicht haben – aber das soll uns doch nicht darüber hinwegtäuschen, dass wir eines Tages dennoch sterben müssen. Die Schöpfungsrede der Bibel erinnert uns – unangenehmerweise vielleicht – immer wieder daran und fordert uns auf, dass wir dafür vorbereitet sind und wenn es soweit ist, auch getrost Abschied von dieser Welt nehmen können.

c) Der biblische Schöpfungstext Genesis 2–3 gibt ferner einen ethischen Impuls für die Bewertung des Verhältnisses von Mensch und Tier. Dem Menschen werden die Tiere von Gott zugeführt, damit er sie benenne. Namensgebung drückt einerseits eine gewisse Macht über das benannte Wesen aus (s. das Märchen „Rumpelstilzchen"), andererseits aber auch eine Verantwortung für das benannte Tier. Die biblische Bildsprache will also ausdrücken, dass der Mensch über der Tierwelt steht und sich diese im Rahmen seiner Möglichkeiten auch verfügbar machen kann (Domestizierung, Viehzucht). Zugleich aber ist der Mensch für die Tierwelt verantwortlich – im Grunde ist das heute als so wichtig erkannte Gebot der Erhaltung der Artenvielfalt bereits aus Genesis 2–3 abzuleiten. Der Mensch soll die Tiere (nach ihren Arten) benennen – nicht die Vielfalt durch umweltschädigendes Verhalten dezimieren! Der Gedanke der Benennung impliziert auch, dass Tiere über den Sachen (der unbelebten Natur usw.) stehen – und das wiederum ist eine biblische Herausforderung zur Überprüfung heutiger Verhältnisse bei der Tierhaltung, sowohl im Haustierbereich als auch in der industriellen Landwirtschaft. Qualvolle Massentierhaltung lässt sich mit Genesis 2 und der Benennung der Tiere durch den Menschen nicht vereinbaren.

d) Genesis 2 stellt ferner die Frau als die „göttliche" Hilfe bzw. Abhilfe für die Einsamkeit des Menschen heraus. Das ist eine bleibende Herausforderung für die individuelle und soziale Gestaltung des Verhältnisses von Mann und Frau. Eine irgendwie geartete Unterordnung der Frau ist aus dem Text nicht zu entnehmen. Das von Gott geschaffene Menschenwesen ist in seiner Einsamkeit defizitär („es ist nicht gut, dass der Mensch allein ist"); aus diesem Wesen heraus – aber ohne dessen aktive Beteiligung („tiefer Schlaf") – baut Gott die Frau, und erst dann ist das übriggebliebene Lebewesen als Mann anzusprechen. Auch sagt die jüdische Auslegung, dass Gott die Frau nicht aus dem Kopf des Menschen baut, damit die Frau nicht über dem Menschen stehe, nicht aus den Füßen, damit sie unter ihm stehe, sondern aus der Seite, damit beide, Frau und Mann, Seite an Seite stehen, gleichberechtigt und gleichgestellt. Zumindest nach dem Idealbild von Genesis 2 ist das so, doch schon das nächste Kapitel, Genesis 3, muss die vorfindliche Unterordnung der Frau in der Antike vom Anfang der Welt her zu erklären versuchen. Wenn heute große Anstrengungen unternommen werden, Frauen und Männer in allen Bereichen der Gesellschaft und der Kultur gleichzustellen, dann bewegt sich die Gesellschaft in Richtung des Ideals von Genesis 2.

3.3   Psalm 104

3.3.1   Auslegung des Textes

Ps 104[8] ist kein eigentlicher Schöpfungstext, sondern ein Loblied auf den Schöpfer, der alles wunderbar geordnet hat. Er thematisiert die Gestaltung der Elemente (Licht, Himmel, Himmelsozean, Wind, Feuer, Erde, Bändigung der Urflut, Berge und Täler) und die Harmonie der Schöpfung, das ökologische Gleichgewicht der Lebensbereiche: Wasserkreislauf, Tiere, Menschen – alle sind gut versorgt. Harmonie bestimmt auch die Zeit: Mond und Sonne sind zuverlässige Zeitgeber; Tag und Nacht entsprechen unterschiedlichen

---

8   Literaturauswahl: Hossfeld (2003); Köckert (2000); Nordheim (1992).

Lebensbereichen. Die Nacht gehört den wilden Tieren; der Tag ist das Betätigungsfeld des Menschen.

Es gibt zahlreiche Bezüge von Ps 104 sowohl zum Alten Orient und Alten Ägypten[9] als auch zu anderen Schöpfungsaussagen innerhalb der Bibel – und dennoch hat der Text sein eigenes Gepräge. Der Mensch hat nicht wie in Gen 1 einen herausragenden Schöpfungsauftrag oder eine besonders markierte Stellung in der Schöpfung. Die Systematik ist nicht chronologisch angelegt wie in Gen 1 (6+1-Tage-Schema), sondern eher zyklisch: Das Leben ist ein fortwährender Prozess, Tag und Nacht wechseln sich ab, ebenso Werden und Vergehen. „Schöpfung" ist nicht nur einmaliges Handeln Gottes – auch der Mensch hat Anteil daran, indem er die Natur kultiviert (Ackerbau, Weinbau). Ps 104 konstatiert keine erhebliche Differenz zwischen den heutigen realen Abläufen und dem Schöpfungsplan Gottes – anders als in der Urgeschichte (Gen 2–3). JHWH ist nicht Teil der Schöpfung – trotz allen immanenten Wirkens geht JHWH nicht in der Schöpfung auf, sondern steht ihr immer noch gegenüber. JHWH ist personaler Schöpfer einer Harmonie, die dann aber auch ohne sein permanentes Eingreifen segensreich ablaufen kann (anders als in Ägypten, wo der Sonnenkreislauf eine permanente Kosmogonie, Tag für Tag, darstellt).

3.3.2   Impulse für heutiges Handeln

Aus der Schöpfungsrede in Psalm 104 ergeben sich u.a. folgende Impulse für heutiges Denken und Handeln:

a) Der Mensch wird als Teil einer harmonischen Welt vorgestellt. Damit wird das königliche Bild des Menschen als „Krone der Schöpfung" und letztes Werk, das am sechsten Tag geschaffen wurde, in gewisser Weise relativiert. Der Mensch steht nicht „über" der Welt, sondern ist ein Teil von ihr, er hat seinen Bereich, insbesondere den hellen Tag, und es gibt Zeiten, da dominieren andere Wesen: die wilden Tiere in der Nacht. Auch diejenigen Areale, die dem Menschen entzogen sind, die hohen Berge, das tiefe Meer, die vielen Lebewesen in der freien Natur, all das hat Gott geschaffen und durchwaltet es. Der Mensch sollte daraus zu allen Zeiten eine gewisse Bescheidenheit ableiten: Er hat beileibe nicht alles in der Hand und auf alles Zugriff. Gerade im heutigen stark naturwissenschaftlich orientierten Denken könnte die Illusion aufkommen, der Mensch habe alles im Griff, könne alles erklären, über alles verfügen und alle Probleme lösen. Umso schmerzlicher ist es, wenn der Mensch Grenzen erfährt, die ihm die Natur setzt und die letztliche Unverfügbarkeit aufzeigt. Es würde allen gut tun, wenn sich der Mensch wieder mehr als Teil und Verwalter dieser Welt verstehen würde, anstatt sich

---

9   Ps 104 weist insbesondere zahlreiche Bezüge zum Großen Sonnenhymnus des Echnaton auf Aton, die Sonnenscheibe, auf. S. dazu u.a. Hossfeld (2003: 129–138); Knigge (2000: 93–122); Sternberg-El Hotabi (2006: 45–78).

absolut zu setzen und zu glauben, diese Welt nach Belieben ausbeuten und auch zerstören zu können.

b) Psalm 104 lehrt die Achtung und Anerkennung größerer ökologischer Zusammenhänge. Auch wenn die mythische Sprache heute fremd klingen mag, so steckt doch darin das Wissen darum, dass im „Ökosystem" der Erde alles mit allem zusammenhängt. Der Text verweist darauf, dass alles von Gott weise geordnet wurde – heutige Naturwissenschaft erkennt mehr und mehr, wie komplex das ökologische Gleichgewicht in einzelnen Regionen und auf der gesamten Erde ist und wie schnell es durch vom Menschen verursachte Störungen großen Schaden nehmen kann. Solche Schäden wiederum wirken sich verheerend auf die Menschen aus. Allein aus dieser Einsicht heraus – selbst wenn man diese Welt nicht einem schaffenden, weisen Wesen, eben Gott, zuschreiben will – muss man sich darum bemühen, schädliche Eingriffe in Ökosysteme zu vermeiden.

3.4 Deuterojesaja

3.4.1 Auslegung des Textes

Neben dem Buch Genesis ist Deuterojesaja (Jes 40–55)[10] derjenige biblische Bereich, der am intensivsten von Gott als Schöpfer spricht. Dabei wird das schöpferische Handeln Gottes dem geschichtlichen Handeln zugeordnet. Die geschichtliche Situation der Exilszeit (6. Jh. v. Chr.) erklärt, warum gerade in dieser Zeit die Rede von Gott (JHWH) als Schöpfer an Bedeutung gewinnt. Nahezu alle religiösen Institutionen sind verloren: Die einst als unzerstörbar gedachte Stadt Jerusalem ist von den Babyloniern eingenommen und zerstört worden; der als unverletzlich gedachte Tempel wurde gebrandschatzt. Welche Traditionen tragen nun weiter? Auf welche theologischen Inhalte kann Israel im Exil noch bauen? Der (unbekannte) Prophet, dessen Worte (und ihre Fortschreibungen) in das Jesajabuch Aufnahme gefunden haben, findet u.a. in der Rede von der Schöpfung (und Gott als Schöpfer) Ansatzpunkte für eine Trostbotschaft. Seine aufrichtenden und aufrüttelnden Reden folgen bestimmten Formen, die wiederum der Situation angemessen sind: Heilsorakel, Diskussionsworte, Gerichtsszenen.

Das *Heilsorakel* dreht sich im Kern um die Zusage „Fürchte dich nicht", die mit einem Begründungssatz untermauert und abgesichert wird. Im folgenden Beispiel *Jes 43,1* wird das Heilsorakel mit einer Botenspruchformel („so spricht JHWH") eingeleitet, wobei der Gottesname JHWH mit typischer Schöpfungsterminologie erweitert ist. Die Schöpfungsverben „erschaffen" und „formen" werden dabei im Partizip verwendet, so dass die Sprache des

---

10 Literaturauswahl: Brandscheidt (2003); Streibert (1993); Hermisson (1990/1998). Kommentare: Höffken (1998); Zapff (2001).

partizipialen Hymnus anklingt – damit wirkt die Einleitung des Heilsorakels sehr feierlich: „Jetzt aber – so spricht JHWH, der dich *geschaffen* hat, Jakob, und der dich *geformt* hat, Israel: *Fürchte dich nicht, denn* ich habe dich ausgelöst, ich habe dich beim Namen gerufen, du gehörst mir."

Beim *Diskussionswort* stellt Gott zunächst eine provozierende These auf und fordert so zur Stellungnahme heraus. Im Beispiel *Jes 40,25–31* läuft die Argumentation so, dass Gott, der Heilige (ein für das ganze Jesajabuch typisches Gottesepitheton!), daran erinnert, dass er alle Sterne erschaffen hat (Jes 40,25–26). Das ist zunächst gegen den mesopotamischen Astralkult gerichtet: Die Sterne sind keine Gottheiten, sondern vom einen und einzigen Gott geschaffene Lichter, die ein großes Heer bilden. Dass keiner zu fehlen wagt, ist eine metaphorische Rede, die sich die Regularität und Ordnung des Sternenhimmels zunutze macht: Die Sterne kehren mit großer Regelmäßigkeit wieder, weil ihnen Gott, der Allgewaltige, diese Ordnung auferlegt hat. So zeugt der regelmäßige Lauf der Himmelskörper nicht für ihre Göttlichkeit, sondern für die Ordnung schaffende Macht JHWHs. Der zitierte Einwand des Volkes in Jes 40,27 wird im folgenden Vers widerlegt: Der Schöpfer der Erde (!) hat Kraft genug, dem ermatteten Volk Israel aufzuhelfen (Jes 40,30–31). Die Situation des Volkes im Exil war von großer Depression und Verzweiflung gekennzeichnet. Die Ursache dafür war auch der innere Zweifel an der Richtigkeit des eigenen Glaubens: Hat sich JHWH nicht darin, dass sein Tempel und seine Stadt (Jerusalem) zerstört wurden, als der *schwächere Gott* erwiesen? Wo bleibt die große Macht des Gottes Israels? Der seelsorgerlich tröstende Prophet (Deuterojesaja) erinnert an die Tradition, dass JHWH, der einzige Gott, auch die Erde geschaffen hat – und daher hat er Macht genug, auch das deprimierte Volk Israel wieder aufzurichten.

Die „*Gerichtsszene*" in *Jes 45,18–25* bildet den äußeren Rahmen für die tröstende Botschaft des Propheten. Die Gottesrede leitet der Prophet mit einer stark erweiterten Botenspruchformel ein – und diese Erweiterungen weisen wieder auf das Schöpfungsthema hin: Hier spricht nicht irgendein Gott, sondern der Schöpfer der Welt (Himmel und Erde), der die Erde als Lebenshaus (Gen 1!) gemacht hat (nicht als „Wüste", als *tohu*, vgl. Gen 1,2: aus dem *tohu wa-bohu* wird der geordnete Lebensraum von Himmel und Erde!). Diese Einleitung, diese Präsentation Gottes als Schöpfer eines wohlgestalteten Lebensraumes, verleiht der Rede wesentliches Gewicht.

Innerhalb der Rede wird Gottes Geschichtsmacht deutlich, indem betont wird, dass Gott alles vorher angekündigt hat. Daher gibt es auch keine anderen Götter – denn nur ein lebendiger Gott kann die Geschichte vorausplanen und das Angekündigte Wirklichkeit werden lassen. Und so, wie sich das von den Propheten angekündigte Gericht bewahrheitet hat – Deuterojesaja setzt die Gerichtspredigt der vorexilischen Propheten voraus –, so wird sich auch die angekündigte Rettung bewahrheiten.

Der Rekurs auf die Schöpfung stützt die Argumentation Gottes (*Jes 42,5–9*): Gott (JHWH) hat Himmel und Erde gemacht und verleiht allen Lebenden seinen Geist – daher hat er die Macht, seine gesamten Geschichtspläne (insbesondere die Befreiung des gefangenen Volkes) in die Tat umzusetzen. Diese Geschichtspläne beziehen auch den Perserkönig Kyrus mit ein (*Jes 44,24–28*).

Kyrus II. (559–529 v. Chr.) hatte in einer beispiellosen Erfolgsserie das medische Reich, Kleinasien und Babylonien mit Syrien-Palästina erobert. In Babylon, dessen Herrschaft bereits durch innenpolitische und religionspolitische Querelen geschwächt war, zog Kyrus als Befreier kampflos ein – die Priester begrüßten ihn, denn (so stellt es Kyrus auf dem so genannten Kyruszylinder dar) er erlaubte die Wiedererrichtung des alten Marduk-Kultes, den der letzte babylonische König Nabonid (556–539) durch die Verehrung des Mondgottes Sin ersetzen wollte.

Gottes Werkzeug zur Verwirklichung der Geschichtspläne ist der Perserkönig Kyrus. Dies wird in *Jes 45,1–8*, dem so genannten Kyrus-Orakel, näher entfaltet. Kyrus wird als Messias (Gesalbter) JHWHs vorgestellt. Der Text betont die Allmacht und die Einzigkeit JHWHs – sogar der persische Großkönig (und mit ihm alle Welt) müssen dies einsehen. Die Konsequenz aus diesem Monotheismus lautet: Wenn es nur einen Gott allein gibt (der JHWH ist), ist dieser eine und einzige Gott auch für das Unheil und das Dunkel verantwortlich. Möglicherweise nimmt diese Aussage auf einen in der persischen Religion (aber auch in anderen polytheistischen Systemen) belegten Dualismus (der Glaube an einen guten Gott und einen bösen Gott) kritisch Bezug. Dass JHWH hier auch die Finsternis erschafft, ist im AT einzigartig. Nach Gen 1 liegt die Finsternis bei der Erschaffung der Welt bereits vor, Gott muss nur das Licht erschaffen und nennt auch nur das Licht gut, nicht die Finsternis (Gen 1,1–5). – Der Text endet jedoch nicht mit der harten Aussage von Jes 45,7 („ich bewirke das Heil und erschaffe das Unheil"), sondern mit dem festen Vorsatz Gottes:

„Taut, ihr Himmel, von oben, ihr Wolken, lasst Gerechtigkeit regnen! Die Erde tue sich auf und bringe das Heil hervor, sie lasse Gerechtigkeit sprießen. Ich, der Herr, will es vollbringen" (Jes 45,8).

Letztliches Ziel Gottes sind Gerechtigkeit und Heil.

3.4.2 Impulse für heutiges Handeln

Die prophetischen Texte aus Jesaja 40–55 wollen ihrem Publikum deutlich machen, dass Gott nicht nur die ganze Welt (vor langer Zeit) geschaffen hat, sondern auch aktuell in dieser Welt wirkt und die Befreiung Israels aus dem Exil bewirken wird. Gott ist kein ferner Uhrmacher, der die Welt irgendwann wie eine Uhr aufgezogen und sie dann ihrem Schicksal überlassen hat, sondern Gott kann in den Lauf dieser Welt aktiv eingreifen. Wir sind nicht einem automatisch ablaufenden Schicksal ausgeliefert, sondern können Gott für alles Geschehende verantwortlich machen, ihm unser Leid klagen und von ihm Hilfe in Notlagen erbitten und erhoffen. Das kann ermutigen, sowohl zum Gebet als auch zum Handeln für eine bessere Welt.

3.5 Die Gottesreden im Ijobbuch (Ijob 38–41)

3.5.1 Auslegung des Textes

Das Hauptthema der *Gottesreden im Ijobbuch*[11] ist das gegenwärtige Walten Gottes als Schöpfer und Erhalter der Welt, als der schlechthin Überlegene und Unvergleichliche. Sie beginnen jeweils mit einer Herausforderung Ijobs: Ähnlich wie Ijob Gott zur Stellungnahme herausforderte, so tritt Gott (JHWH) im Wettersturm an Ijob heran und verfolgt zwei Ansätze: (1) den Vorwurf an Ijob, von Dingen zu reden, von denen er keine Ahnung hat, so dass er unberechtigterweise Gott und seine Schöpfung in einem schlechten Licht erscheinen lässt; (2) die Aufforderung Ijobs zum Kampf und dazu, Gott zu belehren: In ironischer Weise unterstellt Gott, dass Ijob doch Bescheid wisse über alles – daher könne er ja zu Gottes Anfragen Stellung nehmen. Im Folgenden stellt Gott dann Fragen, die kein Mensch beantworten kann! Als Beispiele für die Hinfälligkeit des Menschen werden Ijob zwei Geschöpfe Gottes vorgehalten, die völlig der menschlichen Verfügbarkeit entzogen sind: Nilpferd (*Behemot*) und Krokodil (*Leviathan*) – man möge es einmal probieren, Hand an das Krokodil zu legen! (Ijob 40,32). Der Verweis auf diese Tiere dient dazu, Ijob zu zeigen, dass die menschliche Welt (anders als in Gen 1) nicht das Zentrum des Kosmos ist, sondern nur ein kleiner Teil davon.
Die Antwort Ijobs (Ijob 42,1–6) anerkennt die Allmacht und Majestät Gottes, indem Ijob seine Sprachlosigkeit einsieht: Auf diese Argumentation Gottes kann der Mensch nichts mehr erwidern.

3.5.2 Impulse für heutiges Handeln

Die Gottesreden im Ijobbuch gehen in eine ähnliche Richtung wie Psalm 104: Der biblische Text macht dem Menschen deutlich, dass er eben nicht die ganze Schöpfung beherrscht. Es gibt Bereiche, die dem Zugriff des Menschen entzogen sind. Auch wenn medizinischer und technischer Fortschritt unaufhaltsam sind und den Menschen unglaublich weit gebracht haben, so stoßen doch Ärzte und Naturwissenschaftler immer wieder an Grenzen und entdecken hinter diesen Grenzen neue Räume mit weiteren Grenzen. Nie

---

11 Literaturauswahl: Crenshaw (1992); Keel (1978); Kegler (1994/2001); Ritter-Müller (2000). Kommentar: Gradl (2001).

wird der Mensch das Forschen aufgeben und sich zurücklehnen mit der Behauptung, nun alles zu wissen und zu können.

In einem Bildwort stellt der biblische Text fest, dass der Mensch das Krokodil zwar angreifen könnte, dass es aber ratsam ist, es nicht zu tun, weil es zu gefährlich ist. Mittlerweile kennen wir heute auch eine Reihe von Bereichen, in denen wir – theoretisch – viel tun und gewinnen könnten. Doch ist das Vordringen in diese Felder derart gefährlich, dass es sich nahelegt, das Machbare doch nicht zu tun. Das Restrisiko ist zu hoch. Was in der Antike ein waghalsiger Angriff auf ein Krokodil war, ist heute vielleicht die Atomkraft: Nur scheinbar hat der Mensch das alles technisch im Griff; Unfälle haben zu großen Katastrophen geführt, die wiederum die Einsicht nahelegen, dass es besser ist, diese Technologie nicht mehr zu verwenden. In anderen Bereichen, etwa der Gentechnik, könnte es auch zu solchen Einsichten kommen. Die Bibel wusste bereits, dass nicht alles, was der Mensch (theoretisch) tun könnte, ihm auch gut tut. Man kann aus der Bibel den Impuls mitnehmen, in diesen Fragen sensibler zu werden und nicht blindlings alles Machbare auch durchzuführen.

4.   Zusammenfassung

Die biblischen Schöpfungstexte sind „Mythen", insofern sie versuchen, Gesamtbilder zu entwerfen und große Zusammenhänge verständlich zu machen. Heutigem Denken ist diese Bildwelt sicher fremd: Moderne Naturwissenschaft kann viele Einzelheiten im Detail erklären – aber kann sie einen großen Sinnzusammenhang liefern? Bedarf der Mensch nicht ergänzender „Sinnstiftung" durch einen – möglichst ideologiefreien – „Mythos"? Das Angebot, das die Bibel macht, erscheint mir bis heute plausibel – und herausfordernd: Die biblischen Texte zeigen, dass genau diejenigen Dinge, die wir spontan als „nicht in Ordnung" bezeichnen würden, tatsächlich nicht der von Gott eingerichteten lebensförderlichen Ordnung der Welt entsprechen: seien es risikoreiche, den Menschen stark gefährdende Technologien, diktatorische Gewaltherrschaften oder eine schleichende Totalökonomisierung des Alltags, die den wirtschaftlichen Profit einzelner über das Wohl aller stellt. Die Herausforderung bleibt – und sie wird auch dadurch nicht weniger, dass das biblische Idealbild weit weg von der Wirklichkeit ist. Das war es immer schon; die biblische Schöpfungslehre ist geradezu ein „Gegentext" zu den vorfindlichen Verhältnissen zu allen Zeiten. Neben der schon genannten Herausforderung, nämlich gegen das zu kämpfen, was „nicht in Ordnung" ist, sind die Texte ein Trost und eine Quelle der Hoffnung: Es geht auch anders, denn am Anfang war es anders (und besser).

Literatur

Bauks, Michaela (1997): Die Welt am Anfang. Zum Verhältnis von Vorwelt und Weltentstehung in Gen 1 und in der altorientalischen Literatur. WMANT 74. Neukirchen-Vluyn: Neukirchener Verlag.

Brandscheidt, Renate (2003): Die Frohbotschaft von Gott als Schöpfer und Erlöser nach Jesaja 43,1–7. In: Sedlmeier, F. (Hrsg.): Gottes Wege suchend. Beiträge zum Verständnis der Bibel und ihrer Botschaft. Festschrift für Rudolf Mosis zum 70. Geburtstag. Würzburg: Echter Verlag, S. 131–151.

Crenshaw, James L. (1992): When Form and Content Clash: The Theology of Job 38:1–40:5. In: Clifford, R.J. (Hrsg.): Creation in the Biblical Traditions. Catholic Biblical Quarterly: Monograph series (CBQMS) 24. Washington, DC: Catholic Biblical Association of America, S. 70–84. – Nachdruck in: Ders. (1993/1995): Urgent Advice and Probing Questions. Collected Writings on Old Testament Wisdom. Macon, Georgia: Mercer University, S. 455–467.

Dohmen, Christoph (1996): Schöpfung und Tod. Die Entfaltung theologischer und anthropologischer Konzeptionen in Gen 2/3. Aktualisierte Neuausgabe, Stuttgarter Biblische Beiträge (SBB) 351. Stuttgart: Katholisches Bibelwerk.

Feldmeier, Reinhard/Spieckermann, Hermann (2011): Der Gott der Lebendigen (Topoi Biblischer Theologie/Topics of Biblical Theology 1). Tübingen: Mohr Siebeck.

Gradl, Felix (2001): Das Buch Ijob. Neuer Stuttgarter Kommentar Altes Testament (NSK-AT). Stuttgart: Katholisches Bibelwerk.

Groß, Walter (1981): Die Gottebenbildlichkeit des Menschen im Kontext der Priesterschrift. In: Theologische Quartalsschrift 161, S. 244–264.

Groß, Walter (1989/1999): Creatio ex nihilo – Alttestamentliche Anmerkungen zu einem alten dogmatischen Lehrsatz. In: Ders.: Studien zur Priesterschrift und zu alttestamentlichen Gottesbildern. Stuttgarter Biblische Aufsatzbände (SBAB) 30. Stuttgart: Katholisches Bibelwerk, S. 55–63.

Groß, Walter (2000): Gen 1,26.27; 9,6: Statue oder Ebenbild Gottes? Aufgabe und Würde des Menschen nach dem hebräischen und dem griechischen Wortlaut. In: Jahrbuch für Biblische Theologie 15, S. 11–38.

Hermisson, Hans-Jürgen (1990/1998): Jakob und Zion, Schöpfung und Heil. Zur Einheit der Theologie Deuterojesajas. In: Barthel, J./Jauss, H./Koenen, K. (Hrsg.): Studien zu Prophetie und Weisheit. Gesammelte Aufsätze. Forschungen zum Alten Testament (FAT) 23. Tübingen: Mohr Siebeck, S. 117–131.

Höffken, Peter, (1998): Das Buch Jesaja. 2. Kapitel 40–66. Neuer Stuttgarter Kommentar Altes Testament (NSK-AT). Stuttgart: Katholisches Bibelwerk.

Hossfeld, Frank-Lothar (2003): Schöpfungsfrömmigkeit in Ps 104 und bei Jesus Sirach. In: Fischer, I./Rapp, U./Schiller, J. (Hrsg.): Auf den Spuren der schriftgelehrten Weisen. Festschrift für Johannes Marböck anlässlich seiner Emeritierung. Beihefte zur Zeitschrift für die alttestamentliche Wissenschaft (BZAW) 331. Berlin/New York: de Gruyter, S. 129–138.

Jacob, Benno (1934): Das erste Buch der Tora. Genesis. Berlin: Schocken-Verlag.

Janowski, Bernd (2010): Die Welt des Anfangs. Gen 1,1–2,4a als Magna Charta des biblischen Schöpfungsglaubens. In: Janowski, B./Schweitzer, F./Schwöbel, C.

(Hrsg.), Schöpfungsglaube vor der Herausforderung des Kreationismus. Theologie interdisziplinär 6. Neukirchen-Vluyn: Neukirchener Verlag, S. 27–53.

Keel, Othmar (1978): Jahwes Entgegnung an Ijob. Eine Deutung von Ijob 38–41 vor dem Hintergrund der zeitgenössischen Bildkunst. Forschungen zur Religion und Literatur des Alten und Neuen Testaments (FRLANT) 121. Göttingen: Vandenhoeck & Ruprecht.

Kegler, Jürgen (1994/2001): „Gürte wie ein Mann deine Lenden! …". Die Gottesreden im Ijob-Buch als Aufforderung zur aktiven Auseinandersetzung mit dem Leid. In: Niemann, H.M./Augustin, M./Schmidt, W.H. (Hrsg.): Nachdenken über Israel, Bibel und Theologie. Festschrift für Klaus-Dietrich Schunck zu seinem 65. Geburtstag. Beiträge zur Erforschung des Alten Testaments und des antiken Judentums (BEATAJ) 37. Frankfurt/M. u.a.: Lang-Verlag, S. 217–234. – Auch in: Ders., „dass Gerechtigkeit und Friede sich küssen (Ps 85,11)". Gesammelte Aufsätze, Predigten, Rundfunkreden. Beiträge zur Erforschung des Alten Testaments und des antiken Judentums (BEATAJ) 48. Frankfurt/M. u.a.: Lang-Verlag, S. 278–293.

Kessler, Hans (2006): Schöpfung denken im Gespräch mit heutiger Naturwissenschaft. Zu Anschlussfähigkeit und zum Überschuss schöpfungstheologischer Aussagen. In: Böhnke, M./Bongardt, M. (Hrsg.): Freiheit Gottes und der Menschen. Festschrift für Thomas Pröpper. Regensburg: Pustet Verlag, S. 197–331.

Knigge, Carsten (2000): Überlegungen zum Verhältnis von altägyptischer Hymnik und alttestamentlicher Psalmendichtung. Zum Versuch einer diachronen und interkulturellen Motivgeschichte. In: Protokolle zur Bibel 9. S. 93–122.

Köckert, M. (2000): Literargeschichtliche und religionsgeschichtliche Beobachtungen zu Ps 104. In: Kratz, R.G./Krüger, T./Schmid, K. (Hrsg.): Schriftauslegung in der Schrift. Festschrift für Odil Hannes Steck zu seinem 65. Geburtstag. Beihefte zur Zeitschrift für die alttestamentliche Wissenschaft (BZAW) 300. Berlin/New York: de Gruyter, S. 259–279.

Müller, Hans-Peter (2004): Schöpfungsmythen – literarisch und theologisch – mit Anschlußerörterungen. In: Zeitschrift für Theologie und Kirche 101,4, S. 506–525.

Nordheim, E. von (1992): Die Selbstbehauptung Israels in der Welt des Alten Orients. Religionsgeschichtlicher Vergleich anhand von Gen 15, 22, 28, dem Aufenthalt Israels in Ägypten, 2 Sam 7, 1 Kön 19 und Psalm 104. Orbis biblicus et orientalis (OBO) 115. Göttingen/Freiburg, Schweiz: Universitäts-Verlag.

Ritter-Müller, Petra (2000): Kennst du die Welt? – Gottes Antwort an Ijob. Eine sprachwissenschaftliche und exegetische Studie zur ersten Gottesrede Ijob 38 und 39. Altes Testament und Moderne 5. Münster u.a.: LIT-Verlag.

Schnocks, Johannes (2004): Die Schöpfung und das Chaos. Ein Blick auf biblische und altorientalische Weltentstehungsmythen. In: Wort und Antwort 45,1, S. 11–15.

Seebass, Horst (1996–2000): Genesis. Band 1–3. Neukirchen-Vluyn: Neukirchener Verlag. (1996): Band 1: Urgeschichte (1,1–11,26).

Sternberg-el Hotabi, Heike (2006, 2. Aufl. 2009): „Die Erde entsteht auf deinen Wink". Der naturphilosophische Monotheismus des Echnaton. In: Kratz, R. G./Spieckermann, H. (Hrsg.): Götterbilder, Gottesbilder, Weltbilder, Band 1. Forschungen zum Alten Testament. 2. Reihe (FAT II) 17. Tübingen: Mohr Siebeck, S. 45–78.

Streibert, Christian (1993): Schöpfung bei Deuterojesaja und in der Priesterschrift. Eine vergleichende Untersuchung zu Inhalt und Funktion schöpfungstheologischer Aussagen in exilisch-nachexilischer Zeit. Beiträge zur Erforschung des Alten Testaments und des antiken Judentums (BEATAJ) 8. Frankfurt/M. u.a.: Lang-Verlag.

Titus, Joseph (2011): The Second Story of Creation (Gen 2:4–3:24). A Prologue to the Concept of Enneateuch? European University Studies, Series 23, Theology, 912. Frankfurt/M. u.a.: Lang-Verlag.

TUAT = Texte aus der Umwelt des Alten Testaments, hg. von Otto Kaiser, Band I, Lieferung 1, Gütersloh 1982.

Van Kooten, George H. (Hrsg.) (2005): The Creation of Heaven and Earth. Re-Interpretations of Genesis 1 in the Context of Judaism, Ancient Philosophy, Christianity, and Modern Physics. Themes in Biblical Narrative 8. Leiden: Brill.

Wahl, Otto (2006): Die Schöpfung (Gen 1,1–2,4a). In: Lebensdeutung aus der Genesis. Bibel konkret 2. Münster: LIT-Verlag, S. 9–11.

Zapff, Burkard M. (2001): Jesaja. 3. 40–55. Die neue Echter-Bibel (NEB). Würzburg: Echter-Verlag.

Zur ethischen Bewertung der Atomenergie nach Tschernobyl und Fukushima

Markus Vogt

1. Unterschiedliche Reaktionen auf Fukushima

Die Reaktorunfälle am 26. April 1986 in Tschernobyl und am 11. März 2011 in Fukushima sind bisher die beiden einzigen auf der INES-Skala (Internationale Bewertungsskala für nukleare Ereignisse) mit „sieben", also dem höchsten Wert, eingestuften nuklearen Katastrophen. In Deutschland haben diese beiden Ereignisse zu erheblichen politischen Konsequenzen geführt: Wenige Wochen nach Tschernobyl wurde 1986 das Bundesministerium für Umwelt, Naturschutz und Reaktorsicherheit gegründet. Als Reaktion auf Fukushima hat die deutsche Bundesregierung eine Ethikkommission gegründet, um den Ausstieg aus der Atomenergie verbindlich zu regeln und eine Strategie für eine umfassende Energiewende zu erarbeiten (Die Bundesregierung 2011). Diese Reaktionen haben mit der Besonderheit der deutschen Atomdebatte als zivilgesellschaftlichem Mobilisierungsthema zu tun (für den Beginn der deutschen Umweltbewegung waren die Anti-Atom-Demonstrationen gegen Whyl 1974 maßgebend; vgl. Vogt/Ostheimer 2006, 13-17; zum internationalen Vergleich Radkau 2011, 209-229).

In der deutschen Umweltbewegung gilt die Atomenergie seit Mitte der 1970er Jahre als Symbol für die Ambivalenzen der Technik. In diesem Kontext sind Tschernobyl und Fukushima in besonderer Weise zu politisch wirksamen Referenzpunkten der ökologischen Kommunikation geworden. Die überwiegende Mehrheit der Länder hat die beiden Ereignisse anders wahrgenommen. Generell erschüttert scheint der Glaube an die Sicherheit und die Unverzichtbarkeit der Atomenergie keineswegs. (vgl. zum Folgenden: http://www.eurotopics.net/de/home/debatten/links-2011-03-japan; Konrad Adenauer Stiftung 2011; Fischer 2011, 15-22):

- Polen plant trotz der Ereignisse in Japan in die Atomenergie einzusteigen.
- Ausgerechnet die Ukraine steht mit der Absicht, zahlreiche neue Atomkraftwerke zu bauen, an der Spitze der Staaten, die unvermindert auf Atomenergie setzen.
- Italien ist das einzige europäische Land, das (bereits 1986) aus der Atomenergie ausgestiegen ist. Neubaupläne wurden diskutiert, jedoch vorerst zumindest auf Eis gelegt.

- Die Schweiz hat einen Ausstieg mit langfristigem Zeithorizont beschlossen, was aber aufgrund der starken Alternativen – besonders Wasserkraft – nicht mit dem Konflikt in Deutschland vergleichbar ist.
- Österreich hat ein Atomkraftwerk gebaut, aber nie eines in Betrieb genommen.

Vor diesem Hintergrund erscheint die Debatte in Deutschland zwar herausgehoben und besonders stark mit Fukushima verbunden, aber nicht völlig isoliert. Die häufig in den Medien zu lesende Charakterisierung als „Alleingang" ist nicht angemessen. Auch weitweit gibt es seit Jahrzehnten in vielen Ländern warnende Stimmen hinsichtlich ungelöster Risiken der Atomenergie (vgl. Radkau 2011, 498-535). Aber der Energiehunger moderner Zivilisation ist so groß, dass die Mehrheit der gesellschaftlichen Verantwortungsträger in den Ländern, die Zugang zur energetischen Nutzung der Atomenergie haben, glaubt, nicht auf diese verzichten zu können.

Fragt man nach rationalen Gründen für das Festhalten an der Atomenergie nach Tschernobyl und Fukushima, gibt es zwei mögliche Antworten: Entweder wird das Restrisiko weiterhin für so unwahrscheinlich gehalten, dass es vernachlässigt bzw. durch verbessertes Management hinreichend minimiert werden könne. Es wird darauf hingewiesen, dass die spezifischen Risiken von Japan nicht auf andere Länder übertragbar seien und sich somit nichts an der Risikoeinschätzung für diese geändert habe. Oder man bewertet das mit der Nutzung von Atomenergie verbundene Risiko im Vergleich zu den möglichen Alternativen (Klimawandel durch fossile Energien, wirtschaftlicher Niedergang, energiepolitische Abhängigkeit etc.) als das kleinere Übel. Für die ethisch-wissenschaftliche Bewertung ist die entscheidende Frage, wie man die sehr unterschiedlich gearteten Risiken und Vorzüge der verschiedenen Energiesysteme gewichtet und ob man sie überhaupt gegeneinander verrechnen kann (Die Bundesregierung 2011, 29-34). Tschernobyl und Fukushima haben tief greifende Methodenprobleme der Technikfolgenabschätzung gezeigt. Sie fordern eine neue „Risikomündigkeit" im Sinne umfassender Sicherheits- und Risikokonzepte für den Umgang mit komplexen, nicht linear berechenbaren „systemischen" Entscheidungsproblemen (Renn 2008; Ostheimer/Vogt 2008; Renn 2011, 5f).

Ob Tschernobyl und Fukushima als Wendepunkte für die Entwicklung der Atomenergie einzuschätzen sind, ist gesellschaftlich allerdings weniger eine Frage der rationalen Bewertung von Risiken als vielmehr eine Frage der politischen Kontexte. So hat die Atomenergie beispielsweise in Russland seit den 1950er Jahren den Status eines Symbols von Fortschritt und Weltmachtstellung. Gerade weil der Glaube an die marxistische Ideologie Mitte der 1980er Jahre bereits erheblich verunsichert war, wirkte die Erschütterung des technischen Selbstbewusstseins in den sowjetischen Staaten durch die Ereignisse in Tschernobyl in hohem Maße destabilisierend: „Mochte man in den sowjetischen Betrieben noch so viel Schlendrian sehen, so glaubten viel bis hinauf zu Gorbatschow noch lange an den befreienden Fortschritt durch Spitzentechnik. Es war vor allem dieser Glaube, der durch Tschernobyl im Kern getroffen wurde." (Radkau 2011, 512) Die entscheidenden Konsequenzen der Havarie von Tschernobyl in den osteuropäischen Ländern sind nach dieser Einschätzung nicht unmittelbar an der Energiepolitik zu messen, sondern liegen auf der Ebene des Vertrauensverlustes gegenüber dem politischen System insgesamt.

In je anderer Weise ist die Verknüpfung von Atomenergie mit Fortschrittssymbolik und Wirtschaftsmodellen auch in den USA, in Frankreich und anderen Industrienationen wirksam. Von daher scheint der Ausstieg aus ihrer Nutzung für die politische, gesellschaftliche und wirtschaftliche Elite in diesen Ländern derzeit mehrheitlich undenkbar. In Deutschland dagegen ist die Atomenergie für viele zum Symbol der Sturheit politischer Machtträger und die Verantwortungslosigkeit von „Risikotechnologien" geworden, die seit Jahrzehnten mit einem hohen Mobilisierungspotential für zivilgesellschaftliche Kritik verbunden ist.

2. Gibt es eine „Renaissance der Atomenergie"?

2.1 Zwischen Zukunftshoffnung und Niedergang

Weltweit befinden sich 430 Atomkraftwerke mit einer Gesamtleistung von 372 Gigawatt in 31 Staaten in Betrieb, 60 weitere sind im Bau (Juni 2012; vgl. atw, 248-252; www.world-nuclear.org). Die sechs großen AKW-Betreiberstaaten USA, Frankreich, Japan, Deutschland, Russland und Südkorea tragen etwa zwei Drittel des weltweiten Aufkommens an Atomstrom bei. Die in den Medien kursierende „Renaissance der Atomenergie" entspricht allerdings nicht den Fakten: Seit 2002 nimmt der Anteil der Atomenergie an der Stromversorgung weltweit ab. Seit 2008 übersteigt die Leistung stillgelegter Reaktoren den Nettozuwachs durch Betriebsaufnahmen und Kapazitätssteigerungen vorhandener Kraftwerke (Uprates). „2008 war das erste Jahr in der Geschichte der kommerziellen Atomenergienutzung, in dem kein neuer Reaktor ans Netz angeschlossen wurde. Auch 2009 verzeichnete nur einen Neuzugang." (Schneider 2010a, 3-11) Sowohl vom Anteil her (relativ) als auch in absoluten Zahlen nimmt die Atomenergie ab.

Die folgende Grafik zeigt, dass seit Mitte der 1980er Jahre die steigende Linie der Inbetriebnahmen von Atomkraftwerken einen absteigenden Linie gewichen ist, während die Linie der Abschaltungen in der zweiten Hälfte der 1980er Jahre steil nach oben zeigt. Es liegt nahe, dies mit der Havarie von Tschernobyl in Verbindung zu bringen und somit die verbreitete These, dass Tschernobyl einen Wendepunkt in der Entwicklung der Atomenergie darstelle, positiv zu beantworten. Dies trifft jedoch nicht auf die Länder der ehemaligen Sowjetunion zu, da die Reaktorkatastrophe hier kaum auf Kräfte traf, die für alternative Energie- und Wirtschaftskonzepte hätte mobilisieren können (Radkau 2011, 513).

Reaktor-Inbetriebnahmen und -Stilllegungen weltweit

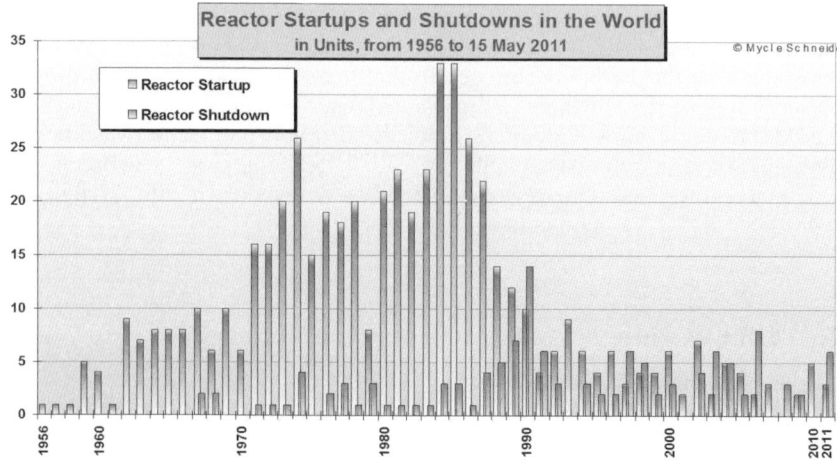

Quelle: IAEO-PRIS (Power Reactor Information System), bearbeitet von Mycle Schneider

Die Zahlen zur Entwicklung der Atomenergie müssen im Kontext der Dimensionen globaler Strom- und Energiemärkte gesehen werden. Die Produktion von Atomstrom macht 13,5% der globalen Stromproduktion aus. Gemessen am weltweiten kommerziellen Einsatz von Primärenergie entspricht das etwa 5% (Schneider 2011, 5; zu stets aktualisierten Daten vgl. http://www.world-nuclear.org/info/inf01.html). Auch hinsichtlich der im Bau befindlichen Kraftwerksleistung sind die Proportionen ähnlich: 2007 entfiel der Löwenanteil auf Kohle, Wasserkraft und Erdgas – der Anteil der Atomenergie betrug ungefähr 4,4 % (Schneider 2011, 5).

Nach einer umfangreichen OECD-Studie wird die Zahl der Atomkraftwerke trotz der Planungen von Zubauten in einigen Ländern mit großer Wahrscheinlichkeit in den nächsten Jahren weiter abnehmen, da es an Expertise, Kapital und Planungssicherheit fehle (Deutsch u.a. 2009, 42-59). Das Resümee ist zwiespältig: Von einer Renaissance der Atomenergie kann derzeit keine Rede sein. Eine Renaissance der kontroversen Debatte um die Bewertung der Atomenergie lässt sich jedoch durchaus beobachten. Auch die

Energiemärkte sind weltweit in einem Umbruch. Da die Planungszeiten im Energiesektor langfristig sind und somit von verzögerten Reaktionen auszugehen ist, lässt sich bisher nicht abschätzen, ob die Havarie von Fukushima tief greifende Konsequenzen für die Entwicklung der Atomenergie haben wird.

2.2   Enttäuschte Hoffnungen auf den „Schnellen Brüter"

Kontrovers wird die Reichweite der Uranreserven diskutiert: Eine Prognos-Studie von 2009 errechnet eine statistische Reichweite von 50 Jahren (Deutsch u.a. 2009, 47-49). Kritiker solcher Szenarien verweisen jedoch darauf, dass die geschätzte Reichweite schon seit Jahren konstant geblieben sei, solche Schätzungen also nicht zuverlässig seien. Insbesondere werde kaum berücksichtigt, dass steigende Nachfrage bzw. Preise neue Explorationsbemühungen auslösten. Die Kosten für Uran werden wahrscheinlich in den kommenden Jahren ansteigen, da die bisherige Zufuhr von Uran aufgrund der Abrüstung von Atomwaffen 2013 ausläuft und die Uranminen zunehmend geringere Konzentrationen aufweisen.

Gute Aussichten für Uranreserven ergeben sich, wenn man von einem Einstieg in die Plutonium-Wirtschaft ausgeht, also auf Schnelle Brüter setzt, die den Atommüll recyceln. So könnten die Uranvorräte besser ausgenutzt und ihre Reichweite gestreckt werden. Schnelle Brüter haben darüber hinaus den erheblichen Vorteil, dass sie mit energiereichen Neutronen den Atommüll entschärfen und der verbleibende Rest „nur" ca. 300 bis 400 Jahre strahlt. Durch Brüter könnte auch Thorium, das beispielsweise in Indien reichlich vorkommt, als neuer Brennstoff genutzt werden. Die Brütertechnik ist jedoch noch nicht so ausgereift, dass sie glaubwürdig als Mittel zum Erreichen der Klimaschutzziele eingeplant werden könnte.

Die bisherige Geschichte der Brutreaktoren ist die eines Fiaskos: Der britische Reaktor erzielte bis zu seiner Schließung 1992 eine Arbeitsauslastung von 15%. Der französische Superphénix produzierte nur 11 Jahre Strom, bevor er 1997 endgültig stillgelegt wurde. Derzeit gibt es keine soliden Anhaltspunkte dafür, dass der Schnelle Brüter eine zentrale Rolle in der künftigen Atomenergienutzung spielen könnte.

Meine Kompetenz liegt jedoch nicht in der Prognose über künftige technische Entwicklungen, sondern in der ethischen Bewertung. Die Abschätzung von Chancen und Risiken der unterschiedlichen Energieversorgungssysteme müssen nach Tschernobyl und Fukushima einer Revision unterzogen werden. Hierzu will ich im Folgenden mit einigen Überlegungen aus der Sicht christlicher Sozialethik beitragen.

3. Diskussionsfelder für eine Risikoethik nach Tschernobyl und Fukushima

3.1 Atomenergie als Beitrag zum Klimaschutz

Ein wichtiges ethisches Argument für Atomenergie ist ihr Beitrag zum Klimaschutz. Die Risiken des Klimawandels sind nicht weniger dramatisch als die der Atomenergie. Das besondere Gewicht der Klimaproblematik ergibt sich daraus, dass er unabweisbar global ist und dass er sich schon heute vor allem in Ländern des Südens für mehrere hundert Millionen Menschen als eine primäre Armutsursache erweist (Vogt 2010a).

Die Ethikkommission für sichere Energieversorgung lehnt die Vergleichbarkeit der beiden Risikokomplexe ab: „Die Frage, ob das Klimaproblem größer oder kleiner ist als die Probleme in der Folge kerntechnischer Havarien, wird unterschiedlich beantwortet, aber im Grunde gibt es keine sinnvolle Vergleichsbasis. Es bleibt bei der ethischen Verantwortung, dem Klimawandel genauso ernsthaft entgegenzuwirken wie die Sicherheit der Energieversorgung zu gewährleisten. Für den Zeitraum des Atomausstiegs stehen die klimapolitischen Ziele fest. Eine Vermutung, diese Ziele würden durch den Atomausstieg kompromittiert, ist nicht belegt." (Die Bundesregierung 2011, 47)

Wendet man die umweltethischen Bewertungskriterien des Wissenschaftlichen Beirates Globale Umweltveränderungen (WBGU) der Bundesregierung auf den Vergleich beider Energiesysteme an, ist der negative Befund bei fossilen Energiesystemen eindeutiger: Der WBGU fordert „Eingriffe, die die Existenz des Menschen gefährden, [...] kategorisch zu unterlassen" (WBGU 1999, 38). Eingriffe, die wichtige Stoff- und Energiekreisläufe auf globaler Ebene nennenswert beeinflussen, rechnet er ebenfalls zu den kategorisch abzulehnenden Handlungsweisen (WBGU 1999, 40). Alles Übrige sei nach kompensatorischen (und damit tausch- und verhandlungsfähigen) Verfahren zu entscheiden. Durch den exzessiven Gebrauch fossiler Energien sind eindeutig „wichtige Stoff- und Energiekreisläufe auf globaler Ebene" beeinträchtigt. Allerdings handelt es sich um eine graduelle und kollektive Risikosteigerung, so dass der einzelne die Verantwortung auf die anderen abschiebt und die jeweilige Nutzung für sich genommen als harmlos ansieht.

Bei der Kernenergie hängt die Bewertung nach diesen Kriterien davon ab, in welcher Größenskala man „Eingriffe in die Existenz des Menschen" interpretiert. Regional kann man durchaus von dem Risiko eines solchen Eingriffs sprechen, global nicht. Festhalten lässt sich: Aufgrund der global höheren Dringlichkeit des Klimaproblems darf der Ausstieg aus der Atomenergie nicht dauerhaft zu einer vermehrten Nutzung von Kohle, Öl und Gas führen. Da die Risiken nicht direkt vergleichbar sind, lässt sich aus der Klimaproblematik jedoch kein „Rabatt" für die ethischen Anforderungen an die Sicherheit der Atomenergienutzung ableiten.

Darüber hinaus gibt es ein gewichtiges quantitatives Argument: Derzeit stammen – wie bereits dargelegt – weltweit 13,5% der Stromerzeugung aus Atomkraftwerken. Bezogen auf Primärenergie insgesamt sind es 5,5%. Um nur ein Zehntel der fossilen Energie zu ersetzen, bräuchte man mindestens 1.000 zusätzliche Atomkraftwerke (Schneider 2010, 5). Atomenergie kann demnach schon aus quantitativen Gründen keinen entscheidenden Beitrag zur globalen CO_2-Reduktion leisten.

3.2 Verstoß gegen intergenerationelle Gerechtigkeit?

Das Problem der Zwischen- und Endlagerung der radioaktiven Abfälle ist ungelöst. Es würde eine mindestens 10.000 Jahre stabile Gesellschaft voraussetzen, um die verbrauchten Brennstäbe sicher zu lagern. Eine solche Stabilität kann niemand garantieren. Schon gar nicht, wenn wir in die Geschichte blicken. „Unsere wissenschaftlich-technische Zivilisation ist eine labile und gefährdete Ausnahmeerscheinung auf diesem Planeten. Es ist frivol, in sie für unsere späten Nachkommen Gefahrenquellen einzubauen, die [...] von unseren Nachfahren möglicherweise nicht beherrschbar sein werden." (Spaemann 2011, 87) Es sei Hybris, die Welt so zu „möblieren", dass sie nur dann bewohnbar bleibt, wenn alle Menschen gut sind.

Die starken Worte von Spaemann sind umstritten. Dagegen lässt sich argumentieren, dass die moderne Zivilisation es häufig mit Prozessen und Risiken zu tun hat, deren Beherrschbarkeit wir nicht sicher vorhersagen können. Die Angemessenheit der Vokabeln „frivol" und „Hybris" hängt davon ab, ob man hier in einer unvergleichlichen Weise jedes Maß des Verantwortlichen überschritten sieht. Ihr Gebrauch birgt die Gefahr einem allgemeinen Kulturpessimismus das Wort zu reden.

Die 2008 bekannt gewordenen Probleme mit Wassereinlagerung und Einsturzgefahr im niedersächsischen Zwischenlager Asse II haben in Deutschland das Vertrauen der Öffentlichkeit in die Sicherheitszusagen von Wissenschaftlern, Politikern und Kraftwerksbetreibern tief erschüttert. Auch auf der internationalen Ebene zeigt sich die Problematik der Endlagerung von radioaktivem Abfall. Berichte über die Entsorgung von chinesischem Nuklear-Abfall in Tibet (vgl. Heischmidt 2010) haben für internationale Empörung gesorgt. Schweden fordert Aufklärung über die Entsorgung von sowjetischem Nuklearmaterial, das in der Ostsee versenkt wurde und nun eine ernste Bedrohung für das natürliche Gleichgewicht des Binnenmeeres darstellt (BBC News vom 5.2.2010: Sweden wants explanation for Baltic nuclear „dumping", http://news.bbc.co.uk/2/hi/europe/8499762.stm).

Solange das Problem der Endlagerung der radioaktiven Abfälle nicht gelöst ist, verstößt die Nutzung der Atomenergie gegen das Prinzip der Vorsorge. Vor diesem Hintergrund erscheint die rechtliche Genehmigung der Anlagen aus ethischer Sicht fragwürdig. Das Vorsorgeprinzip fehlt bisher beispielsweise weitgehend im Umweltrecht der USA (Radkau 2011, 518f). Darüber hinaus kann man in der Nutzung der Atomenergie eine Verletzung des Prinzips intergenerationeller Verantwortung, wie sie in Deutschland und vielen anderen Ländern in der Verfassung verankert ist (GG Art. 20a, seit 1994) sehen. Hier ergeben sich allerdings große Interpretationsspielräume. Manche sehen auch gerade in der Vernachlässigung weiterer Nutzung und Forschung eine Verletzung dieses Prinzips. Wie immer man hier entscheidet, unabweisbar ist, dass der Begriff des Risikos, um den es bei der Bewertung der Atomenergie wesentlich geht, Werturteile impliziert und in substantieller Weise die „Metrik der Gerechtigkeit" betrifft (Hillerbrand 2011, 44-47; Renn 2011, 7; Korff 1992).

3.3   Unterschätzung des Risikofaktors Mensch

Der „Überschuss der kausalen Wirkungsgewalt über das Vorwissen" (Jonas 1984, 20) erzeugt ein strukturell neues Verantwortungsproblem. Verantwortung muss sich in der technologisch geprägten Zivilisation angesichts komplexer Szenarien bewähren. Kennzeichnend für die entscheidungstheoretische Komplexität im Kontext der Atomenergie ist der hohe Grad an Nichtwissen über extrem geringe Wahrscheinlichkeiten und extrem hohe Schadensausmaße. Gängige Modelle von Zurechnung und Prognosen sind wegen der kontextabhängigen Wechselwirkungen zwischen Technik und ihrer gesellschaftlichen Einbettung kaum verwendbar. Eine Ethik der Verantwortung gewinnt unter den Bedingungen moderner Technologie die Züge einer Risikoethik, deren Logik nicht auf linearen Kausalketten beruht, sondern auf einem Rationalitätstyp des komplexen und systemischen Denkens (Ostheimer/Vogt 2008, 185-219; Renn 2011).

Der entscheidende Fehler der bisherigen Modelle ist – wie Tschernobyl gezeigt hat –, dass der *Risikofaktor Mensch* systematisch unterschätzt wurde: „Ursache des Unfalls war nicht das Versagen technischer Komponenten, sondern die falsche Einschätzung bei der Bedienung des Reaktors, also menschliches Versagen" (Frenzel/Lengfelder 1/2011, 9). Man kann das menschliche Versagen in Tschernobyl auch politisch als Systemproblem mangelnder Transparenz und Reaktionsfähigkeit deuten: „Tschernobyl [...] warf ein scharfes Licht auf die Schwächen eines ohnehin bröckelnden Systems." (Radkau 2011, 502; zur Analyse der geradezu abenteuerlichen Vernachlässigung von Sicherheitsstandards im Kontext des Tschernobyl-Unfalls vgl. auch Dörner 1992) Auch in Fukushima war menschliches Versagen ganz wesentlich im Spiel (z.B. die mangelnde Wartung der Notkühlung mit Dieselmotoren oder die verzögerte Inanspruchnahme von professioneller Hilfe im Katastrophenmanagement).

3.4 Gefahr militärischen Missbrauchs

Terroristen oder Kriegsparteien können AKWs, die meist in Ballungsräumen stehen, zu Angriffszielen machen und damit die Wirkung ihrer Waffen exponentiell steigern. In den falschen Händen kann der Energielieferant Uran zur tödlichen Waffe werden. Selbst in Deutschland gibt es immer wieder Lücken hinsichtlich der Frage nach Herkunft und Verbleib von Uran (vgl.: z.B. http://dip21.bundestag.de/dip21/btd/17/034/1703448.pdf). Insbesondere bei Plutonium lässt sich der Brennstoffzyklus nur schwer vollständig kontrollieren.

Zudem ist es nicht ausgeschlossen, dass Staaten die zunächst friedliche Atomenergienutzung mit militärischen Zwecken verbinden. Die nicht zu Ruhe kommende Diskussion um die nuklearen Ambitionen des Iran ist hier nur als exemplarischer Fall zu sehen. Je unsicherer die Sicherheitslage ist, desto stärker scheint das Interesse vieler Regierungen, ihr militärisch-politisches Gewicht durch Atomwaffen zu steigern (vgl. Heinrich Böll Stiftung 2011).

Diese Faktoren sind vor dem Hintergrund der „Enthegung des Krieges" im frühen 21. Jahrhundert zu sehen. Die Terroranschläge des 11. September 2001, die die weltpolitische Situation tief greifend verändert haben, sind kein isoliert militärisches Problem, sondern Menetekel einer global veränderten Sicherheitslage. Die Vulnerabilität westlicher Gesellschaften durch ihre Energieversorgungssysteme sowie die Kontrolle der Brennstoffzyklen sollten auch für die Öffentlichkeit als sicherheitspolitische Angelegenheit thematisiert werden. Der Bau von Kernkraftwerken in politisch instabilen Ländern sollte grundsätzlich vermieden werden.

3.5 Perspektiven christlicher Ethik

In den christlichen Kirchen hat die kritische Betrachtung der Kernenergie eine starke Tradition: So fasste die Synode der Evangelischen Kirche in Deutschland (EKD) am 4. November 1987 unter dem Eindruck von Tschernobyl den Beschluss: „Die nicht mit Sicherheit beherrschbaren Gefahren der gegenwärtigen Kernenergiegewinnung haben zu der verbreiteten Einsicht geführt, dass diese Art der Energiegewinnung mit dem biblischen Auftrag, die Erde zu bebauen und zu bewahren, nicht vereinbar ist." (zu Hintergründen und weiteren Äußerungen der Kirchen vgl. Feldhaus 1992, 287-347; Vogt 2010b, 48-53; Schneider 2010b, 31-35; Forschungsinstitut für Philosophie Hannover 2010). Die EKD hat ihre prinzipielle Ablehnung der Kernenergie mehrfach bestätigt. Ethische Stellungnahmen von katholischer Seite haben sich bis Fukushima mehrheitlich auf die Benennung von Bedingungen für eine verantwortbare Nutzung der Kernenergie beschränkt und betont, dass der schöpfungstheologischen Gestaltungsauftrag nicht einseitig hinter dem der Bewahrung der Schöpfung zurücktreten dürfe (Korff 1997, 78-84).

Monografische Auseinandersetzungen mit der Bewertung der Kernenergie finden sich auf katholischer Seite bei Wilhelm Korff (Korff 1979) sowie auf der Ebene des Kommissariates (Arbeitskreis Umwelt im Kommissariat der Deutschen Bischöfe 1996). In diesem Arbeitspapier wurde der Begriff „Brückentechnologie" ins Spiel gebracht, womit gemeint war, dass die Atomenergie nicht mehr Hoffnungsträger künftiger Energieversorgung sei, sondern lediglich eine Übergangslösung auf dem langfristig notwendigen Weg zur vollständigen Versorgung mit erneuerbaren Energien. In dem Expertentext „Klimawandel: Brennpunkt globaler, intergenerationeller und ökologischer Gerechtigkeit" wird die Kernenergie als Verstoß „gegen die Grundsätze der Vorsorge und der Verhältnismäßigkeit" bewertet (DBK 2007, Nr. 54).

Im Konflikt zwischen den Risiken von Klimawandel und Kernkraft hat sich das Zentralkomitee der Katholiken (ZdK) recht eindeutig zu Wort gemeldet: „Die Gewinnung von Kernenergie ist zwar im Gesamtzyklus emissionsärmer als die Energieerzeugung durch Kohlekraftwerke. Angesichts der Risiken, der ungelösten Problematik der Endlagerung und der Gefahr der Verbreitung von Atomwaffen stellt die Kernenergie jedoch längerfristig keine verantwortungsvolle Möglichkeit dar, die Probleme des Klimawandels zu lösen. Eine Verlängerung der Laufzeiten ist deswegen nicht zu befürworten." (ZdK 2008) Auch die EKD hat sich in der Synodenkundgebung „Klimawandel – Wasserwandel – Lebenswandel" vom 5.11.2008 deutlich positioniert: „Kernenergie ist kein verantwortlicher Beitrag zum Klimaschutz und behindert den notwendigen Umbau der Energieversorgung. Vor allem sind ihre Risiken – insbesondere die nicht geklärte Endlagerung und das hohe Schadenspotential – nach wie vor ungelöst." (www.ekd.de/presse/pm276_2008_synode.html).

Als Reaktion auf das Reaktorunglück 2011 hat sich die Bayerische Bischofskonferenz rasch und entschieden zu Wort gemeldet: „Die Katastrophe im japanischen Atomkraftwerk Fukushima hat einmal mehr eindringlich die Grenzen der menschlichen Macht aufgezeigt. Das Restrisiko der Atomenergie ist unkalkulierbar, die Frage der Endlagerung ist ungeklärt und darf den nachfolgenden Generationen nicht aufgebürdet werden. Die bayerischen Bischöfe sehen in der Atomkraft keine dauerhafte Perspektive für die Energieversorgung. Der Ausstieg aus dieser Technologie muss so schnell als möglich vollzogen werden, die Phase des Einsatzes von Nuklearenergie als so genannte Brückentechnologie muss so kurz als möglich sein." (vgl.

http://www.erzbistum-muenchen.de/page007538.aspx?newsid=21484). Die Päpstliche Akademie der Wissenschaften http://storico.radiovaticana.va/ted/ storico/2007-08/147621_vatikan_ja_zur_atomenergie_nein_zur_atombombe.html befürwortet hingegen seit vielen Jahren die friedliche Nutzung der Atomenergie und hat dies auch nach Fukushima bekräftigt.

Als Resümee ist festzuhalten: Es gibt in den Kirchen unterschiedliche Positionen, insgesamt überwiegt jedoch bei weitem die kritische Sichtweise. Diese hat – beispielsweise über die Verbindung mit der Friedensbewegung bis hin zur Ethikkommission der Bundesregierung nach Fukushima – erhebliche zivilgesellschaftliche Wirkung entfaltet (Radkau 2011, 209-229). Dabei ist christliche Ethik keinesfalls mit einer prinzipiellen Risikoscheu gleichzusetzen (Ostheimer/Vogt 2008). Zumindest für die biblische Tradition sind eher die Option für Entwicklung und das Wagnis des Aufbruchs zu Neuem typisch. Kontrovers wird in den Kirchen diskutiert, welchen Stellenwert die Bereitschaft zum Kompromiss für die Ethik und insbesondere für die Bewertung der Kernenergie haben soll (Korff 1979; Feldhaus 1992; Schneider 2010b). In der Ethikkommission, die von Bundeskanzlerin Angela Merkel als Reaktion auf Fukushima im Frühjahr 2011 gegründet wurde und in der die Kirchen stark vertreten waren (Die Bundesregierung 2011), legte der Vorsitzende Klaus Töpfer Wert auf die Feststellung, dass diese nicht grundsätzlich zu entscheiden habe, ob sie Atomenergie für verantwortbar halte oder nicht, sondern sehr viel begrenzter, wann und wie Deutschland mit den geringsten negativen Nebenwirkungen aus ihr aussteigen könne (im Gespräch mit M. Vogt, dokumentiert im Film zum Expertengespräch, nicht im Abschlussbericht). Dies ist für die Anwendbarkeit der ethischen Methode der Güterabwägung insofern maßgeblich, als ihre Notwendigkeit für Ausstiegsszenarien unabweisbar ist.

Das ethische Dilemma zwischen den negativen Nebenwirkungen von Kernenergie und fossilen Energien wird von den Vertretern christlicher Ethik mehrheitlich nach keiner Seite hin aufgelöst sondern mit einem Verweis auf die Notwendigkeit, das globale Wohlstandsmodell insgesamt zu hinterfragen, beantwortet (Vogt 2010b, Forschungsinstitut für Philosophie Hannover 2010, 2-4.9f). Die Bewertung der Kernenergie hängt letztlich davon ab, wie man Wohlstand und damit die Leitziele gesellschaftlicher Entwicklung denkt (Hillerbrand 2011). Darum soll es im Folgenden gehen.

4. Wirtschaftsethische Zusammenhänge

Kostengünstiger Zugang zu Energie für alle und Versorgungssicherheit sind hohe gesellschaftliche Güter. Atomenergie leistet hierzu einen Beitrag, wobei die finanziellen Vorteile sich rechnerisch vor allem dann ergeben, wenn man sich auf die Nutzung vorhandener Anlagen bezieht und die mit den Risiken verbundenen möglichen Kosten ebenso ausblendet wie bereits erbrachte Forschungsinvestitionen sowie die Kosten für Rückbau und Endlagerung. Geht man von der Annahme eines weiter steigenden Strombedarfs aus, dann gewinnt die Frage der Versorgungssicherheit an Gewicht. Für eine angemessene Bewertung muss man wissen, welche Entwicklungspotentiale und Kosten mit alternativen Energieszenarien verbunden sind.

4.1 Das Postulat der Kostenwahrheit

Wie viel Strom aus Atomenergie wirklich kostet, ist auch wissenschaftlich höchst umstritten. Die Berechnung schwankt zwischen wenigen Cent und mehr als zwei Euro pro Kilowattstunde (Deutsch u.a. 2009, 42-59). Die Differenz liegt vor allem in der Frage, wie weit man die vorgelagerten Investitionen für Forschung, die vielschichtigen Kosten für Sicherheit sowie die nachgelagerten Kosten für Entsorgung einberechnet. Diese wurden in der Vergangenheit weitgehend vom Staat getragen, da man die Energieversorgung als öffentliche Aufgabe angesehen hat.

In diesem weiten Diskussionsfeld will ich im Folgenden nur beispielhaft auf die Deckungssumme für die Haftpflichtversicherung von Atomkraftwerken eingehen: Die Versicherungspflicht ist in Deutschland auf 2,5 Mrd. Euro begrenzt. Wie unzureichend dies ist, hat das Unglück von Fukushima deutlich vor Augen geführt. Nach einer Studie von prognos für das deutsche Wirtschaftsministerium aus dem Jahr 1992 müsste man pro Kilowattstunde 3,60 DM (entspricht heute ca. 2,15 Euro) als zusätzliche Kosten für die Deckung der Versicherungskosten berechnen (vgl. www.zukunftslobby.de/Tacheles/prognstu.html.). Bei dieser Rechnung ist das Risiko durch menschliches Versagen oder durch terroristische Angriffe noch nicht berücksichtigt. Die Erhöhung der Deckungssumme ist sowohl ökonomisch als auch ethisch geboten, um den Wettbewerb zwischen den unterschiedlichen Energieträgern fair zu gestalten.

Des Weiteren sollte eine Regelung der Versicherungspflicht international durchgesetzt werden, weil von einer Reaktorexplosion auch benachbarte oder auch weit entfernte Länder betroffen sind. So hat Weißrussland ca. 70% der Folgen des Reaktorunglücks von Tschernobyl zu tragen (Frenzel/Lengenfelder 2011, 10). Europaweit werden Atomkraftwerke gerne an Grenzen gebaut, um ein Teil des Risikos kostenlos auf die Nachbarländer abzulagern.

Der Vorschlag einer umfassenden Versicherungspflicht für Atomkraftwerke ist eine marktwirtschaftliche Lösung, die den Herstellern und Kunden die Wahlfreiheit lässt, aber die Kosten internalisiert und also diesbezüglich die Wahrheit sagt. Er zeigt, dass die Nutzung der Atomkraft auch der ökonomischen Vernunft widerspricht. Die unterschiedlichen Berechnungen der

44

Kosten für den Atomausstieg sowie für die Kosten der unterschiedlichen Energieversorgungssysteme bewegen sich methodisch meist auf höchst unsicherem Terrain und bedürfen dringend einer wissenschaftlichen Klärung der jeweils vorausgesetzten Annahmen (Luhmann 2011, 2).

4.2 Kontexte der Berechnung von Wirtschaftlichkeit

Das gleichermaßen methodische wie argumentative Problem der Berechnung der Wirtschaftlichkeit alternativer Energieszenarien ist, dass sich deren Rentabilität und Realisierbarkeit erst erschließt, wenn man mit einer anderen Sichtweise an die Sache herangeht, wenn man nicht wie üblich von der Angebotsseite, sondern von der Abnehmerseite her denkt und statt Umsatz und Gewinn die bei den Nutzern erzeugte Wohlstandsfunktion zum Maßstab der Beurteilung erhebt: wenn man also technische und soziokulturelle Faktoren vernetzt in ihrer Wechselwirkung betrachtet. Es ist ein verbreiteter Fehler, in isolierten Substitutionsschritten zu denken. Denn das Effizienzsteigerungspotential erneuerbarer Energien erschließt sich häufig erst im Kontext von Synergieeffekten dezentraler Anlagen wie z.B. Kraft-Wärme-Kopplung (KWK), sinkendem Infrastrukturbedarf, geringeren „ökologischen Reparaturkosten" sowie sozioökonomisch positiven Auswirkungen (z.B. Impulsfunktion für neue, hochwertige Arbeitsplätze und Exportchancen). Bei systemischer Betrachtung haben erneuerbare Energien große Vorzüge (Scheer 2005).

„Der Ausstieg aus der Kernenergie kann ein Wachstumstreiber sein, weil die Investitionen in die Energieversorgung und ihre Infrastruktur das Wachstum der Volkswirtschaft antreiben. Diesen Kosten stehen Erträge gegenüber." (Die Bundesregierung 2011, 55) Die kostengünstigste, risikoärmste und am schnellsten realisierbare Energiequelle ist das Energiesparen. Insbesondere im Bereich der Raumwärme wird immer noch sehr viel Energie verschwendet. Hier ist Bewusstseinsbildung und technische Innovation (z.B. für Gebäudeisolierung) nötig. Da ein solcher Strukturwandel jedoch mit erheblichen Investitionen verbunden ist und Zeit braucht, kommt es hier wesentlich auf die verantwortungsethische Tugend des Augenmaßes an, um soziale Härten und Gerechtigkeitskonflikte (z.B. zwischen Mietern und Vermietern) zu vermeiden.

Eine Innovationsdynamik lässt sich nicht von heute auf morgen erzeugen, sondern muss durch die richtige Mischung aus Rahmenbedingungen, Unternehmerinitiative und bürgerschaftlichem Engagement wachsen. Obwohl die Chancen hierfür in Deutschland gut wären, sind die Hoffnungen auf die „große Transformation" bisher weitgehend ernüchtert (Keilhacker/Bruhns 2011). Dennoch ist anzuerkennen, dass hinsichtlich der Investition für Forschung und Markteinführung von erneuerbaren Energien und Energiespartechniken im letzten Jahrzehnt in Deutschland einiges nachgeholt wurde (z.B.

das weltweit nachgeahmte EEG, das Gesetz für Erneuerbare Energien). Von einer mit der Geschichte der Atomenergie gleichrangigen Unterstützung erneuerbarer Energien ist Deutschland jedoch noch weit entfernt. Dieses Ungleichgewicht zeigt sich auf internationaler Ebene noch viel deutlicher. Die Kunst der politischen Gestaltung besteht jedoch wesentlich darin, nicht zu einseitig auf das Instrumenten der Subventionen zu setzten, da diese immer auch Abhängigkeiten und Fehlanreize erzeugen. Aus der Sicht des Prinzips der Subsidiarität, das in der christlichen Ethik einen zentralen Stellenwert einnimmt, sind Subventionen grundsätzlich nachrangig zu handhaben. Unterstützung für erneuerbare Energien ist im Kern als Investition in Zukunftsmärkte und Strukturänderungen anzusehen und zu gestalten. Langfristig ist zu erwarten, dass die Kosten für erneuerbare Energien im Vergleich zu fossilen und atomaren Energien günstiger werden.

4.3   Abhängigkeit der Bewertung von Wohlstandsmodellen

Ein klimaverträglicher Ausstieg aus der Atomenergie ist nur möglich, wenn man Wohlstand neu denkt und die ökonomisch-gesellschaftliche Entwicklung rechtzeitig daran anpasst. Energie und Geld sind die beiden Schlüsselfaktoren für einen Entwicklungspfad, der schon heute eher den Umsatz als Lebensqualität für alle steigert. Eine Transformation unseres Wohlstandsmodells ist die Voraussetzung für nachhaltige Lösungen der Energiefrage. Billige Energie ist – ähnlich wie billiges Geld (Vogt 2011, 77-78) – ein Mittel, um kurzfristiges und schnelles Wachstum zu ermöglichen. In beiden Bereichen sind damit jedoch vielfältige Ambivalenzen verbunden. Maßhalten fällt uns allerdings schwer. Es wird erst dann Akzeptanz finden, wenn deutlich wird, dass mit ihm auch substantiell neue Chancen von Lebensqualität und Entwicklung verbunden sind (Jackson 2011). Die „Ethikkommission sichere Energieversorgung" hat diese Debatte fast vollständig ausgeblendet (Die Bundesregierung 2011).

Angesichts des wirtschaftlichen Mangels im Globalen Süden sowie in den Transformationsländern Mittel- und Osteuropas mag dies vielen als eine „Luxusdiskussion" reicher Länder scheinen. Eine „nachholende Entwicklung" mit dem Ziel, an das Wohlstandsniveau des Westens anzuschließen, scheint der Mehrheit der Bevölkerung oder zumindest ihren politischen Vertretern vorrangig. Dies wird sich jedoch aufgrund von Klimawandel, Naturzerstörung, Ressourcenverknappung und -verteuerung sowie aufgrund der mit einem ungeregelten Kapitalismus verbundenen sozialen Spaltung in wenigen Jahrzehnten als Sackgasse für alle erweisen. Deshalb ist gerade auch im Interesse der Armen weltweit ein Differenzierung der Indikatoren für Wohlstand, bei der auch weniger energieintensive Dimensionen wie etwa Bildung, Gesundheitswesen oder Partizipation ein wesentliche Rolle spielen, von vorrangiger Bedeutung (Hillerbrand 2011, 45f). Nur auf der Basis eines solchen Perspektivenwechsels wird die Überwindung der bisherigen Dilemmata der Energieentwicklung gelingen.

4.4   Die ordnungsethische Dimension der Energiefrage

Der Umgang mit Energie prägt die Entwicklung von Wirtschaft und Gesellschaft. Die Energieversorgung ist deshalb nicht nur eine technisch-ökonomische, sondern ebenso eine politische und ordnungsethische Angelegenheit. Dies gilt in besonderem Maße für die Atomenergie. Denn sie ist mit langfristigen Investitionen, Pfadabhängigkeiten sowie schwer kalkulierbaren Sicherheitsfragen verbunden, die sich nicht angemessen allein über Marktprozesse regeln lassen, sondern – abgesehen von der hier exemplarisch durchgeführten ethischen Reflexion – eines breiten gesellschaftlichen Diskurses bedürfen. Das Besondere des Streites um Atomenergie ist, dass es sich hierbei nicht nur um einen Interessens-, sondern auch um einen Überzeugungskonflikt handelt, der die bekannten gesellschaftlichen Konfliktlösungsmodelle von Toleranz und Interessenausgleich an ihre Grenzen bringt (zur Differenzierung zwischen Überzeugungs- und Interessenkonflikten vgl. Korff 1992, 232-235).

Ein zentraler Überzeugungskonflikt ist die Vorstellung, dass Atomenergienutzung alternativlos sei. „Die Aussage, etwas sei ‚alternativlos', wird inzwischen von der Öffentlichkeit nicht mehr akzeptiert. Das gilt auch für die Nutzung der Kernenergie. Die Behauptung der ‚Alternativlosigkeit' unterhöhlt das Vertrauen in die offene, parlamentarische Demokratie. Es ist vielmehr so, dass Alternativen Freiräume für Entscheidungen schaffen. Auch werden Alternativen in umso größerer Anzahl zur Verfügung stehen, je dezentraler und differenzierter die Energieversorgung angelegt wird. Dies erhöht die Chance der Bürger auf Teilhabe an den Entscheidungen und auf die Beteiligung etwa an Genossenschaften und anderen Modellen, mit denen die eigene Verantwortung selbst organisiert werden kann. Die Bürgergesellschaft wird dadurch gestärkt." (Die Bundesregierung 2011, 30)

Eine dezentrale Energieversorgung, die durch eine stärkere Nutzung erneuerbarer Quellen gestärkt werden kann, steht in vielschichtigen Zusammenhängen zur Entwicklung dezentraler demokratischer Strukturen in der Gesellschaft und hat zugleich wesentliche Vorteile für die Vermeidung von Risiken sowie für gesellschaftliche Partizipation in einer komplexen Welt (Renn 2008, 273-283).

5. Neuorientierung nach Tschernobyl und Fukushima

5.1   Katalysator für den Zerfall der Sowjetunion

Die wohl entscheidende Konsequenz der Reaktorkatastrophe in Tschernobyl war nicht unmittelbar eine fundamentale Kritik und Abschaltung der Atomenergie, sondern vielmehr eine tiefgehende Verunsicherung der ohnehin bereits labilen Macht der Sowjetunion. Gorbatschow hat dies sehr deutlich zum Ausdruck gebracht: „Der Reaktorunfall in Tschernobyl ... war vielleicht mehr noch als die von mir begonnene Perestroika die wirkliche Ursache für den Zusammenbruch der Sowjetunion fünf Jahre später. Tschernobyl stellt einen historischen Wendepunkt dar: Es gab die Zeit vor der Katastrophe und es gibt die völlig andere Zeit, die danach folgte ... Mehr als alles andere hat die Katastrophe von Tschernobyl die Durchsetzung der freien Meinungsäußerung ermöglicht. Das System, wie wir es kannten, konnte nicht mehr weiterexistieren. Es wurde absolut klar, wie wichtig es war, die Glasnost-Politik weiterzuführen." (zitiert nach Radkau 2011, 506f). Nach Radkau haben die Reaktorunfälle das Vertrauen in das sowjetische Technologie- und Krisenmanagement, das zuvor oft als Legitimation für die staatliche Planwirtschaft herangezogen worden war, so nachhaltig erschüttert, dass die schleichende politische Destabilisierung dadurch wesentlich verstärkt wurde. Die Tschernobylkatastrophe erwies sich als Katalysator für den Zerfall der Sowjetunion (Radkau 2011, 498-519).

5.2   Forschungsbedarf

Bis heute gibt es extrem unterschiedliche Zahlenangaben zu den durch Tschernobyl ausgelösten Todesfällen, die zwischen wenigen tausend und 500.000 schwanken. 1991 stritt ein Bericht der Internationalen Atomenergieagentur, der zusammen mit WHO, FAO u.a. publiziert wurde, jegliche Nachweisbarkeit von Todesfällen durch Tschernobyl ab. Diese Informationen wurden im Jahr 2000 durch die IAEA noch mal bestätigt (Frenzel/Lengfelder 2011, 9-14, hier bes. 10f). Im Unterschied dazu führte im Jahr 2000 selbst das russische Katastrophenministerium etwa 300.000 Todesfälle auf den Super-GAU zurück (Radkau 2011, 501).

Es gab und gibt eine Unterdrückung von Daten zu gesundheitlichen Folgen; umgekehrt muss man jedoch auch mit der Übertreibung im Interesse von Subventionen und öffentlichem Aufsehen rechnen. Die genaue Datenerfassung ist schon aus methodischen Gründen nicht eindeutig möglich, da die gesundheitliche Wirkung der radioaktiven Strahlung langfristig und nicht monokausal ist und zudem von subjektiv unterschiedlichen Sensibilitäten abhängt. Man ist im Wesentlichen auf statistische Methoden angewiesen. Hier besteht jedoch noch erheblicher Forschungsbedarf.

Auch nach 25 Jahren wissen wir noch viel zu wenig von den ca. 5,7 Millionen Menschen, die direkt von der Tschernobyl-Katastrophe betroffen waren bzw. sind. Bemerkenswert ist, dass die Erinnerung und die Wahrnehmung der Folgen in der Ukraine sowie international sehr unterschiedlich, teilweise zeitverzögert und ganz offensichtlich stark abhängig von bestimmten Randbedingungen aufzutreten scheint.

Die Analyse der Ursachen und Folgen der Tschernobyl-Katastrophe ist noch nicht hinreichend geleistet. Sie ist wissenschaftlich und zivilgesellschaftlich eine wichtige Aufgabe, um für einen verantwortlichen Umgang mit Energie die nötigen Lehren zu ziehen. Es geht dabei nicht nur um abstrakte Analysen, sondern auch um konkrete Solidarität mit den von Leid betroffenen Menschen, wie sie beispielsweise in der Form einer Aufnahme mehrerer hunderttausend strahlenbelasteter Kinder für Ferien in unterschiedlichen europäischen Ländern tatsächlich geleistet wurde und wird (vgl. http://www.tschernobyl-kinderhilfe-online.de/presse.html sowie die Ausstellung von Renovabis im Rahmen der Pfingstaktion 2011: http://www.renovabis.de/aktuell/pfingstaktion/pfingstaktion-2011). Es ist in besonderer Weise Aufgabe christlicher Sozialethik, denen eine Stimme zu geben, deren Erfahrungen verdrängt und überhört werden, weil sie nicht zu den gesellschaftlich und politisch gewollten Mustern der Selbstdeutung passen.

In Fukushima gibt es noch keine seriösen Abschätzungen über den weiteren Gang und die Folgen der Ereignisse. Die Überlagerung von Erdbeben, Tsunami und Reaktorunfall erschwert die kausale Zurechnung. Schon jetzt ist deutlich, dass die Wahrnehmung der Ereignisse kulturell sehr verschieden ist. Bereits der oberflächliche Vergleich beider Reaktorunfälle zeigt, wie sehr sich Ursachen, Management und Deutung der Risiken unterscheiden.

Darüber hinaus gibt es auch aus naturwissenschaftlicher Sicht neue Kontroversen zur Risikobewertung. So hat im Mai 2012 ein Forscherteam des Max-Planck-Instituts für Chemie von Mainz die Wahrscheinlichkeit eines GAU anhand der bisherigen Laufzeiten aller zivilen Kernreaktoren weltweit und der aufgetretenen Kernschmelzen 200 Mal höher eingestuft als in der bisherigen Forschung üblich. (Lelieveld u.a. 2012, 4245-4258) Bei einem solchen GAU würde die Hälfte des radioaktiven Cäsium-137 mehr als 1.000 Kilometer weit transportiert, so dass man im dicht besiedelten Westeuropa in etwa alle 50 Jahre mit einer großräumigen radioaktiven Belastung rechnen müsse. Man kann und sollte über die Aussagekraft solcher statistischer Hochrechnungen kontrovers diskutieren. Ignorieren sollte man sie jedoch nicht.

5.3   Die Unberechenbarkeit des kulturellen Gedächtnisses

Viele Menschen haben angesichts der Reaktorunfälle von Tschernobyl und Fukushima ein gespaltenes Bewusstsein: Die Ereignisse haben in Europa eine tiefe Verunsicherung erzeugt, die sich jedoch ablagert hat und nun von den gewohnten Denk- und Verhaltensmustern überdeckt und verdrängt wird. Die Stimmung hat sich verändert, das Verhalten kaum, jedenfalls nicht unmittelbar. In gewisser Weise ist das typisch postmodern. Man kann und will sich von bestimmten Symbolen der Moderne nicht verabschieden, obwohl der Zweifel an ihnen sich längst breit gemacht hat. Die politische Halbwertszeit von Katastrophen, also der Zerfall des öffentlichen Gedächtnisses, kann extrem unterschiedlich sein.

Außerhalb von Europa ist bisher nicht absehbar, dass Fukushima zu einem Wendepunkt für die Bewertung der Atomenergie wird. Aus China, USA, Indien, Brasilien, Russland gibt es unterschiedliche Signale, die insgesamt eher auf ein Festhalten an der bisherigen Atompolitik deuten und lediglich eine Überprüfung der Sicherheitsstandards oder eine Verzögerung von Neubauten erkennen lassen (vgl. Schneider/Froggatt/Thomas 2011, 11-19).

Eine solche unmittelbare und schnelle Konsequenz wäre jedoch auch nach den Erfahrungen in Tschernobyl nicht zu erwarten. Die unterschiedlichen Reaktionsweisen sind in hohem Maße durch den jeweiligen politisch-gesellschaftlichen Kontext geprägt.

5.4   Lehren für die Zukunft der Atomenergie

Die großen Hoffnungen auf Atomenergie sind weitgehend ernüchtert. In der ökonomischen Entwicklung der Menschheit kommt ihr allenfalls der Status einer Brückentechnologie zu. Sie ist nicht mehr als ein Übergangsphänomen. Kulturgeschichtlich betrachtet sind die exzessive Nutzung fossiler Energien sowie die Nutzung der Atomenergie eine sehr späte Erscheinung. Langfristig gibt es für unsere Zivilisation keine Alternative zum vollständigen Umstieg auf erneuerbare Energien. Aus christlicher Sicht ist die Gestaltung der Energiewende eine Bewährungsprobe dafür, ob die Gesellschaft es ernst meint mit einer nachhaltigen Schöpfungs- und Zukunftsverantwortung.

Was wir für eine Technikethik nach Tschernobyl und Fukushima lernen müssen, sind vor allem zehn Merkposten:

1. Technik, die fehlerlose Menschen voraussetzt, ist nicht verantwortbar. Wir brauchen eine *fehlerrobuste* Technik. Bei der internationalen Verbreitung sind die unterschiedlichen politischen, kulturellen und ökologischen Kontexte, von denen eine zuverlässige Handhabung wesentlich abhängt, systematisch zu berücksichtigen.

2. Schon der Begriff „Restrisiko" ist ethisch unzureichend (Die Bundesregierung 2011, 31). Auch hypothetische Risiken sind ernst zu nehmen und im Sinne des *Vorsorgegebotes* politisch zu berücksichtigen. Hierfür bedarf es des Augenmaßes, um abzuwägen und bloße Spekulationen zu vermeiden, was Max Weber als politische Grundtugend der Ethik der Verantwortung bestimmt (Weber 1993).
3. Das Vorsorgegebot ist u.a. durch einen glaubwürdigen und einheitlichen Stresstest für alle Atomkraftwerke einzulösen (Die Bundesregierung 2011, 111); das gilt insbesondere für die EU, wo dieser auch mit der Ukraine, Weißrussland sowie Russland und langfristig auch weltweit abgestimmt sein sollte.
4. Es besteht erheblicher Forschungsbedarf in Bezug auf die Auswirkungen von Tschernobyl und Fukushima. Diese kann nur in internationaler und interdisziplinärer Kooperation geleistet werden. Über abstrakte Zahlen hinaus sind auch die betroffenen Menschen in den Blick zu nehmen. Hinsichtlich der solidarischen Erinnerung an die Opfer von Tschernobyl und Fukushima haben Medien, Zivilgesellschaft und Kirchen eine besondere Aufgabe (Renovabis 2011).
5. Risiken sind immer auch eine abhängige Variable von gesellschaftlichen Wahrnehmungen und Prioritäten. Da es über Strahlenrisiken schon aus methodischen Gründen keine wissenschaftlich eindeutige Bewertung gibt, sind *diskursive Strategien* von vorrangiger Bedeutung (Renn 2008, 93-97, 201-351). Politik muss angesichts bleibender Differenzen ein möglichst transparentes und faires Konfliktmanagement ermöglichen und die Chancen der Partizipation an Entscheidungen besonders für die unmittelbar betroffenen Bürger erhöhen.
6. Die nachgeschaltete ethische Bewertung der Atomenergie, wie sie in Deutschland mit der von der Reaktor-Sicherheitskommission getrennten „Ethikkommission für eine sichere Energieversorgung" vorgenommen wurde, ist sachlich unangemessen und hat zu einer verzerrten Diskussion geführt (Hillerbrand u.a. 2011, 16). Wir brauchen generelle eine engere Verzahnung von naturwissenschaftlich-technischer und ethisch-normativer Forschung.
7. Nutzen und Lasten bzw. Risiken der Atomenergienutzung müssen gerecht verteilt werden, und zwar sowohl hinsichtlich unterschiedlicher Regionen, Bevölkerungsgruppen und Generationen. Dabei müssen die ethischen Implikationen von Werturteilen ebenso systematisch berücksichtigt werden wie ihre Bezüge zu den jeweils vorausgesetzten Wohlstandsmodellen (Vogt 2010a; Renn 2011; Hillerbrand 2011).
8. Aus Gründen marktwirtschaftlicher Gerechtigkeit sowie des Verursacherprinzips sollte die Deckungssumme der Versicherungspflicht für Atomkraftwerke drastisch erhöht werden.

9. Eine Abkehr von der Atomenergie ist nicht als isoliertes Projekt möglich, sondern erfordert zugleich eine umfassende *Revision der Energie- und Wirtschaftspolitik*. Dabei sollten Programme für erneuerbare Energien konsequent durch Strukturen und Bewusstseinsbildung für Energieeinsparung flankiert werden.
10. Die Vorreiterrolle, die Deutschland für die Energiewende übernommen hat, ist aufgrund der spezifischen Diskursgeschichte in Deutschenland ethisch-politisch geboten, jedoch nur durchzuhalten, wenn sie konsequenter und transparenter umgesetzt und international fortgesetzt wird (Fischer 2011).

Literatur

Arbeitskreis Umwelt im Kommissariat der Deutschen Bischöfe (1996): Zur Bewertung der Kernenergienutzung, Bonn.
atw (Internationale Zeitschrift für Kernenergie) 54. Jg. (2009), Heft 4, 248-252.
Aus Politik und Zeitgeschichte (Beilage zur Wochenzeitung Das Parlament)(2011): Ende des Atomzeitalters? APuZ 46-47/2011.
BBC News (2010): Sweden wants explanation for Baltic nuclear „dumping", 5. 2. 2010 (http://news.bbc.co.uk/2/hi/europe/8499762.stm).
Deutsch, Matthias u.a. (2009): Renaissance der Kernenergie? Analyse der Bedingungen für den weltweiten Ausbau der Kernenergie gemäß den Plänen der Nuklearindustrie und den verschiedenen Szenarien der Nuklearagentur der OECD (Studie von prognos i. A. des Bundesamtes für Strahlenschutz), Berlin/Basel.
Die Bundesregierung (2011): Deutschlands Energiewende – Ein Gemeinschaftswerk für die Zukunft. Abschlussbereicht der Ethik-Kommission Sichere Energieversorgung, Berlin.
Die deutschen Bischöfe [DBK] (2007): Der Klimawandel. Brennpunkt globaler intergenerationeller und ökologischer Gerechtigkeit (Kommissionstexte 29), 2. Auflage Bonn.
Dörner, Dietrich (1992): Die Logik des Misslingens. Strategisches Denken in komplexen Situationen, Reinbek.
Feldhaus, S. (1992): Der Fall Kernenergie – ein Glaubensstreit? Kirche und Energieversorgung, in: W. Korff: Die Energiefrage, Trier, 287-347.
Fischer, Severin (2011): Das „Modell Deutschland" und die europäische Energiepolitik, in: APuZ 46-47/2011, 15-22.
Forschungsinstitut für Philosophie Hannover (2010): Kirche, Kernenergie, Klimawandel. Eine Stellungnahme, Hannover.
Frenzel, Christine/Lengfelder, Edmund (2011): 25 Jahre nach der Tschernobyl-Katastrophe – ernste Gesundheitsschäden auch im Westen, in: umwelt-medizin-gesellschaft 1/2011, 9-14.
Heinrich Böll Stiftung (2011): Perspectives – Ambition and Peril. Nuclear Energy and the Arab World. No. 1, April 2011 (www.boell-meo.org/web/114-574.html).

Heischmidt, Christina M. (2010): China's Dumping Ground: Genocide Through Nuclear Ecocide in Tibet. In: Penn State Environmental Law Review Vol. 18, No 2, 213-234.

Hillerbrand, Rafaela (2011): Von Risikoabschätzungen zum „guten leben", in: APuZ 46-47/2011, 42-48.

Hillerbrand, Rafaela/Reitinger, Claudia/Frenzel, Philipp/Poznic, Michael/Pfennig, Andreas (2001). Nachhaltige Energieversorgung – mit oder ohne Kernkraft? In: RWTH Aachen: Interndisziplinäre Forschung in HumTec, Aachen, 16-20.

Jackson, Tim (2011): Wohlstand ohne Wachstum, München.

Jonas, Hans (1984): Das Prinzip Verantwortung. Versuch einer Ethik für die technologische Zivilisation, Frankfurt.

Keilhacker, Martin/Bruhns, Hardo (2911): „Energiewende": Wohin führt der Weg? In: APuZ 46-47/2011, 22-29.

Konrad Adenauer Stiftung (2011): Atomunglück in Japan – Internationale Stimmungsbilder, Sankt Augustin/Berlin.

Korff, Wilhelm (1992): Die Energiefrage. Entdeckung ihrer ethischen Dimension, Trier, 232-235.

Korff, Wilhelm (1997): Schöpfungsgerechter Fortschritt. Grundlagen und Perspektiven der Umweltethik,. In: HK 51, 78-84.

Lelieveld, Jos/Kunkel, Daniel/Lawrence, Mark (2012): Global risk of radioactive fallout after nuclear reactor accidents. In: Atmospheric Chemistry and Physics, 12. Mai 2012, 4245-4258 (www.atmos-chem-phys.net/12/4245/2012/acp-12-4245-2012.html).

Luhmann, Hans-Jochen (2011): Politik als Rechenaufgabe. Jeder kalkuliert die Kosten des Atomausstiegs nach Interesse, niemand kalkuliert die Gewinne, in: SZ vom 30.4./1.5. 2011, 2.

Ostheimer, Jochen/Vogt, Markus (2008): Risikomündigkeit – Rationale Strategien im Umgang mit Komplexität, in: Zichy, Michael/Grimm, Herwig (Hg.): Praxis in der Ethik. Zur Methodenreflexion der anwendungsorientierten Moralphilosophie, Berlin, 185-219.

Radkau, Joachim (2011a): Die Ära der Ökologie. Eine Weltgeschichte, München.

Renn, Ortwin (2008): Risk Governance. Coping with Uncertainty in a Complex World, London.

Renn, Ortwin (2011): Wissen und Moral. Stadien der Risikowahrnehmung, in: APuZ 46-47/2011, 3-7.

Renovabis (2011): 25 Jahre Tschernobyl. Ausstellung im Rahmen der Pfingstaktion (www.renovabis.de/aktuell/pfingstaktion/pfingstaktion-2011; abgerufen am 26.6.2012).

Scheer, Hermann (2005): Energieautonomie. Eine neue Politik für erneuerbare Energien, München.

Schneider, Mycle (2010a): Renaissance oder Technologie-Geriatrie? Stand und Perspektiven der Atomindustrie weltweit; in: Amosinternational 1/2010, 3-11.

Schneider; Mycle (2010b): Ethische Aspekte der Atomenergienutzung, in: Amosinternational. Zeitschrift für christliche Sozialethik, 1/2010, 31-35.

Schneider, Mycle/Froggatt, Antony/Thomas, Steve (2011) : Nuclear Power in a Post-Fukushima World. 25 Years After Chernobyl accident (The World Nuclear Status Report 2010-2011), ed. by Worldwatch Institut, Washington.

Spaemann, Robert (2011): Nach uns die Kernschmelze. Hybris im atomaren Zeitalter, Stuttgart.

Vogt, Markus (2010a): Climate Justice (Schriften des Rachel Carson Center 3), München.

Vogt, Markus (2010b): Wohlstand neu denken. Ethische Bewertung der Kernenergie und der Ausstiegsoption, in: HK 1/2010, 48-53.

Vogt, Markus (2011): Das gerechte Geld, in: CiG 7/2011, 77-78.

Vogt, Markus/Ostheimer, Jochen (2006): Die Suche nach der guten Gesellschaft, in: Politische Ökologie 100 (7/2006), 13-17.

WBGU [Wissenschaftlicher Beirat der Bundesregierung Globale Umweltveränderungen] (1999): Welt im Wandel. Umwelt und Ethik. Sondergutachten, Marburg.

Weber, Max (1993): Politik als Beruf, Stuttgart (Erstveröffentlichung 1919).

World Nuclear Association (2012): Facts and Figures (www.world-nuclear.org (Public Information Service, abgerufen am 26.6.2012).

www.dip21.bundestag.de/dip21/btd/17/034/1703448.pdf (abgerufen am 26.6. 2012).

www.ekd.de/presse/pm276_2008_synode.html (abgerufen am 26.6.2012).

www.erzbistum-muenchen.de/page007538.aspx?newsid=21484 (abgerufen am 26.6.2012).

www.tschernobyl-kinderhilfe-online.de/presse.html (abgerufen am 26.6. 2012).

www.zukunftslobby.de/Tacheles/prognstu.html. (abgerufen am 26.6.2012).

Zentralkomitee der Katholiken in Deutschland (ZdK)(2008): Schöpfungsverantwortung wahrnehmen – jetzt handeln, Bonn.

Energie aus Biomasse: ein Beitrag zum Klimaschutz?! – Ökologische und soziale Bewertung von Bioenergie

Maria Müller-Lindenlauf

Der Anbau von Biomasse für die energetische Nutzung hat in den letzten Jahren weltweit massiv zugenommen. Neben der Unabhängigkeit von knapper werdenden fossilen Rohstoffen ist die Reduktion der klimaschädlichen Emissionen das wichtigste Motiv für die vermehrte Nutzung von Bioenergie. Denn die Veränderung des globalen Klimas – darüber besteht weitgehende Einigkeit – ist mit erheblichen Risiken für Mensch und Natur verbunden. Ob durch die vermehrte energetische Nutzung von Biomasse tatsächlich ein nachhaltiger Beitrag zum Klimaschutz geleistet wird, ist jedoch umstritten. Entscheidend für die Klimabilanz von Bioenergie ist, in welchem Ausmaß es dadurch zur Freisetzung von biologisch gebundenem Kohlenstoff kommt. Wird ein natürliches Ökosystem wie z.B. ein Wald gerodet, um zusätzliche Ackerfläche zu gewinnen, so werden dabei erhebliche Mengen an Kohlenstoff frei, und der Klimawandel wird weiter verstärkt. Wird Biomasse dagegen auf bereits landwirtschaftlich genutzten Flächen angebaut, so tritt die Energieerzeugung in direkte Konkurrenz zur Nahrungsmittel und Futtermittelerzeugung und kann diese verdrängen. Die unter ökologisch und sozial nachhaltigen Bedingungen für den Anbau von Energiepflanzen zur Verfügung stehenden Ackerflächen reichen nach heutigem Kenntnisstand bei Weitem nicht aus, um die gesamte Nachfrage nach Brennstoffen zu decken. Angesichts der knappen Ressourcen sind faire Verteilungsmechanismen von entscheidender Bedeutung. Soweit der Schutz natürlicher Ökosysteme und ein fairer Zugang zu Land nicht gewährleistet werden können – was insbesondere beim Import aus Entwicklungsländern häufig der Fall ist – sind deutliche Energieeinsparungen sowie andere regenerative Energieträger, wie z.B. Wind- und Sonnenenergie, wirksamere Alternativen zum Klimaschutz.

1. Einleitung

Biomasse wurde seit eh und je nicht nur für die menschliche Ernährung, sondern auch als Rohstoff genutzt: als Brennstoff für das Herdfeuer, als Faser für den Webstuhl oder als Futter für Zug- und Lasttiere. Erst durch die Industrialisierung und die damit einhergehende Erdöl-, Erdgas und Kohleförderung geriet Biomasse als Energiequelle in den Hintergrund. An die Seite von Bioenergie und traditioneller Wind- und Wasserkraft traten nun fossile Rohstoffe und in der zweiten Hälfte des 20. Jahrhunderts die Atomkraft (siehe Abbildung 1). Während die absolute Menge an Biomasse, die weltweit jährlich als Energieträger genutzt wird, sich seit der Industrialisierung in etwa verdoppelte, stieg der jährliche Gesamtenergieverbrauch der Menschheit seit 1850 bis heute etwa um das 20-fache an.

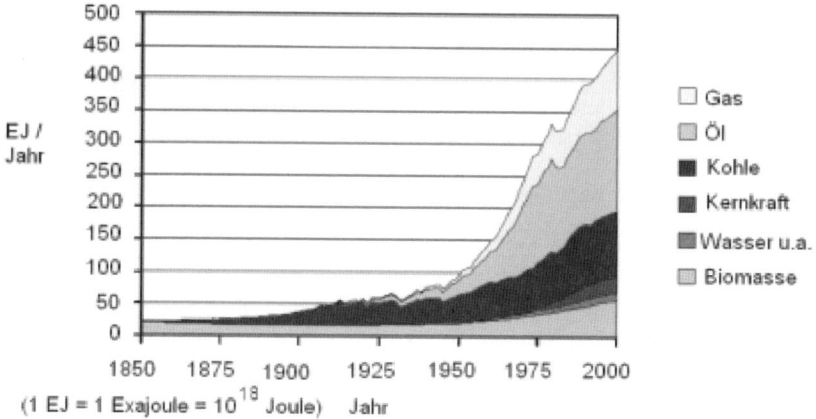

Abbildung 1: Weltenergieverbrauch 1850 – 2000. Quelle: Armstrong 2007 (Legende übersetzt).

Die industrielle Nutzung fossiler Energieträger hat das Angesicht der Erde verändert: So wurden z.B. die heute in Deutschland selbstverständliche hohe Mobilität und die Verfügbarkeit günstiger Konsumgüter erst durch die Nutzung fossiler Rohstoffe und die damit scheinbar grenzenlose Energieverfügbarkeit ermöglicht. In der industrialisierten Gesellschaft gibt es heute kaum ein Konsumgut, das nicht Erdöl (in Form von Kunststoffen) enthält oder durch Nutzung von fossiler Energie hergestellt wurde. Die fossilen Rohstoffe fungierten insofern als eine Art Beschleuniger der technischen und wirtschaftlichen Entwicklung. Doch die Nutzung der fossilen Rohstoffe blieb nicht ohne Nebenwirkungen: Heute besteht in der Wissenschaft ein weitreichender Konsens, dass die Verbrennung fossiler Rohstoffe eine der wichtigsten Ursachen der Klimaerwärmung ist – mit schwerwiegenden Folgen für Mensch und Natur: Der Weltklimarat (IPCC) geht davon aus, dass bei einem Temperaturanstieg von nur 2 °C bis zu 30 % der Arten verstärkt vom Aussterben bedroht sein werden, Hunderte Millionen Menschen zusätzlich unter Wasserknappheit leiden werden, viele Millionen Menschen von Überflutungen betroffenen sein werden sowie viele Menschen durch Hitzewellen und Wirbelstürme ums Leben kommen werden (IPCC 2007, Field et al. 2012). Eine Begrenzung des Temperaturanstiegs auf 2 °C setzt dabei bereits eine massive und zügige Umstrukturierung der Weltwirtschaft hin zu einem reduzierten Stoffumsatz, umweltfreundlichen und effizienten Technologien und eine Einkommensangleichung zwischen Industrie- und Entwicklungsländern voraus. Im Falle, dass eine solche Umstrukturierung der Weltwirtschaft nicht gelingt, ist mit Temperaturanstiegen von bis zu 6 °C zu rechnen, mit entsprechend noch schwerwiegenderen Folgen für Mensch und Natur (ebd.). Dazu kommt, dass die Förderung fossiler Rohstoffe auch mit anderen erheblichen ökologischen Risiken verbunden ist, wie z.B. durch die Explosion der Ölplattform „Deep Water Horizon" im Golf von Mexiko deutlich wurde[1].

Die zunehmende Knappheit der für unsere heutige Weltwirtschaft zentralen fossilen Rohstoffe erhöht zudem das Risiko von gewaltsamen Auseinandersetzungen (Zentrum für Transformation der Bundeswehr 2010) und gefährdet den Wohlstand.

Die Regierungen der Industriestaaten begegnen den genannten Herausforderungen derzeit, indem sie den Ausbau regenerativer Energieträger fordern und fördern. So sieht z.B. die EU-Richtlinie zur Förderung der Nutzung von Energie aus erneuerbaren Quellen (2009/28/EG) vor, bis zum Jahr 2020 einen Anteil von 20 % regenerativer Energien am Gesamtenergieverbrauch der EU zu erreichen. Der Anteil regenerativer Energieträger im Transportsektor soll gemäß dieser Richtlinie im Jahr 2020 mindestens 10 % betragen. Ähnliche gesetzliche Regelungen gibt es auch in anderen Ländern: Die USA streben eine Quote von 10 % regenerativer Energien im Transportsektor bis 2022 an (Renewable Fuel Standard 2: USA 2009, USA 2010), und China möchte bis 2020 sogar einen Anteil von 15% regenerativer Energien im Transportsektor erreichen (Wang 2011, USDA-FAS 2010). Neben der Bekämpfung des Klimawandels ist dabei die Sicherstellung der Energieversorgung und damit des Lebensstandards ein erklärtes Ziel dieser Politikmaßnahmen.

Biokraftstoffe sind derzeit die wichtigste Quelle regenerativer Energie im Transportsektor: Aus Biomasse lassen sich Treibstoffe herstellen, die fossilen Treibstoffen sehr ähnlich sind und mit keinen oder geringen technischen Anpassungen der Fahrzeuge als Treibstoff eingesetzt werden können. Biokraftstoffe haben zudem den Vorteil, dass sie gut lagerfähig sind und die Verfügbarkeit nicht so starken Schwankungen unterliegt wie bei Solar- und Windkraft. Flexibel steuerbare, bioenergiebetriebene Kraftwerke eignen sich daher, Schwankungen in der Verfügbarkeit von Sonnen- und Windkraft auszugleichen und das Stromnetz zu stabilisieren.

Die wichtigsten Bioenergieträger sind derzeit Biodiesel aus Pflanzenölen, Ethanol (Alkohol) aus Stärke oder Zucker sowie Holz (als Brennstoff für Heizkraftwerke). Dazu kommt in Deutschland Mais für die Biogaserzeugung. Darüber hinaus wird derzeit weltweit mit Hochdruck an sogenannten Biotreibstoffen der zweiten Generation geforscht: Dies sind Biotreibstoffe,

---

1   Am 20. April 2010 kam es auf der Plattform zu einer Explosion, bei der die Ölplattform stark beschädigt wurde und schließlich sank. Dabei traten 0,5 – 1 Million Tonnen Öl aus.

die aus geringerwertiger Biomasse wie Holzabfällen oder Stroh hergestellt werden (z.B. Ethanol aus Lignocellulose[2], BTL[3]).

Inwieweit durch Bioenergie im Allgemeinen und Biokraftstoff im Besonderen das umweltpolitische Ziel einer Reduktion der klimawirksamen Emissionen erreicht werden kann, ist jedoch umstritten. Fraglich ist zudem, welche unerwünschten sozialen und ökologischen Nebeneffekte mit dem vermehrten Anbau von Biomasse für die energetische Nutzung verbunden sind, und ob Bioenergieträger insofern tatsächlich einen Fortschritt oder ein zusätzliches Risiko für die Menschenrechte und den Umweltschutz darstellen. Dies wird im Folgenden diskutiert.

Die Betrachtung fokussiert auf den Klimaeffekt, bezieht aber auch andere Umweltwirkungen und soziale Aspekte mit ein.

2. Energie aus Biomasse – ein Beitrag zum Klimaschutz?

2.1 Die Entscheidungsgrundlage: Klimabilanzen

Bioenergie wird in den Medien zum Teil als „CO_2-neutral" bezeichnet. Diese Einschätzung beruht auf der Tatsache, dass der Kohlenstoff, der bei der Verbrennung von Biomasse freigesetzt wird, vorher von den Pflanzen aus der Luft aufgenommen wurde. Die Kohlenstoffmenge in der Atmosphäre bleibt daher über die gesamte Lebenszeit der Biomasse gesehen gleich. Wegen des kurzen Lebenszyklus von Energiepflanzen ist der in Anbaubiomasse gebundene und bei der Verbrennung freiwerdende Kohlenstoff aus Sicht des Klimaschutzes in der Tat nicht relevant und wird in Klimabilanzen üblicherweise nicht ausgewiesen. Trotzdem sind Energiepflanzen nicht CO_2-neutral: Zu ihrer Erzeugung wird Energie benötigt, die häufig noch aus fossilen Quellen stammt. Außerdem können durch den Anbau von Energiepflanzen organische Kohlenstoffspeicher wie Wälder oder Moorböden zerstört werden. Wenn z.B. tropischer Regenwald auf Torfboden in Borneo abgeholzt wird, um Palmölplantagen anzulegen, dann entweicht der bisher in der Biomasse der Bäume

---

2   Lignocellulose = Zellwandmaterial verholzter Pflanzen. Im Sinne der Biomasseproduktion werden als Lignocellulose alle Pflanzenmaterialien verstanden, die überwiegend aus mehr oder weniger ligninhaltigen Zellulosefasern bestehen. Dazu zählen z.B. auch Stroh und Gräser. Die Lignocellulose wird biochemisch zunächst zu Zuckern hydrolysiert, aus denen anschließend in bakterieller Fermentation Ethanol gewonnen wird.

3   BTL = Biomass to Liquid, Biomasseverflüssigung im Fischer-Tropsch-Verfahren. Bezeichnung für ein Verfahren, bei dem Biomasse über die thermochemische Vergasung zunächst in Synthesegas (Gemisch aus CO und H_2) umgewandelt wird und durch eine daran anschließende Synthese in flüssige Kohlenwasserstoffe. Die so erzeugten biogenen Kohlenwasserstoffe können mit bekannten Prozessen der Erdölraffination zu marktfähigen Kraftstoffen wie Diesel oder Benzin aufgearbeitet werden (FNR 2011).

und des Torfbodens gebundene Kohlenstoff in die Atmosphäre und trägt dort zum Treibhauseffekt bei (so genannte Landnutzungsänderungseffekte). Ferner kann der Anbau von Energiepflanzen die Bildung anderer klimaschädlicher Gase fördern, wie z.B. Lachgas. Lachgas entsteht unter anderem bei der Herstellung und Anwendung von Stickstoffdüngern.

All diese Faktoren sind bei der Bewertung der Klimawirkungen von Bioenergie zu berücksichtigen. Dies geschieht in sogenannten Treibhausgasbilanzen. Die Methodik für Treibhausgasbilanzen ist in den ISO-Normen 14040 und 14044 (Ökobilanz-Normen, ISO 2006) international standardisiert. Diese Normen erfordern, dass sämtliche klimawirksamen Emissionen erfasst werden, die entlang des Lebensweges eines Energieträgers entstehen. Zusätzlich werden auch sämtliche „Gutschriften" erfasst, z.B. eine Zunahme von organischen Kohlenstoffspeichern oder der Anfall von Nebenprodukten, die ebenfalls energetisch genutzt werden können. Im Falle von Bioenergie bedeutet das: Angefangen von der landwirtschaftlichen Produktion mit allen dafür erforderlichen Düngern, Pflanzenschutzmitteln und Treibstoffen, über die Verarbeitung und den Vertrieb bis zur Nutzung, z.B. in einem privaten PKW, müssen alle Klimawirkungen erfasst werden. Diese Emissionen werden dann den Emissionen gegenübergestellt, die durch die Nutzung eines vergleichbaren fossilen Treibstoffs entstehen (dem so genannten Referenzprodukt). Auch für diesen fossilen Brennstoff werden nicht nur die Emissionen aus der Verbrennung erfasst, sondern auch alle anderen Emissionen bei der Förderung, Raffinierung und dem Transport. Alle klimarelevanten Gase (dies sind neben Kohlendioxid vor allem Lachgas und Methan) werden dann in eine gemeinsame Einheit umgerechnet, die sogenannten CO_2-Äquivalente (im Folgenden kurz CO_2e).[4] Es ist offensichtlich, dass die Erstellung einer vollständigen Klimabilanz einen erheblichen Aufwand erfordert und hohe Anforderungen an die Datenverfügbarkeit stellt.

Trotz der internationalen Standardisierung kommen zwei Treibhausgasbilanzen für das gleiche Produkt zum Teil zu deutlich unterschiedlichen Ergebnissen. Einer der Hauptgründe dafür ist, dass eine Vielzahl der zur Bilanzierung benötigten Informationen schwer bzw. nicht genau verfügbar sind und daher auf Schätzwerte zurückgegriffen werden muss (wieviel wird tatsächlich geerntet? Wieviel Treibstoff verbrauchen die Landmaschinen? Wieviel Energie kostet die Erdölförderung im Durchschnitt?). Zum anderen gibt es offene methodische Fragen, z.B. wie mit Nebenprodukten umgegangen wird (wie viel Energie aus dem Sojaanbau wird dem Sojaöl zugerechnet und wie viel dem Presskuchen, der als Viehfutter verwendet wird?). Eine weitere große Unsicherheit liegt in der Bilanzierung der oben genannten Landnutzungsänderungen wie z.B. Waldrodungen. Denn häufig ist unklar, ob bestimmte Landnutzungsänderungen dem Bioenergieanbau zuzuschreiben sind

---

4   1 kg Methan entspricht 25 kg CO_2-Äquivalenten, 1 kg Lachgas entspricht 298 kg CO_2-Äquivalenten (Forster et al. 2007)

und welche Kohlenstoffmengen dabei je erzeugter Bioenergieeinheit freiwerden. Professionelle Treibhausgasbilanzen weisen daher häufig nicht nur einen Einzelwert, sondern eine Bandbreite auf (siehe dazu Abbildung 2).

2.2 Treibhausgaseinsparungen für verschiedene Bioenergieträger

Abbildung 2 zeigt Treibhausgasbilanzen verschiedener Biokraftstoffe, die nach der oben beschriebenen Methodik erstellt wurden (Reinhardt et al. 2011, IFEU). Die Berechnungen berücksichtigen den gesamten Lebensweg inklusiv direkter Landnutzungsänderungen: In diesen Fällen ist die vorherige Nutzung in Klammern angegeben. Negative Werte („Vorteile für Biokraftstoff") bedeuten, dass die Verwendung dieses Biokraftstoffs anstelle von fossilen Brennstoffen eine Netto-Treibhausgaseinsparung bedeutet. Positive Werte („Nachteile für Biokraftstoff") bedeuten, dass die Verwendung des Biokraftstoffs anstelle fossiler Brennstoffe den Treibhauseffekt verstärkt. Dargestellt ist jeweils der Bereich, in der die Treibhausgasbilanz je Hektar Anbaufläche und Jahr typischer Weise liegt.

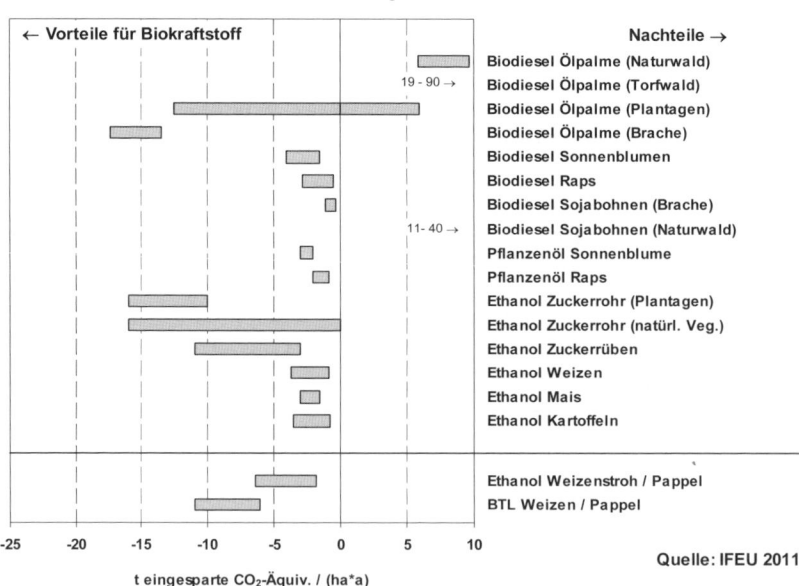

Treibhausgasbilanzen für Biokraftstoffe

Abbildung 2: Treibhausgasbilanz je Hektar Anbaufläche für verschiedene Bioenergieträger, ausgedrückt in t CO_2-Äquivalenten. In Klammern: Vornutzung der Anbaufläche im Fall einer direkten Landnutzungsänderung. BTL = „Biomass to Liquid"/Biomasseverflüssigung. Zahlenangaben bei „Biodiesel

Ölpalme (Torfwald)" und „Biodiesel Sojabohne (Naturwald)": Werte außerhalb des Darstellungsbereiches. Quelle: Reinhardt et al., IFEU-Institut, 2011.

Es zeigt sich: Besonders klimafreundliche Kraftstoffe sind neben Palmöl auf tropischen Brachen oder schon lange bestehenden Plantagen auch Ethanol aus Zuckerrohr oder Zuckerrüben und die sogenannten Kraftstoffe der zweiten Generation (BTL und Ethanol), bei denen Kraftstoffe aus Pflanzenfasern (Stroh, Holz) gewonnen werden. Die zur Erzeugung solcher Biokraftstoffe der zweiten Generation notwendigen Technologien sind jedoch sehr aufwendig und noch nicht kommerziell verfügbar (IEA 2010). Weniger klimafreundliche Biokraftstoffe sind in der Regel Diesel auf Pflanzenölbasis, z.B. Rapsöldiesel. Raps ist zum einen aufwendig im Anbau (hoher Einsatz von Diesel, Dünger und Pflanzenschutzmitteln) und erzielt zum anderen nur mäßige Erträge von 1-1,5 t Öl je Hektar. Zum Vergleich: Ölpalmen erreichen einen Ertrag von 4-6 t Öl je Hektar. Auch Weizen und Kartoffeln für die Ethanolherstellung schneiden im Vergleich zu den Zuckerpflanzen nicht besonders günstig ab.

Die Bandbreiten der Treibhausgasbilanzen sind erheblich und betragen zum Teil weit über hundert Prozent. Dies liegt vor allem an den oben genannten Unsicherheiten in der Datengrundlage sowie auch an Unterschieden in den Anbau- und Verarbeitungsverfahren und Erträgen.

Grundsätzlich wird jedoch deutlich: Gemäß Reinhardt et al. (2011) werden in allen Fällen durch Bioenergie Netto-Treibhausgaseinsparungen erzielt, mit zwei Ausnahmen: die beiden tropischen Kulturen Sojabohne und Ölpalme. Bei diesen Kulturen kommt es häufig zu direkten Landnutzungsänderungen (insbesondere Waldabholzungen) und damit zu einer „positiven" Treibhausgasbilanz: Die Bilanzbalken liegen so weit im Positiven, dass sie im Diagramm nicht mehr dargestellt werden können (+19 bis + 90 bzw. +11 bis +40 t CO_2e zusätzliche Treibhausgasemissionen je Hektar). Wenn zur Anlage einer Soja- oder Ölpalmplantage Wald abgeholzt wird, so wird der Klimawandel also nicht gemindert, sondern sogar deutlich verstärkt. Wird dagegen nur Palmöl von bereits langfristig bestehenden und anderweitig nicht mehr benötigten Plantagen verwendet, so ist der daraus gewonnene Diesel wie bereits erwähnt einer der klimaschonendsten Biokraftstoffe. Die hohe Bedeutung von Landnutzungsänderungen für die Klimabilanz von Bioenergie wird auch von anderen Autoren herausgearbeitet (siehe z.B. Searchinger et al. 2008).

Zu beachten ist: Neben den hier berücksichtigten direkten Landnutzungsänderungen gibt es auch so genannten indirekte Landnutzungsänderungen. Von einer *direkten* Landnutzungsänderung spricht man, wenn ein natürliches Ökosystem unmittelbar in Anbauflächen für Energiepflanzen umgewandelt wird. *Indirekte* Landnutzungsänderungen können auftreten, wenn der Anbau von Bioenergieträgern auf bestehenden Ackerflächen erfolgt und dadurch andere Kulturen – insbesondere der Anbau von Nahrungsmitteln –

verdrängt werden. Da diese anderen landwirtschaftlichen Produkte weiterhin benötigt werden, wird der Anbau auf andere Flächen verlagert – eventuell auf neu gerodete Flächen. Auch in diesem Fall sind die Emissionen aus der Rodung der Bioenergie zuzurechnen. Solche indirekten Landnutzungsänderungen sind in den Abbildung 2 zugrunde liegenden Berechnungen nicht berücksichtigt. Indirekte Landnutzungsänderungen durch den Energiepflanzenanbau in Deutschland können z.b. durch folgenden Effekt auftreten: Werden immer mehr Ackerflächen in Deutschland für die Erzeugung von Bioenergie genutzt, aber nach wie vor die gleiche Menge an Fleisch erzeugt, so kommt es zu einem Futtermittelengpass. Es werden vermehrt Futtermittel aus Übersee zugekauft – z.B. aus Lateinamerika. Die gesteigerte Nachfrage nach Futtermitteln aus Lateinamerika kann dazu führen, dass dort mehr Regenwaldflächen abgeholzt werden, weil die Gewinnung neuer Ackerflächen ökonomisch attraktiver wird. Ein anderes Beispiel: Durch eine vermehrte Nachfrage nach Biodiesel aus Palmöl kann es auch dann zu weiteren Regenwaldabholzungen in Indonesien kommen, wenn nur Biodiesel von Palmöl aus bereits seit Langem bestehenden Plantagen bezogen wird. Und zwar deswegen, weil damit die Produktion von Palmöl für die Nahrungsmittelindustrie – deren Nachfrage im Zweifel konstant bleibt – auf neue Anbauflächen ausweicht.

Über das Ausmaß solcher indirekten Landnutzungsänderungen besteht in der Wissenschaft kein Konsens. Während „direkte" Landnutzungsänderungen noch leicht zu erfassen sind (z.B. mit Satellitenbildern), wird es bei den so genannten „indirekten Landnutzungsänderungen" schwierig: Die Quantifizierung der indirekten Landnutzungsänderungen setzt ökonomische Modelle voraus, die in der Regel eine geringe Treffgenauigkeit haben. Dabei wird zum Beispiel berücksichtigt, wie sich die Nachfrage nach bestimmten Nahrungs- und Futtermitteln global entwickeln wird, wie sich die Handelsbeziehungen dadurch verändern, und wie sich Preise entwickeln. Unstrittig ist jedoch, dass indirekte Landnutzungsänderungen für den Klimawandel eine große Bedeutung haben und aus Sicht des Klima- und Naturschutzes dringend vermieden werden sollten.

Wenn durch Landnutzungsänderungen organische Kohlenstoffspeicher beeinträchtigt werden, ist die Nutzungsdauer für die Klimabilanz der auf diesen Flächen erzeugten Bioenergieträger entscheidend. Die in Abbildung 2 dargestellten Bilanzen basieren auf der Annahme einer 25-jährigen Nutzung. Geht man statt dessen davon aus, dass die gerodeten Flächen mehr als 100 Jahre genutzt werden können und verrechnet man die freiwerdende Kohlenstoffmenge auf diesen gesamten Zeitraum, so verbessert sich die Bilanz: Z.B. für Palmöl auf ehemaligen Regenwaldflächen von 5-10 t zusätzlicher CO_2e-Emissionen je Hektar und Jahr auf 5 t CO_2e-Einsparungen je Hektar und Jahr. Da allerdings faktisch in den ersten Jahren nach der Rodung am meisten Kohlenstoff frei wird und gerade die nächsten 25 Jahre als kritisch für die Lösung des Klimaproblems anzusehen sind, ist einer Abschreibung auf 25

Jahre wie hier vorgenommen der Vorzug zu geben. Ganz abgesehen von der Tatsache, dass es fraglich ist, ob über 100 Jahre stabile Erträge erzielt werden können.

Eine solche Verrechnung von Bioenergieerträgen und dem Aufbau von organischen Kohlenstoffspeichern lässt sich auch anders herum aufstellen: Durch Wiederaufforstung von landwirtschaftlich genutzten Flächen lassen sich kurzfristig erhebliche Mengen an Kohlenstoff speichern. Auf lange Sicht kann die Ackernutzung mit ihrem schnelleren Stoffumsatz jedoch klimafreundlicher sein, wenn ansonsten der Energiebedarf aus fossilen Quellen gedeckt wird. Dies liegt vor allem daran, dass junge Wälder zwar viel Kohlenstoff aufnehmen, ältere Wälder jedoch häufig kaum mehr Kohlenstoff binden als zugleich aus abgestorbenem Pflanzenmaterial freigesetzt wird.

Eine Möglichkeit, Landnutzungsänderungen durch die Bioenergieerzeugung zu vermeiden ist die Nutzung von Reststoffen (z.B. Gülle). Reststoffe brauchen zudem keine Energie für die Erzeugung, so dass sie auch eine hohe Energieeffizienz aufweisen. Außerdem werden durch die energetische Nutzung von Reststoffen z.t. sogar weitere schädliche Emissionen vermieden, z.B. Methanemissionen bei der Lagerung und Ausbringung von Gülle. Wird aus Gülle Biogas erzeugt, so können ca. 160 kg CO_2e je GJ Biogas eingespart werden, bei Silomais sind es nur etwa 50 kg CO_2e. Ähnlich positiv fällt die Bilanz auch für andere Reststoffe aus, z.B. Lebensmittelabfälle, die nicht mehr als Futter verwendet werden können.

Eine andere Möglichkeit, die Konkurrenz zwischen Bioenergie und Nahrungsmittelerzeugung zu verringern und damit das Risiko indirekter Landnutzungsänderungen zu mildern ist die Verwendung von so genannten Biokraftstoffen der zweiten Generation (in Abbildung 2 die beiden letzten Balken). Diese Kraftstoffe können aus Substanzen hergestellt werden, die nicht unmittelbar für die menschliche Ernährung geeignet sind (Stroh, Holzreste, Gräser). Damit können erhebliche neue Potenziale erschlossen werden. Diese Technologien sind jedoch wie bereits erwähnt noch nicht marktreif.

Im Hinblick auf den größten möglichen Klimaschutz durch Bioenergie ist auch zu überlegen, auf welche Weise die vorhandene Biomasse am besten genutzt werden sollte. Abbildung 2 vergleicht verschiedene Biotreibstoffe, weil diese in der aktuellen Debatte (z.B. um den Treibstoff E10) im Fokus stehen. Vergleicht man jedoch die Klimabilanz von (flüssigen) Biotreibstoffen mit einer stationären energetischen Nutzung der Biomasse, so zeigt sich: Die stationäre Nutzung durch direkte Verbrennung – am besten in Kraft-Wärme-Kopplung – ist deutlich klimafreundlicher als die Herstellung von Kraftstoffen aus Biomasse. Dies liegt daran, dass bei der direkten Verbrennung in stationären Heizanlagen keine aufwendige Verarbeitung der Biomasse notwendig ist. Dies spart Energie und erhöht den Wirkungsgrad. Außerdem erhöht die gemeinsame Erzeugung von Strom und Wärme den Energieertrag deutlich (Rettenmaier et al. 2010). Aus Sicht des Klimaschutzes ist es also sinnvoller zunächst Heizungen durch umweltfreundlichere, Biomasse basierte Kraft-Wärme-Techniken zu ersetzen als Fahrzeuge auf Biotreibstoff umzustellen.

Zusammenfassend lässt sich also sagen: Bioenergie ist klimafreundlicher als fossile Energie, solange anderweitig nicht benötigte Flächen für den Anbau zur Verfügung stehen oder Reststoffe verwendet werden. Eine stationäre Nutzung von Bioenergie zur Erzeugung von Strom und Wärme ist in der Regel klimafreundlicher als die Herstellung von Treibstoffen für den Verehr.

3. Andere Umweltwirkungen der Bioenergieerzeugung

Der Klimawandel ist derzeit das am meisten diskutierte umweltpolitische Thema. Es gibt jedoch auch andere Umweltschäden, die vermieden werden sollten, um Mensch und Natur zu schützen. Hierzu zählten zum Beispiel die Schädigung der Ozonschicht, Sommersmog oder die Belastung der Umwelt mit giftigen Substanzen (z.B. aus Pflanzenschutzmitteln) und nicht zuletzt die direkte Zerstörung von Ökosystemen und die Ausrottung von Arten. Die Erzeugung von Bioenergie hat auf all diese Umweltwirkungskategorien einen Einfluss – und zwar in vielen Fällen einen größeren als die Nutzung fossiler Rohstoffe. Es ist daher bei der Bewertung von Klimaschutzmaßnahmen immer im Blick zu behalten, inwieweit dadurch auf andere Weise Schäden für Mensch und Natur auftreten: denn dieses sind die eigentlichen Schutzgüter, von denen durch die Stabilisierung des Weltklimas Schaden abgewandt werden soll.

Derzeit stammt die überwiegende Menge moderner Bioenergieträger aus konventioneller, intensiver Landwirtschaft. Diese Art der Landbewirtschaftung stellt einen starken Eingriff in das natürliche Gleichgewicht des Standortes dar. Der Standort wird vom Menschen überprägt und bietet in der Regel nur noch wenigen und robusten Wildarten einen Lebensraum. Zusätzlich zeichnet sich intensive Landwirtschaft dadurch aus, dass sie häufig mit Austrägen von Nährstoffen und Pflanzenschutzmitteln verbunden ist, wodurch angrenzende Ökosysteme und Menschen zu Schaden kommen können. Das Ausmaß dieser Schäden ist je nach Kulturart und dem jeweiligen Stand der guten fachlichen Praxis unterschiedlich. So ist z.B. der Anbau von Zuckerrüben in Deutschland in der Regel mit einem hohen Mineraldünger- und Pflanzenschutzmitteleinsatz verbunden, Zuckerrohr benötigt diese Anbauhilfen dagegen nur in geringem Umfang. Auf der anderen Seite sind in Deutschland die Umweltauflagen für die Landwirtschaft im internationalen Vergleich hoch und die gute fachliche Praxis weit entwickelt. Entscheidend für die ökologische Bewertung der landwirtschaftlichen Produktion ist nicht die Art der Verwendung ihrer Produkte (Lebensmittel, Futtermittel, Energie oder

Fasern), sondern die Einhaltung guter fachlicher Praxis und die Berücksichtigung standörtlicher ökologischer Gegebenheiten. Energiepflanzen können für den Umweltschutz sogar besser sein als der Lebensmittelanbau: Einige Energiepflanzen schützen vor Erosion und erhöhen die Agrobiodiversität. Dazu zählt z.B. Jatropha im extensiven Anbau oder mehrjährige Gräser für Biogas oder Bioethanol der zweiten Generation. Problematisch ist der Anbau von Bioenergie aus Sicht des Naturschutzes unter folgenden Bedingungen:

- Wenn die Energiepflanzen mehr Ressourcen benötigen als andere, üblicherweise angebaute Kulturpflanzen: Zum Beispiel haben einige Kulturpflanzen wie z.B. Zuckerrohr einen hohen Wasserbedarf. Werden solche Kulturen in trockenen Regionen mit Bewässerung angebaut, können dadurch die lokalen Wasserreserven erschöpft werden, und die Region kann langfristig ihre Fruchtbarkeit verlieren.
- Wenn zusätzliche Flächen in intensive Bewirtschaftung genommen werden, die andernfalls für Naturschutzzwecke zur Verfügung stünden oder nur extensiv genutzt würden (siehe hierzu auch die obigen Ausführungen zu indirekten Landnutzungsänderungen in Kapitel 2).
- Wenn Energiepflanzen zu mehr Erosion führen – dies kann z.B. im Silomaisanbau auftreten – oder eine geringere Biotopqualität aufweisen als andere Ackerkulturen.
- Wenn aufgrund der Verwendungsart weniger strenge Umweltauflagen gelten (z.B. für den Pflanzenschutzmitteleinsatz). Dies ist kein technisches, sondern ein rechtliches Problem. Die heute typischen Energiepflanzen (Mais, Zuckerrohr, Zuckerrübe, Weizen, Ölpalme) werden jedoch alle auch für die Nahrungsmittelerzeugung verwendet, es gelten in der Regel die gleichen Anbaubestimmungen.

In den genannten Fällen sind die zu erwartenden Schäden durch den Energiepflanzenanbau gegenüber dem Nutzen der Energieerzeugung abzuwägen. Zu diesem Nutzen könnte z.B. auch gezählt werden, dass einige weitere riskante Tiefseebohrungen vermieden werden können ohne dass sich die Nachfrage nach Energie verändern muss. Das Ergebnis eines solchen Abwägungsprozesses wird je nach Werthaltungen und Vorlieben der Entscheidenden recht unterschiedlich ausfallen. Zu bedenken ist in diesem Kontext insbesondere die Frage einer gerechten Lastenverteilung.

4. Soziale Auswirkungen

Die oben genannten ökologischen Auswirkungen von Bioenergie haben auch eine soziale Dimension: Der Klimawandel ist insbesondere deswegen ein

Problem, weil dadurch Leben, Gesundheit und das Wohlbefinden vieler Millionen Menschen heutiger und zukünftiger Generationen gefährdet werden (IPCC 2007, Fields et al. 2012). Auch andere Umweltwirkungen – seien es nun Nährstoffausträge in Gewässer oder Pflanzenschutzmittelrückstände – gefährden nicht nur die Ökosysteme, sondern auch die Gesundheit von Menschen, und sind deswegen aus ethischer Sicht zu vermeiden. Dies gilt umso mehr, als vor allem arme Menschen, die wenig Ausweich- und Ausgleichsmöglichkeiten haben, in starkem Maße von Umweltlasten geschädigt werden. Darüber hinaus gibt es jedoch auch direkte soziale Folgen der Bioenergie-Nutzung, die an dieser Stelle zu diskutieren sind.

4.1 Bioenergie und Hunger

Vonseiten verschiedener Nichtregierungsorganisationen wurde in der letzten Zeit beharrlich darauf hingewiesen, dass Agrotreibstoffe Hunger fördern. Die Debatte verschärfte sich im Jahr 2008, als die Anzahl der unterernährten Menschen innerhalb weniger Monate um etwa 10% bzw. 100 Millionen Menschen anstieg. Die wichtigste unmittelbare Ursache war ein massiver Anstieg der Getreidepreise: Im April 2008 stieg der Weltmarktpreis für Weizen auf mehr als den doppelten des Vorjahrespreises (USDA 2008). Zur gleichen Zeit wurde in Industrienationen über Förderprogramme für Bioenergiepflanzen bzw. Biotreibstoffquoten verhandelt. Offensichtlich landeten Grundnahrungsmittel wie zum Beispiel Mais in den Tanks der Wohlhabenden, statt auf den Tellern der unterernährten Menschen. Doch ähnliche Probleme bestanden auch schon vor dem Ausbau der Bioenergie: So wurden z.B. im Jahr 2010 über 30% der Weltgetreideproduktion als Futtermittel verwendet (FAOSTAT 2012), anstatt direkt für die menschliche Ernährung. Der Anteil des Getreides, das für Bioenergie verwendet wurde, lag demgegenüber erst bei etwa 6,5 % und stieg zwischen 2007 und 2008 nur marginal an.

Die Ursachen der massiven Hungerkrise des Jahres 2008 liegen nicht primär an der Zunahme des Energiepflanzenanbaus, sondern sind wesentlich komplexer (Headey et al. 2010): Geringe Lagerbestände und Missernten in wichtigen Anbaugebieten wie z.B. in der Ukraine oder Australien verknappten kurzfristig das Angebot. Dies führte dazu, dass Landwirte, Volkswirtschaften und Händler verstärkt Ware zurückhielten, weil sie sich für die Zukunft steigende Preise erhofften. Zusätzlich drängten Investoren aus dem zusammenbrechenden Immobilienmarkt auf die Rohstoffmärkte. Der Anstieg der Nachfrage nach Bioenergie war dann allerdings ein weiterer Grund für hohe Erwartungen an Spekulationsgewinne im Getreidemarkt. Dies alles zusammen führte zu den dramatischen Preissteigerungen, die dann zum Hunger führten. Eine Reduktion der Bioenergie wäre also nur ein unzureichendes

Mittel, den Welthunger zu bekämpfen, wenn nicht zugleich die Spekulation mit Grundnahrungsmittelpreisen wirksam verhindert wird.

Die Möglichkeit, aus Getreide nun auch Treibstoffe zu erzeugen, bindet den Ölpreis und den Getreidepreis langfristig eng aneinander. Angesichts steigender Ölpreise wird Bioenergie in vielen Regionen auch ohne Subventionen konkurrenzfähig: Das erhöht die Nachfrage nach Getreide und damit auch den Getreidepreis. Dadurch wird es für arme Menschen in den Städten der Entwicklungsländer schwerer, sich mit Lebensmitteln zu versorgen.

4.2   Bioenergie und ländliche Entwicklung

Hungernde Menschen finden sich nicht nur unter denen, die in der Stadt leben und auf den Kauf von Lebensmitteln gegen Geld angewiesen sind. Im Gegenteil: Etwa 70 % der weltweit von Armut und Hunger Betroffenen gehören zur Landbevölkerung (IFAD 2011). Wenn es gelingt, diese Menschen am gestiegenen Wert von Land und landwirtschaftlichen Produkten teilhaben zu lassen, dann kann Bioenergie für diese Menschen einen Beitrag zum Weg aus der Armut leisten. Ob diese Teilhabe gelingt, hängt jedoch stark davon ab, ob diesen Menschen der Zugang zu fruchtbarem Land erhalten bzw. gewährt wird. In der Vergangenheit haben sich Projekte zur Einbindung von Kleinbauern in Bioenergieprojekte häufig als wenig erfolgreich erwiesen. Denn der Zugang von Kleinbauern zu Land ist unsicher: Auf Grund steigender Nachfrage nach Agrarprodukten tätigen zunehmend internationale Investoren große Landkäufe in Entwicklungsländern (Cotula et al. 2009, Anseeuw et al. 2012). Etwa die Hälfte des in Großtransaktionen gehandelten Landes wurde vorher bereits als Ackerland genutzt (Anseeuw et al. 2012). In diesen Fällen ist davon auszugehen, dass es zu einer massiven Konkurrenz um Land zwischen internationalen Investoren und einheimischen Bevölkerungsgruppen kommt. Dies um so mehr, als die Investoren bevorzugt besonders ertragreiche Ländereien aufkaufen. Die Interessen der lokalen Bevölkerung – insbesondere im Hinblick auf die Ernährungssicherung – werden in den Verträgen in der Regel nicht hinreichend berücksichtigt (Anseeuw et al. 2012).

Neben dem Aspekt der Einkommensmöglichkeiten im ländlichen Raum ist in Entwicklungsländern jedoch noch ein weiterer Aspekt zu berücksichtigen: Nämlich die Möglichkeit, durch Bioenergie die lokale Energieversorgung sicher zu stellen. Insbesondere dort, wo die Infrastruktur wenig entwickelt ist und hohe Energiepreise Armut fördern, kann die lokale Erzeugung und Nutzung von Bioenergie eine Option darstellen, den Wohlstand der Bevölkerung zu steigern (Practical Action Consulting 2009). Diese Art von Bioenergieerzeugung und -nutzung erfolgt dann jedoch lokal und isoliert von internationalen Bioenergie-Märkten.

Auch in Industrienationen hat die verstärkte Nachfrage nach Bioenergie Auswirkungen auf die Entwicklung ländlicher Räume. Zu Beginn des Bioenergie-Booms in Deutschland um das Jahr 2005 wurde Bioenergie vorwiegend auf Stilllegungsflächen angebaut. Das sind Flächen, die zuvor aufgrund der Überproduktion von Nahrungsmitteln zwangsweise aus der Produktion genommen wurden.[5] Bioenergie wurde als eine willkommene Möglichkeit angesehen, die geringen Einkommensmöglichkeiten in der Landwirtschaft etwas aufzubessern. Die guten Preise für Energiepflanzen sind auch heute für viele Landwirte ein Grund, „Energiewirt" zu werden. Für diese Bauern leistet Bioenergie also eindeutig einen Beitrag zur Existenzsicherung. Auf der anderen Seite gibt es jedoch auch Bauern, die vom Bioenergieboom negativ betroffen sind: und zwar diejenigen, die mit den „Energiewirten" um die gleichen Flächen konkurrieren. Bioenergieerzeuger können oft höhere Pachtpreise zahlen als Lebensmittelerzeuger. Steigende Pachtpreise in einigen Regionen Deutschlands senken daher die Wirtschaftlichkeit der Lebensmittelerzeugung (Theuvsen et al. 2010). In einigen Regionen sinkt auch die Verfügbarkeit von Futtermitteln. So waren z.B. auch Schweinemäster in Deutschland von den steigenden Getreidepreisen im Jahr 2008 massiv negativ betroffen.

Zusammenfassend lässt sich also sagen: Bioenergie leistet für diejenigen Menschen im ländlichen Raum einen Beitrag zu mehr Wohlstand, die einen gesicherten Zugang zu Land und Bioenergie-Märkten haben. Menschen auf dem Land, die kein bzw. kein gesichertes Eigentum an Land haben sowie Menschen in den Städten, die einen wesentlichen Teil ihres Einkommens für ihre Ernährung ausgeben, sind negativ betroffen: Denn die Preise von Lebensmittel und Land werden auf Grund der steigenden Nachfrage langfristig steigen.

5. Das Problem der Knappheit: Biomassepotenziale und Biomasse-Nachhaltigkeitsstandards

In Kapitel 2 bis 4 wurde deutlich: Die ökologische und soziale Nachhaltigkeit von Bioenergie steht und fällt mit der Frage, ob genug Flächen für deren Erzeugung zur Verfügung stehen, die anderweitig nicht benötigt werden – wie z.B. die Flächen aus den europäischen Stilllegungsprogrammen in den Jahren 1992 bis 2009. Auf solchen Flächen leistet der Anbau von Energie-

---

5   Im Zuge der McSharry Reformen der gemeinsamen Agrarpolitik der EU wurde eine Flächenstilllegung von anfänglich 15%, ab 2005 dann von 5% der Ackerflächen verbindlich vorgeschrieben. Diese Ackerflächen durften jedoch für die Erzeugung von nachwachsenden Rohstoffen verwendet werden.

pflanzen einen Beitrag zum Klimaschutz und zur ländlichen Entwicklung, während der Energiepflanzenanbau auf ehemalig ökologisch hochwertigen Flächen oder auf Kosten der Nahrungsmittelerzeugung zu dramatischen ökologischen und sozialen Schäden führen kann.

Vor diesem Hintergrund stellen sich zwei zentrale Fragen: Zum einen, wie viele Flächen ohne Schaden für Lebensmittelproduktion und Natur noch für den Energiepflanzenanbau zur Verfügung stehen und wie viel Bioenergie sich daraus erzeugen lässt. Und zum anderen, wie sicher gestellt werden kann, dass genau diese und keine anderen Flächen für die Produktion von Bioenergie genutzt werden.

Die erste der genannten Frage betrifft die so genannten nachhaltigen Biomassepotenziale: Also die Menge an Bioenergie, die ohne erhebliche Umweltschäden weltweit erzeugt werden kann. In der Literatur finden sich dazu weit auseinandergehende Schätzungen, die bis zu Faktor 10 auseinander liegen. Die große Bandbreite liegt daran, dass viele Einflussfaktoren nicht hinreichend bekannt sind, z.B. die tatsächliche globale Flächennutzung sowie zukünftige Entwicklungen landwirtschaftlicher Erträge und technischer Möglichkeiten. Dazu kommen unterschiedliche methodische Vorgehensweisen in der Berechnung von Biomassepotentialen.

Der Weltklimarat nennt Schätzungen zwischen weniger als 50 und mehreren Hundert Exajoule Energie aus Biomasse für das Jahr 2050 (Chum et al. 2011), die nachhaltig erzeugt werden könnten. Als beste Schätzung wurde im vierten Weltklimabericht 250 EJ im Jahr für das Jahr 2050 angegeben. Das entspricht in etwa einem Drittel des für 2050 geschätzten globalen Energieverbrauchs (bzw. die Hälfte des Energieverbrauchs im Jahr 2000, siehe Abbildung 1). Diese Abschätzungen setzten jedoch bereits voraus, dass eine deutliche Produktionssteigerung in der Landwirtschaft erreicht werden kann. Auch wenn in Entwicklungsländern noch erhebliche ungenutzte Produktivitätsreserven in der Landwirtschaft liegen, die auch ohne Schaden für die Natur erschlossen werden könnten, so ist dieser Schätzung doch mit Vorsicht zu begegnen. Denn die im Zuge des Klimawandels zu erwartenden häufigen Extremwetterereignisse sowie soziale Konflikte und Armut könnten die Erreichung dieses ehrgeizigen Zieles behindern. Dazu kommt, dass eine Intensivierung der Produktion häufig mit einer Veränderung der gesamten Agrarstruktur und des sozialen Gefüges einhergeht (Aufgabe von Kleinbetrieben zu Gunsten weniger, effizienterer Großbetriebe) – mit wiederum teilweise unerwünschten sozialen Effekten.

Für Europa schätzen Chum et al. (2011) ein Bioenergiepotenzial von 17-27 EJ im Jahr 2050. Rettenmaier et al. (2011) ermittelten ein Potential von ca. 20 EJ. Bei der Bewertung dieser Zahlen ist zu bedenken, dass in beiden Studien das Biomassepotenzial die in der für Energiezwecke verfügbaren Pflanzenmasse gebundenen Primärenergie bezeichnet, nicht die Endenergie (z.B. in Form von Biotreibstoffen). Bei der Aufbereitung der rohen Biomasse zu Biotreibstoffen treten erhebliche Verluste auf. Je nach Art der Umwandlung sind die Verluste unterschiedlich hoch. Zum Vergleich: Beim derzeitigen Stand der Technik bräuchte man in etwa die komplette Ackerfläche Europas (das sind etwa 280 Mio. Hektar), um 27 EJ Ethanol aus Weizen oder Zuckerrüben zu erzeugen (IFEU 2011, FAOSTAT 2012). Die Potenzialstudien für Europa berücksichtigen neben Biomasse vom Acker auch Restholz und Bioabfälle, beziehen aber auf der anderen Seite Naturschutzziele nur unzureichend mit ein und gehen davon aus, dass die landwirtschaftliche Produktivität mindestens konstant bleibt oder sogar deutlich ansteigt.

Der Primärenergiebedarf der EU liegt heute bei etwa 80 EJ im Jahr und damit beim 3-4 fachen des geschätzten technischen Bioenergiepotenzials in Europa. Dies bedeutet, dass die Europäische Union (wie auch andere Industrienationen) auf den Import von Biomasse aus Drittländern angewiesen sein wird, wenn sie einen wesentlichen Teil ihrer Energie durch Biomasse decken möchte.

Bereits jetzt importiert die EU bzw. Deutschland erhebliche Mengen an Biomasse bzw. Bioenergieträgern, um die gesetzlich vorgeschriebenen Beimischungsquoten zu erfüllen. Das Forschungsinstitut der EU-Kommission JRC errechnet z.B. einen Flächenbedarf von 3,7 Mio. Hektar Anbaufläche außerhalb der EU in 2020 (Blanco Fonseca et al. 2010). Das entspricht in etwa einem Drittel der Ackerflächen in Deutschland. Andere Quellen nennen deutlich höhere Werte. So errechnen z.B. Bowyer et al. (2011), dass bis 2020 auf Grund der steigende Nachfrage nach Biotreibstoffen in der EU 5-8 Mio. Hektar indirekte Landnutzungsänderungen außerhalb der EU verursacht werden (Bowyer et al. 2011).

Zusammenfassend lässt sich feststellen: Das weltweite sowie das europäische Biomassepotenzial ist beachtlich, aber nicht hinreichend um die Nachfrage nach Energie zu decken. Europa ist bereits jetzt und wird auch in Zukunft auf den Import von Biomasse angewiesen sein, v.a. aus den Tropen.

Die Notwendigkeit des Biomasseimportes aus anderen Regionen der Erde gibt der zweiten Frage ein besonderes Gewicht: nämlich, wie sichergestellt werden kann, dass der Bioenergieanbau nur auf Flächen erfolgt, die nicht für die Lebensmittelerzeugung und den Naturschutz benötigt werden. In der Vergangenheit kam es immer wieder zu erheblichen Menschenrechtsverletzungen durch Landkonflikte im Zusammenhang mit Bioenergieprojekten (Borras et al. 2011, FIAN 2010, Cotula et al. 2009). Auch Regenwaldabholzungen werden immer wieder berichtet (Nellemann et al. 2007). Auf Grund dieser Tatsache arbeiten derzeit verschiedene Institutionen intensiv an Standards für eine ökologische und soziale Bioenergieproduktion (z.B. Roundtable on Sustainable Biofuels (RSB), Global Bioenergy Partnership und andere). Der UN-Kommissar für das Recht auf Nahrung Olivier de Schuetter hat elf Prinzipien entwickelt, die Grundlage von Landkäufen sein sollten (De Schuetter 2009). Dazu zählen die freie vorherige Zustimmung der lokalen

Gemeinschaften, der Entwicklungsnutzen für die lokale Bevölkerung, die Priorität der Ernährungssicherung sowie ökologische und klimafreundliche Produktionsmethoden. Ähnliche Anforderungen enthalten auch die Anforderungen des Round Table on Sustainable Biofuels (RSB 2010), der seit 2011 ein Zertifizierungsverfahren anbietet. Es ist jedoch fraglich, inwieweit freiwillige Standards (wie z.B. RSB) und rechtliche Anforderungen in naher Zukunft eine hinreichende Sicherheit bieten können. Denn Landkonflikte betreffen häufig Flächen unter traditioneller, nicht eingetragener Nutzung und Regionen mit geringer Rechtssicherheit.

6. Fazit: Eine Frage der Gerechtigkeit – Bioenergie in einer endlichen Welt

Bioenergie ist kein neues Phänomen, sondern seit vielen Jahrhunderten im Einsatz. Selbst die Arten der Bioenergienutzung, die derzeit global vorherrschend sind, sind nicht neu: Pflanzenöle wurden bereits in der Antike als Brennstoffe eingesetzt, und auch die Herstellung von Ethanol (Alkohol) aus Stärke war bereits in der Antike bekannt. Die Nutzung von Bioenergie ist klimafreundlicher als die Nutzung fossiler Rohstoffe, weil bei der Verbrennung nur Kohlenstoff freigesetzt wird, der wenig vorher von den Pflanzen aufgenommen wurde. Die Tatsache, dass zur Erzeugung von Bioenergie selbst Energie benötigt wird, verringert die Treibhausgaseinsparungen, führt aber bei allen üblichen Bioenergieverfahren nicht zu einem Netto-Anstieg der Treibhausgasemissionen. Das Problem der Bioenergie liegt auf einer anderen Ebene: Die Verlagerung der Energieströme von den fossilen Rohstoffen auf rezente Biomasse verschärft massiv das Problem der Flächenknappheit: Während vor der Industrialisierung auf Grund der geringen Weltbevölkerung und des geringen Energieverbrauchs noch viel Fläche für natürliche Ökosysteme oder extensive Nutzung zur Verfügung standen („leere Welt", Daly 1996), so hat sich die menschliche Lebenswelt heute bis an die Grenzen der Tragfähigkeit der Erde ausgedehnt („volle Welt", ebd.): Heute leben auf der Erde etwa 7 Milliarden Menschen, die zudem aufgrund der industriellen Lebensweisen einen hohen Energieverbrauch pro Kopf haben. Werden die verfügbaren Flächen zusätzlich zur bisherigen Nutzung auch noch für den Ersatz fossiler Brennstoffe in Anspruch genommen, so verschärft sich dadurch massiv der Konkurrenzkampf um den Zugang zu Land.

Die heute verfügbaren Bioenergietechnologien können einen Beitrag zu einer zukunftsfähigen Welt leisten, indem sie uns ermöglichen, Güter des Industriezeitalters auch ohne Erdöl, Kohle und Erdgas herzustellen. Dies ist zunächst eine erfreuliche Tatsache. Aus den Potenzialstudien wurde aber deutlich, dass die gleiche Menge dieser Konsumgüter beim derzeitigen Stand der Technik nicht nachhaltig erzeugt werden kann. Wenn der Energiebedarf nicht reduziert wird und auch andere regenerative Energieträger nicht hinreichend schnell entwickelt werden können, kommt es zu einer massiven weiteren Ausweitung der Anbauflächen auf Kosten der verbliebenen natürlichen Ökosysteme und der ärmeren Bevölkerungsgruppen.

Ob Bioenergie das Klima, die Umwelt und die Menschenwürde fördert oder nicht, ist daher nicht ein technisches, sondern vor allem ein ökonomisches, rechtliches und politisches Problem: Es ist ein Problem der gerechten Verteilung der Ressourcen dieses begrenzten Planeten.

Eine nachhaltige Bioenergienutzung setzt also voraus, dass entsprechende ökonomische, rechtliche und politische Rahmenbedingungen realisiert werden. Dies umfasst insbesondere

- Den konsequenten Schutz des Zugangs zu Land als Grundvoraussetzung für die Gewährleistung des Rechts auf Nahrung der Landbevölkerung und insbesondere von indigenen Gruppen. Dies ist bereits seit Langem eine Forderung verschiedener Entwicklungs- und Menschenrechtsorganisationen wie z.B. Misereor, Brot für die Welt oder FIAN.
- Die Entwicklung von Umwelt- und Sozialstandards in der Landwirtschaft, die verbindlich und flächendeckend eingehalten werden: Nicht nur für Bioenergie, sondern auch für Futter- und Lebensmittel.

Wo die beiden ersten Rahmenbedingungen nicht zufriedenstellend erfüllt werden können, empfiehlt es sich dringend, durch eine Mäßigung des Energieverbrauchs zu einer Entschärfung der Konkurrenz um Fläche und Biomasse beizutragen. Zugleich empfiehlt es sich, beim Kauf von Bioenergieträgern auf kontrollierte Herkunft zu achten und im politischen Handeln auf die verbindliche Einhaltung von Sozial- und Umweltstandards hinzuwirken.

Literatur

2009/28/EC: Richtlinie 2009/28/EC des Europäischen Parlamentes und des Rates vom 23. April 2009 zur Förderung der Nutzung von Energie aus erneuerbaren Quellen und zur Änderung und anschließenden Aufhebung der Richtlinien 2001/77/EG und 2003/30/EG.

Armstrong, R. C. (2007): Adressing the Global Energy Challenge. Presentation held during World Energy Congress, November 15, 2007, Rome (Italien): Massachusettes Institute of Technology.

Anseeuw, W., Boche, M., Breu, T., Giger, M., Lay, J., Messerli, P. und Nolte, K. (2012): Transnational Land Deals for Agriculture in the Global South. Analytical Report based on the Land Matrix Database Number 1. The Land Matrix Partnership (CDE, CIRAD, GIGA, GIZ, ILC).

Blanco Fonseca, M., Burrell, A., Gay, H., Henseler, M., Kavallari, A., M'Barek, R., Pérez Domínguez, I., Tonini, A., Burrell, A.(2010): Impacts of the EU biofuel target on agricultural markets and land use: a comparative modelling assessment. Brüssel: European Commission Joint Research Centre, Institute for Prospective Technological Studies.

Borras, S.M., Fanco, J.C. (2011): Political Dynamics of Land Grabbing in South East Asia: Understanding Europes Role. Amsterdam: Transnational Institute.

Bowyer, C., Kretschmer, B. (2011): Anticipated Indirect Land Use Change Associated with Expanded Use of Biofuels and Bioliquids in the EU – An Analysis of the National Renewable Energy Action Plans. London: Institute for European Environmental Policy (IEEP).

Chum, H., Faaij, A., Moreira, J. et al. (2011): Bioenergy. In: Edenhofer, O., Pichs-Madruga, R., Sokona, Y., Seyboth, K., Matschoss, P., Kadner, S., Zwickel, T., Eickemeier, P., Hansen, G., Schlomer, S., von Stechow C. (Hrsg.): IPCC Special Report on Renewable Energy Sources and Climate Change Mitigation. Cambridge und New York: Cambridge University Press.

Cotula, L, Vermeulen, S., Leonard, R, Keeley, J. (2009): Land grab or development opportunity? Agricultural investment and international land deals in Africa.. Rom und London: FAO, IIED und IFAD.

Daly, H. E. (1996): Beyond Growth. Boston, USA: Beacon Press.

De Schutter, O. (2009): Large-scale land acquisitions and leases: A set of core principles and measures to address the human rights challenge. UN-Sonderberichterstatter für das Recht auf Nahrung.

Fachagentur für nachwachsende Rohstoffe (FNR) (2011): Informationsplattform BTL. *http://www.btl-plattform.de* [Zugriff: 30.12.2011].

FAOSTAT (2012): Statistical databases. Food and Agriculture Organization of United Nations, Rome. *http://faostat.fao.org/default.aspx* [Zugriff: 30.3.2012]

FIAN (2010): Food First Information and Action Network (FIAN): Land grabbing in Kenya and Mozambique. A report on two research missions – and a human rights analysis of land grabbing. Heidelberg: FIAN.

Field, C.B., V. Barros, T.F. Stocker, D. Qin, D.J. Dokken, K.L. Ebi, M.D. Mastrandrea, K.J. Mach, G.-K. Plattner, S.K. Allen, M. Tignor, and P.M. Midgley (Hrsg.) (2012): Managing the Risks of Extreme Events and Disasters to Advance Climate Change Adaptation. A Special Report of Working Groups I and II of the Intergovernmental Panel on Climate Change. Cambridge und New York: Cambridge University Press.

Forster, P., Ramaswamy, V. et al. (2007): Changes in Atmospheric Constituents and in Radioactive Forcing. In: Solomon, S., Qin, D., Manning, M., Chen, Z., Marquis, M., Averyt, K.B., Tignor M., Miller, H. L. (Hrsg.)Climate Change 2007: The Physical Science Basis. Contribution of Working Group I to the Fourth Assessment Report of the Intergovernmental Panel on Climate Change. Cambridge und New York: Cambridge University Press.

Headey, D., Fan, S. (2010): Reflections on the Global Food Crisis. How Did It Happen? How Has It Hurt? And How Can We Prevent the Next One? Washington D.C.: International Food Policy Research Institute (IFPRI). Research Monograph 165.

IEA (2010): Sustainable Production of Second Generation Biofuels. Potential and perspective in major economies and developing countries. Information paper. Paris: International Energy Agency (IEA).

IFAD (2011): Rural poverty report 2011. Rome: International Fund for Agricultural Development (IFAD).

IFEU (2011): ifeu – Institut für Energie- und Umweltforschung Heidelberg: Interne Ökobilanzdatenbank. Stand: Dezember 2011. Unveröffentlicht.

IPCC (2007): Summary for Policymakers. In: Parry, M.L., Canziani, O.F., Palutikof, J.P., van der Linden P.J., Hanson, C.E. (Hrsg.): Climate Change (2007): Impacts, Adaptation and Vulnerability. Contribution of Working Group II to the Fourth Assessment Report of the Intergovernmental Panel on Climate Change. Cambridge: Cambridge University Press, Seite 7-22.

ISO (2006) Deutsches Institut für Normung e.V.: ISO 14040:2006 & ISO14044:2006. Umweltmanagement – Ökobilanz – Grundsätze und Rahmenbedingungen, Anforderungen und Anleitungen. Berlin: Beuth Verlag.

Nellemann, Ch., Miles, L., Kaltenborn, B., Virtue, M., Ahlenius, H. (Hrsg.) (2007): The Last Stand of the Orang Utan – State of Emergency: Illegal Logging, Fire and Palm Oil in Indonesia's National Parks, Nairobi und Arendal: UNEP/GRID.

Practical Action Consulting (2009): Small-Scale Bioenergy Initiatives: Brief description and preliminary lessons on livelihood impacts from case studies in Asia, Latin America and Africa. Prepared for PISCES (Nairobi) and FAO (Rome) by Practical Action Consulting.

Reinhardt, G., von Falkenstein, E. (2011): Environmental assessment of biofuels for transport and the aspects of land use competition. biomass and bioenergy 35 (2011): 2315 – 2322.

Rettenmaier, N., Köppen, S., Gärtner, S., Reinhardt, G. (2010): 4F-Crops: Future Crops for Food, Feed, Fiber and Fuel. Life cycle analysis. Heidelberg: Ifeu – Institut für Energie- und Umweltforschung.

Rettenmaier, N., Köppen, S., Schorb, A. (2011): Status of Biomass Resource Assessments – Version 3. Bericht erstellt im Rahmen des FP7-Projektes „Biomass Energy Europe" (BEE), gefördert durch die EU-Kommission. Abschlussbericht.

RSB (2010): Round table on sustainable biofuels (RSB): Principles and criteria for sustainable biofuel production. Version 2.0, 5.11.2010.

Searchinger, T., Heimlich, R., Houghton, R.A., Gong, F., Elobeid, A., Fabiosa, J., Tokgoz, S., Hayer, D. und Yu, T-H. (2008): Use of U.S. Croplands for Biofuels Increases Greenhouse Gases Through Emissions from Land-Use Change. Science (319): S. 1238-1240.

Theuvsen, L., Plumeyer, C.-H., Emmann, C. (2010): Einfluss der Biogasproduktion auf den Landpachtmarkt in Niedersachsen. Endbericht im Auftrag des Niedersächsischen Ministeriums für Ernährung, Landwirtschaft, Verbraucherschutz und Landesentwicklung.

USA (2009): American Clean Energy and Security Act of 2009, H.R. 2454. Passed by the House of Representatives on June 26, 2009.

USA (2010): Federal Register of the United States: Regulation of Fuels and Fuel Additives: Changes to Renewable Fuel Standard Program; Final Rule. 40 CFR part 80, March 26, 2010.

USDA-FAS (2010): United States Department of Agriculture, Foreign agricultural service: Peoples republic of China – Readout from the Sino-US advanced biofuel forum. Prepared by Chanda Beckmann and Kirsten Rasmussen, approved by Michael Woosley, 30. Juli 2010. Global Agricultural Information Network (GAIN) Report.

USDA (2008): Trostle, R. (USDA): Global Agricultural Supply and Demand: Factors Contributing to the Recent Increase in Food Commodity Prices. A Report from the Economic Research Service, July 2008.

Wang, H. (2011): Building a regulatory framework for biofuels governance in China: Legislation as the starting point. Natural Ressource Forum 35: S. 201-212.

Zentrum für Transformation der Bundeswehr (2010): Peak oil – Sicherheitspolitische Implikationen knapper Ressourcen. Strausberg, Juli 2010.

Klima – Macht – (Un)Gerechtigkeit. Die Forderung nach Klimagerechtigkeit in der internationalen Politik

Christoph Görg

Einleitung

Lange Zeit galt der Klimawandel als ein eher naturwissenschaftlich zu behandelndes oder gar technisches Problem. Ging es ursprünglich vor allem um die Frage, ob es überhaupt Belege für eine vom Menschen gemachte Erwärmung gibt und wenn ja, welche technischen Optionen es zur Vermeidung von Treibhausgasemissionen gibt (und evtl. noch: wie sie aus ökonomischer Sicht einzuschätzen sind), dann haben sich in den letzten Jahren doch mehr und mehr auch eine Reihe gesellschaftlicher Themen als eng verbunden mit dem Klimawandel gezeigt. Und diese Themen werfen mehr oder weniger direkt Gerechtigkeitsprobleme und ethische Fragestellungen auf. Dies gilt schon für Strategien zur Verminderung von Treibhausgasemissionen, die ja immer auch ökonomische Kosten, evtl. aber auch Gewinne und damit Verteilungsfragen beinhalten. Das gilt aber noch mehr in dem Maße, als die möglichen Folgen des Klimawandels aufgedeckt und Anpassungserfordernisse und -strategien analysiert wurden.[1] Denn spätestens dann stellt sich die Frage: Was kosten uns sowohl Klimaschutz als auch Klimaanpassung? Genauer: Wer hat welche Kosten zu tragen, wer hat evtl. sogar Vorteile? Damit stellen sich automatisch auch Gerechtigkeitsfragen: Geht die Verteilung der Vor- und Nachteile so in Ordnung? Oder sind sie ungleich und möglicherweise auch ungerecht verteilt? Müssen gar andere die Suppe auslöffeln, als die, die sie eingebrockt haben? Letztlich stellen sich ganz grundsätzliche Fragen hinsichtlich der Untergrabung elementarer Lebensbedingungen und damit der Menschenrechte (Sachs 2004).

Der anthropogene Klimawandel wirft damit Fragen der globalen Gerechtigkeit auf und ist aufs engste mit Fragen der Menschenrechte verbunden. Hier lassen sich verschiedene Dimensionen unterscheiden, je nachdem, ob man die Frage nach den Ursachen und den Folgen in sozialer, räumlicher

---

[1]   Dieser Text ist im Zusammenhang mit einem vom BMBF geförderten Forschungsprojekt entstanden, das die Anpassungserfordernisse in der Modellregion Nordhessen erforschen und -Anpassungsstrategien erarbeitet soll (http://klimzug-nordhessen.de). Im Teilprojekt PARG (Partizipation, Akzeptanz und Regionale Governance) geht es dabei vor allem um die entsprechenden Governance-Strukturen einer regionalen Anpassungsstrategie (vgl. http://klimzug-nordhessen.de/index.php?id=61).

oder zeitlicher Hinsicht aufwirft: Wie weit sind die verschiedenen Regionen der Erde für den Klimawandel verantwortlich, wie sind sie von den Folgen betroffen, wie an den Kosten für Klimaschutz und für Anpassungsmaßnahmen beteiligt? Zahlen alle Einwohner eines Landes gleichermaßen für den Klimaschutz, oder trifft es die ärmere Bevölkerungsschicht (oder spezifische Bevölkerungsgruppen) überproportional? Wie sieht der Vergleich mit kommenden Generationen aus? Wie werden solche Themen überhaupt politisch verhandelt? Können alle potentiell Betroffenen ihre Interessen einbringen und ihre Sichtweisen zu Gehör bringen? Und werden dabei demokratische Rechte und Menschenrechte respektiert? Welche Rolle spielen globale Machtverhältnisse in diesem Zusammenhang?

Im Folgenden werden diese Fragen aus einer sozial- bzw. politikwissenschaftlichen Perspektive behandelt. D.h. es werden weniger ethische oder philosophische Erörterungen über die Begründung oder die Prinzipien von Gerechtigkeit und von Menschenrechten durchgeführt, als vielmehr die Behandlung des Themas Gerechtigkeit in der Politik bzw. als politisches Thema untersucht. Dazu muss sich allerdings zunächst nochmals genauer dem Problem selbst zugewendet und seine verschiedenen Dimensionen erörtert werden. Es soll im Folgenden also auf diese drei Fragen eingegangen werden:

1. Worum geht es eigentlich beim Klimawandel?
2. Wie wird das Thema Gerechtigkeit in der internationalen Politik behandelt?
3. Wie äußert sich die Forderung nach Klimagerechtigkeit (Climate-Justice) heute?

Dabei wird die These vertreten, dass der Klimawandel nicht nur eng mit Fragen der globalen Gerechtigkeit verbunden ist, sondern dass es insbesondere globale Machtverhältnisse sind, die die Behandlung des Themas bedingen und erschweren. Allerdings hat sich in den letzten Jahren ein transnationales Netzwerk von Aktionsgruppen, sozialen Bewegungen und NGOs gebildet, das zumindest erreicht hat, dass das Thema nicht mehr von der Tagesordnung genommen werden kann. Was das politisch bedeuten könnte, wird abschließend kurz reflektiert.

1. Klimawandel – ein komplexes Problem

Die Diagnose des Klimawandels ist hochgradig wissenschaftlich geprägt: es bedarf wissenschaftlicher Messreihen, theoretischer Erklärungsmuster und komplexer Modelle um diese Diagnose zu untermauern. Dabei ist es zunächst überhaupt nicht verwunderlich, dass mit dieser Diagnose sehr viel Unsicherheit verbunden ist. Der englische Klimaforscher Mike Hulme (2010) hat dieses Problem in einem sehr lesenswerten (aber bislang nur auf Englisch vorliegenden) Buch zur These zugespitzt: Why we disagree about climate change! Er stellt in diesem Buch dar, wie sich diese Diagnose entwickelt hat und welche komplexen Fragen dabei zu beachten sind – und warum es gar nicht allein um die Natur im Sinne unserer physischen Umwelt, sondern um das Zusammentreffen von Natur und Kultur geht. In diesem Zusammentreffen wiederum sind sehr unterschiedliche Perspektiven eingelassen: viele Ungewissheiten und viele Konfliktfronten sind mit den gesellschaftlichen Naturverhältnissen im Klimawandel verbunden (Görg 2003; Brunnengräber et al. 2008). Dies festzuhalten führt schon mitten in die Politisierung des Themas hinein (das musste auch Hulme erfahren, der für sein Buch von vielen Kollegen hart kritisiert wurde): Arbeitet die Feststellung von Unsicherheit und Ungewissheit nicht den sogenannten Klimaskeptikern in die Hände?

Das kommt darauf an, was man unter Klimaskepsis versteht. Zunächst sollte man gegenüber allen wissenschaftlichen Ergebnissen eine kritische Skepsis behalten. Jedes wissenschaftliche Ergebnis ist immer nur eine vorläufige Antwort auf eine bestimmte Fragestellung, die von anderen WissenschaftlerInnen hinterfragt und ggf. kritisiert wird. Dies gilt insbesondere für ein so komplexes Phänomen, dessen Diagnose nach wie vor mit vielen Unsicherheiten behaftet ist. Aber diese betreffen vielfach Detailfragen hinsichtlich der theoretischen Erklärungsmuster (z.B. im Zusammenspiel Landnutzung – Treibhausgasbilanzen), der globalen Modellierung und ihrer regionalen Aussagekraft, und insbesondere hinsichtlich der Frage der sozialen Verwundbarkeiten und was dagegen zu tun wäre (s.u.). Dagegen werden die Indizien dafür, dass es a) einen Klimawandel gibt und dass dieser b) anthropogene Ursachen hat, d.h. vom Menschen gemacht wurde, inzwischen in der Wissenschaft kaum noch bestritten. Hier kommt ein anderer Typ von Klimaskeptiker zum Zuge, der das Problem und seinen anthropogenen Ursprung völlig leugnet. Diese Leugnung ist jedoch in aller Regel stark interessengetrieben. Viele Institute und Wissenschaftler werden von den Industrien, die mit fossilen Energien Geld verdienen, dafür bezahlt, die Ergebnisse der Klimaforschung zu delegitimieren. Hier kommt damit gerade ein Merkmal zum Tragen, dass im Hulmeschen Sinne dem Zusammentreffen von Natur und Kultur bzw. Gesellschaft zuzuordnen ist: Es ist gerade der anthropogene Charakter des Klimawandels, der zu einer starken Politisierung des Themas beiträgt! Was ist damit gemeint?

Hätten wir es beim Klimawandel mit einem eher „natürlichen" Phänomen zu tun, das sich aus den normalen Schwankungen des Klimasystems oder einer veränderten Sonneneinstrahlung ergibt, dann müsste eine gesellschaftliche Verantwortung höchstens im Hinblick auf den Umgang mit den Klimafolgen übernommen werden. Aber mit der These, dass es die Nutzung fossiler Brennstoffe war, die seit der industriellen Revolution den Anstieg der Treibhausgase in der Atmosphäre drastisch erhöht hat, wird der Klimawandel selbst zu einem politischen Problem. „Politisierung durch Anthropo-genisierung" haben das Anita Engels und Peter Weingart (1997) genannt. Und diese Politisierung impliziert Gerechtigkeitsfragen: Es stellt sich die Frage, wer dafür Verantwortung zu übernehmen hat (und dies betrifft vor allem die Länder, die bislang besonders zum Ausstoß von Treibhausgasen beigetragen haben: vor allem die Industrieländer in Europa und Nordameri-ka). Mehr noch: es stellt sich die Frage, ob diese Industrieländer den Ent-wicklungsländern damit ein Problem erst bereitet haben, das diese in Gestalt der Folgen des Klimawandels in Zukunft besonders zu tragen haben. Diese Grundkonstellation ist in der internationalen Politik im Prinzip auch aner-kannt (s.u.). Gleichwohl sind alle Details hochgradig umkämpft, denn je nach den genauen Zahlen ergeben sich erhebliche andere Verpflichtungen, nicht nur für Ländergruppen oder einzelne Länder, sondern auch innerhalb der Länder für verschiedene Verursacher (z.B. Sektoren mit einem hohen Aus-stoß an Treibhausgasen).

Diese Streitfrage hat die Klimapolitik von Anfang und in allen Details des Verhandlungsprozesses aber auch im politischen Streit um die Klima-skepsis begleitet. Inzwischen hat sich die Situation aber nochmals verschärft, denn die Forscher sind sich weitgehend einig: Der Klimawandel findet statt und er ist gar nicht mehr aufzuhalten, sondern nur noch abzumildern (IPCC 2007). Mehr noch: Es geht heute längst nicht mehr nur um die Gefahr eines drohenden Klimawandel in ferner Zukunft; der Klimawandel ist in vielen Teilen der Welt schon heute Realität und er wird wahrscheinlich die Szenari-en des Weltklimarates IPCC noch übersteigen. Viele gemessene Daten über-treffen diese Szenarien – und inzwischen wird immer hartnäckiger die Frage gestellt, ob selbst das 2°-Ziel (die Marke, ab der nach Ansicht vieler Wissen-schaftler ein gefährlicher unkontrollierbarer Klimawandel droht) noch zu erreichen sei (vgl. Geden 2012)

Erschwerend kommt hinzu: Viele andere Prozesse stehen mit dem Kli-mawandel in Wechselwirkung, sowohl „natürliche" (Zustand von Biodiversität, Wasser, Böden etc.) als auch gesellschaftliche Prozesse (Glo-balisierung, Energieverbrauch, Verstädterung, etc.). Gerade für den Klima-wandel gilt: Gesellschaft und Natur sind nicht (mehr) unabhängig voneinan-der zu behandeln. Er hat vielfältige gesellschaftliche Ursachen (Treibhaus-gasemissionen für Energie, Verkehr, Heizung, etc., aber auch in der Landnut-zung, Entwaldung, etc.), die wiederum sehr unterschiedlich in Industrie-, Schwellen- und Entwicklungsländern sind. Und er hat regional sehr unter-schiedliche Auswirkungen auf die Gesellschaften in Nord und Süd und sehr heterogene soziale Folgen: vielfältige gesellschaftliche Betroffenheiten (Auswirkungen auf Lebensstile, Verschärfung von Armut, Hunger etc.) und unterschiedliche Reaktionsmöglichkeiten. Fragen sozialer Verwundbarkeit sind dabei zentral, die wiederum Gerechtigkeitsfragen implizieren und gar nicht so leicht abzuschätzen sind. Lange Zeit war die Verwundbarkeit der lokalen Bevölkerung als unmittelbare Folge des Klimawandels thematisiert worden. Heute geht man davon aus, dass der Klimawandel zu schon bestehenden sozialen Verwundbarkeiten hinzukommt, sozusagen als zusätzliches Problem schon existierende Problemlagen noch verschärft (wie z.B. regenarme Gebiete, Ressourcenknappheit, unklare Landrechte, soziale Polarisierungen, sozioökonomische Verdrängungsprozesses etc.). Man sollte daher eher von multiplen Verwundbarkeiten sprechen (Dietz 2011). Eine besondere Bedeutung kommt der politischen Dimension zu, denn hier entscheidet sich letztlich der Umgang mit den vorhandenen Anpassungskapazitäten. Dies betrifft zunächst die Verwendung der knappen bzw. sehr knappen finanziellen Ressourcen: Wer entscheidet auf welche Weise welche Bevölkerungsgruppen welche Anpassungsstrategien betreiben können und welche nicht? Inwieweit haben die besonders verwundbaren Gruppen die Möglichkeit, auf diese Entscheidungen einzuwirken? Oder werden sie von diesen Entscheidungen ausgeschlossen? Werden gar die Regeln und Institutionen geschwächt, die ihnen eine gewisse Reaktionsfähigkeit gegen die Folgen des Klimawandel verschaffen (wie z.B. für Nomaden die Möglichkeit zur Wanderung über Grenzen hinweg; ein sowohl für die Samen[2] in Nordeuropa als auch für Völker in Ostafrika letztlich entscheidendes Recht)? Die Wissenschaft spricht hier von der Fähigkeit zur Resilienz gegen die Folgen des Klimawandels (Bohle et al. 2009), eine Fähigkeit, die auf der politischen Ebene die Fähigkeit zum selbstbestimmten Handeln gegen den Klimawandel und seine Folgen impliziert.

Exkurs: Klimawandel und seine Folgen für die soziale Verwundbarkeit – das Beispiel Bangladesch

Ein Beispiel kann verdeutlichen, dass der Klimawandel nie für sich alleine steht, sondern dass andere Prozesse mit ihm interagieren und er diese eher verschärft. Dieses Beispiel zeigt zudem auch, dass es nicht allein um den möglichen Anstieg des Meeresspiegels geht, sondern um damit verbundene viel umfassendere Folgen für Ökosysteme und deren „Dienstleistungen" für den Menschen. Als Beispiel für eine schon heute von multiplen Verwundbarkeiten geprägte Region kann der Süd-Osten von Bangladesch herangezogen werden.[3]

---

2   Indigenes Volk im Norden Skandinaviens.
3   Vgl. dazu die Policy Campaign Briefs der Participatory Research and Development Initia-
     tive-PRDI: Nr.3: Salinity threatens the World Heritage und Nr.6: The Sundarban of Bang-
     ladesh Increasing Salinity Threatens Productivity of Bangladesh; erhältlich unter
     http://www.preventionweb.net/english/professional/contacts/v.php?id=4713.

Aufgrund des ansteigenden Meeresspiegels und der zunehmenden Überschwemmung des Landes kommt es zu einer Versalzung der Böden mit weitreichenden negativen gesellschaftlichen Folgen für den Reisanbau, die Trinkwasserversorgung, die Küstenfischerei, etc. Auch die Anlage von Shrimps-Farmen in den Mangrovenwäldern erhöht die Verwundbarkeit, untergräbt sie doch den natürlichen Küstenschutz durch diese Wälder. Damit steigt der Nutzungsdruck auf andere Ressourcen, die geschlechtsspezifische Arbeitsteilung führt zu besonderen Belastungen (z.b. weitere Wege der Frauen für Trinkwasser und Feuerholz). Die sozialen Folgen sind daher schon heute z.T. dramatisch, soziale Polarisierungen nehmen zu (wer schwerer auf andere Einkommensarten ausweichen kann als die vom Klimawandel Betroffenen ist besonders belastet), d.h. Verwundbarkeit und Armut verstärken einander, aber auch Geschlechterverhältnisse werden negativ tangiert. Solche Beispiele, die man mit je spezifischen Ausprägungen in den verschiedenen Regionen der Erde finden kann, belegen: bestimmte Länder und Regionen und bestimmte soziale Gruppen in diesen Ländern sind trotz geringer Verursachung von Treibhausgas (THG)-Emissionen massiv von den Folgen des Klimawandels betroffen: das ist der Kern des Gerechtigkeitsproblems!

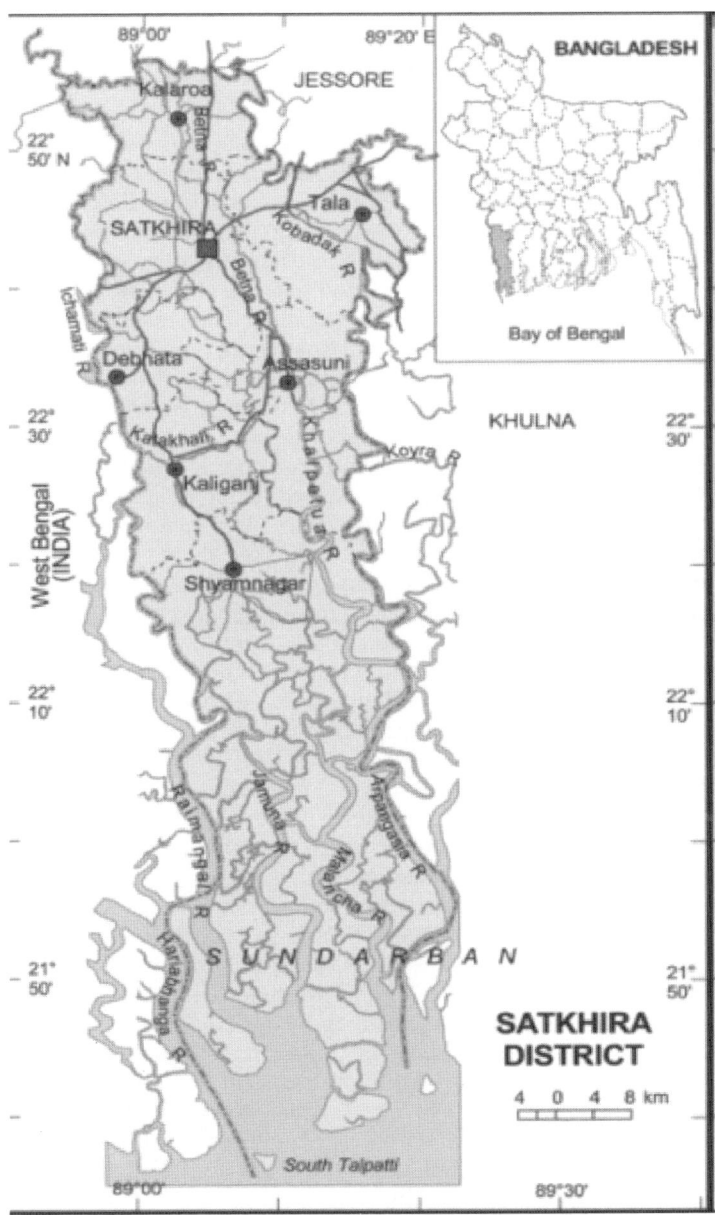

Quelle: Policy Brief, Participatory Research and Development Initiative-PRDI

2. Wie wird das Thema Gerechtigkeit in der internationalen Politik behandelt?

Seit sich die internationalen Klimaverhandlungen nur noch schleppend, wenn überhaupt vorwärts bewegen, haben diese Prozesse in der Öffentlichkeit keinen guten Leumund mehr. Für Fragen der internationalen Gerechtigkeit kommt man aber an globalen Regularien nicht ganz vorbei. Will man verstehen, wie das Thema Klimagerechtigkeit in der internationalen Politik behandelt wird, dann sind zunächst einige Paradoxien zu beachten. Der Klimawandel hat durch das globale Klimasystem bedingt unzweifelhaft eine globale Dimension. Aber da sich das Klimasystem regional sehr unterschiedlich auswirkt (schon der Anstieg des Meeresspiegels wird wohl nicht gleichmäßig erfolgen, sondern in bestimmten Regionen stärker, in anderen schwächer ausfallen – von den veränderten Niederschlagsmustern ganz abgesehen, die sich schon innerhalb von Deutschland sehr unterschiedlich verändern dürften), hat er gleichzeitig auch sehr unterschiedliche regionale Folgen, sowohl in Industrie- als auch in Entwicklungsländern. Der letzte Bericht des Weltklimarats hat z.B. die semi-ariden Gebiete Afrikas als besonders verwundbar bezeichnet (IPCC 2007). Zudem ist die gesellschaftliche Verursachung sehr ungleich verteilt, und zwar wie schon angedeutet in Raum (zwischen verschiedenen Regionen der Erde) und in der Zeit (zwischen verschiedenen Generationen). Trotz dieser Vielfältigkeit ist auf politischer Ebene als Ausgangspunkt für politische Verhandlungen eine gemeinsame Verantwortung aller Staaten der Erde anerkannt: Ohne gemeinsames Problem, keine gemeinsamen Aktionen. Wenn aber die Folgen des Klimawandels und die sich daraus ergebenden Verwundbarkeiten bzw. Anpassungserfordernisse, aber auch die Anpassungskapazitäten sehr ungleich verteilt sind, dann stellt sich die Frage, wie diese Belastungen gerecht verteilen können?

Die Antwort der Klimarahmenkonvention, des zentralen internationalen Abkommens ist hier ganz klar (und diese Formulierung ist schon in andere Felder übernommen worden, hat also Schule gemacht): Sie spricht von „gemeinsamen aber unterschiedlichen Verantwortlichkeiten" (UNFCCC 1992: Art. 3). Es gibt eine gemeinsame Verantwortung dem Klimawandel gegenüber, aber diese fällt sehr unterschiedlich aus je nach dem Beitrag der verschiedenen Länder zum Klimawandel bzw. ihrer Betroffenheit von seinen Folgen. Auf dieser Grundlage sind Industrie- und Entwicklungsländer sehr unterschiedliche Verpflichtungen im Rahmen des Kyoto-Protokolls eingegangen. Erst im Kyoto-Protokoll sind die Mitgliedsstaaten konkrete Reduktionsverpflichtungen im Hinblick auf ihre THG-Emissionen eingegangen; wobei die Reduktionsverpflichtungen nach dem Kyoto-Protokoll nur für Industrieländer gelten (die sog. „Annex A-Staaten", die in einem Anhang zum Protokoll aufgelistet sind). Darüber hinaus gibt es Zusagen für Hilfen bei Anpassungsmaßnahmen in Entwicklungsländern. Bislang noch ungelöst sind dagegen die Reduktionsverpflichtungen der Schwellenländer wie China, Indien oder Brasilien, die, was den Gesamtausstoß an THG-Emissionen angeht, den stärksten Zuwachs haben. In der THG-Bilanz auf Länderebene hat China inzwischen die USA (die aber kein Mitglied des Kyoto-Protokolls sind) überholt.

So wichtig die faktische Anerkennung von Gerechtigkeitsfragen durch die Klimarahmenkonvention und das Kyoto-Protokoll auch sind: unter Gerechtigkeitsaspekten sind diese Antworten völlig unzureichend, und zwar aus verschiedenen Gründen. Zum einen wird die ungleiche Verursachung in räumlicher Hinsicht nur unzureichend erfasst. Ein Problem ist hier, dass die Nationalstaaten als Einheit gesehen werden, innerhalb der Nationalstaaten aber erhebliche Unterschiede im Hinblick auf die Verursachung des Klimawandels wie die soziale Verwundbarkeit bestehen. Was sagt es aus, dass China zwar als Land inzwischen die USA als den größten THG-Emittenten überholt hat, aber in China daran nur eine wenn auch steigende Mittel- und Oberschicht mit ihrem Lebensstil beteiligt ist, während weite Teile der ländlichen Bevölkerung eher unter den Folgen zu leiden haben? Die nationale Aggregationsebene ist hier also problematisch, verdeckt sie doch die eigentlichen Verteilungs- und Gerechtigkeitsfragen und auch die realen Beteiligungschancen der Bevölkerung auf niedrigeren räumlichen Entscheidungsebenen: Welchen Beitrag leistet die lokale Bevölkerung in China wirklich zum Klimawandel? Welche politische Verantwortung muss sie also real übernehmen – und welche negativen Folgen werden gerade auch von der nationalen Regierung auf sie abgewälzt? Für Gerechtigkeitsfragen ist also die nationale Ebene, die im völkerrechtlichen Sinne die internationalen Verhandlungen prägt, in vieler Hinsicht eine Grenze und ein Hindernis zur Lösung von Gerechtigkeitsproblemen.

Auch im Hinblick auf die zeitliche Dimension ist die Antwort der Klimarahmenkonvention auf die Gerechtigkeitsproblematik unzureichend: künftige Generationen, aber auch die Lebensbedingungen heute lebender sozialer Gruppen und deren Beeinträchtigung durch den Klimawandel werden viel zu wenig berücksichtigt. Das zeigt sich besonders im Hinblick auf besonders verwundbare Regionen, neben den tiefgelegenen Regionen wie Bangladesch und den semiariden Gebieten in Afrika insbesondere die Kleinen-Insel-Staaten. Für letztere geht es nicht mehr um Küstenschutz etc. – die Folgen sind viel dramatischer, denn einige Länder können schlicht und im wörtlichen Sinne von der Landkarte verschwinden. Damit stellt sich hier ein besonderes Gerechtigkeitsproblem: die völkerrechtlichen Subjekte (d.h. die Staaten) sind in ihrer Existenz bedroht und ihre Bewohner in ihren gesamten Lebensgrundlagen. Selbst das schon geforderte Asyl ganzer Staaten in anderen Ländern könnte da nur mit einigem Zynismus als Lösung des Problems bezeichnet werden.

Doch die reale Situation auf der internationalen Ebene stellt sich noch viel düsterer dar. Nicht nur sind die Verhandlungen der Klimarahmenkonvention völlig ins Stocken geraten, auch die Verpflichtungen nach dem Kyoto-Protokoll waren von Beginn an völlig unzureichend, um den Klimawandel wirksam abzumildern oder gar zu stoppen. Stattdessen hat man sich auf der Vertragsstaatenkonferenz in Kopenhagen 2009 auf das „2°-Ziel" geeinigt. Dieses Ziel bezieht sich auf die Vermeidung eines gefährlichen und abrupten Klimawandels, von Wissenschaftlern als Grenze des Erdsystems („Planetory Boundaries") definiert (Rockström, Steffen et al. 2009). Nun mag es unter politischen Gesichtspunkten sinnvoll sein, beim drohenden Scheitern von Verhandlungen sich auf einen Minimalkompromiss zu verständigen (der im Kern nur die zentrale Zielsetzung der Klimarahmenkonvention wiederholt und präzisiert: die Vermeidung gefährlichen Klimawandels). Dass aber nicht mehr möglich war, kann als Ausdruck der Machtverhältnisse auf internationaler Ebene interpretiert werden. Während die EU in ihrem Anspruch auf höhere und verbindliche Verpflichtungen gescheitert ist, können mächtige Akteure wie China und die USA ihre faktische Veto-Position ausüben und genau dies verhindern. Zudem gilt: sowohl unter wissenschaftlichen Gesichtspunkten als auch aus einer Gerechtigkeitsperspektive ist die Antwort von Kopenhagen völlig unzureichend. Nicht nur müssen wir davon ausgehen, dass ein dramatischer Klimawandel in einigen Regionen der Erden schon lange vorher eintritt – und das schon heute (s. das Beispiel Bangladesch)! Zudem haben sich in den letzten Monaten die Zweifel verstärkt, ob denn das „2°-Ziel" überhaupt noch in Reichweite ist – oder ob es nicht nur einen faulen Kompromiss, eine Fiktion oder gar einen Selbstbetrug darstellt, weil es sowieso nicht mehr zu erreichen sein wird?[4]

3. Climate-Justice-Now – die Forderung nach Klimagerechtigkeit heute

Während die aktuelle Situation in den internationalen Klimaverhandlungen also alles andere als rosig ist, lässt sich seit einiger Zeit eine neue Entwicklung beobachten, die eine neue Dynamik in die festgefahrenen Verhandlungen gebracht hat. Seit einigen Jahren kommt die Forderung nach Klimagerechtigkeit nämlich vorrangig aus den Organisationen der Zivilgesellschaft, von NGOs, sozialen Bewegungen etc. Mehr noch: Seit Mitte der 2000er-Jahre beleben diese Forderungen nicht nur den offiziellen Verhandlungspro-

---

4 Vgl. Geden 2012 und die Kontroverse zwischen Frank Drieschner, Niklas Höhne und Oliver Geden in: ZEIT ONLINE, http://www.zeit.de/2012/41/Vier-Grad-Klimapolitik-Klimawandel.

zess, sie kritisieren ihn auch massiv angesichts der aus ihrer Sicht bestehenden Schieflage in den Verhandlungen zu Lasten von Gerechtigkeitsfragen, einschließlich der oben erwähnten zeitlichen Dringlichkeit. „Climate-Justice-Now!" ist die gemeinsame Forderung einer Koalition aus ansonsten sehr heterogenen Akteuren.[5] Bisheriger Höhepunkt war die schon erwähnte Vertragsstaatenkonferenz der Klimarahmenkonvention 2009 in Kopenhagen. Hier wurde der offizielle Verhandlungskonsens massiv und öffentlichkeitswirksam in Frage gestellt und auch die Machtverhältnisse auf internationaler Ebene kritisiert.

Die Forderung nach „Climate-Justice-Now!" hat ihre Vorläufer in der Bewegung für Umweltgerechtigkeit (Environmental Justice) in den USA. Herausgebildet hatte sie sich aus der Erfahrung der Verknüpfung sozialer Diskriminierung (Armut, schlechte Wohnverhältnisse, Rassismus etc.) mit Umweltbelastungen (Müll, Luftverschmutzung etc.). Schon ab Beginn der 1980er konnte sich diese Bewegung auf lokaler bzw. nationaler Ebene in den USA entfalten (vgl. Bullard 1990); Ab Ende der 1990er Jahre erfährt das Konzept der Environmental Justice eine Internationalisierung, die insbesondere in der Zuwendung zum Klimathema einen Ausdruck findet.

Hinter „Climate Justice Now!" steht die zentrale Feststellung, dass die Menschen, die am stärksten vom Klimawandel betroffen sind und sein werden, die Menschen sind, die am wenigsten zu seiner Verursachung beigetragen haben. Zur Verbreitung dieser Forderung und zugleich zur Vernetzung von Akteuren tragen eine Reihe alternativer Gipfel im Umfeld der UN-Klimaverhandlungen bei, die sich zunehmend kritisch dem offiziellen Verhandlungsprozess wie den dabei favorisierten Instrumenten gegenüber äußern (vor allem dem Emissionshandel und generell marktbasierten Lösungen). In den 1990er Jahren waren diese Netzwerke noch wenig entwickelt und insbesondere die Verbindung zwischen sozialen Fragen bzw. Entwicklungsthemen und Umweltfragen und damit die genaue Ausrichtung ihrer Forderungen blieb oft noch sehr vage (Unmüßig 2011).

Ab Mitte der 2000er Jahre kommt es zu einer stärkeren Politisierung im Feld der internationalen Klimapolitik. Auslöser sind zum einen die bereits 2005 beginnenden Verhandlungen um ein Nachfolge-Abkommen für das auf das Jahr 2012 befristete Kyoto-Protokoll. Zum anderen sind es die verschiedenen ökonomischen, sozialen und ökologischen Krisen (Finanzkrise bzw. die sich global verschärfende soziale Ungleichheit; vgl. Brand 2009), die zu einer Politisierung beitragen. Da beide Entwicklungen einen Bezug zum Klimawandel haben, wenden sich nun auch Akteure, die eher soziale Aspekte betonen, der internationalen Klimapolitik zu. Dazu gehören Akteure aus dem

---

5   In die folgenden Ausführungen gehen Ergebnisse einer noch nicht abgeschlossenen Dissertation von Philip Bedall ein, die sich mit der Konstitution und den Auswirkungen dieser Climate-Justice-Coalition beschäftigt; vgl. Bedall/Görg 2013 und Bedall 2011.

entwicklungspolitischen Spektrum oder auch Akteure aus den globalisierungskritischen Bewegungen (Müller 2008).

Unter globalisierungskritischen Bewegungen aus den Industrieländern hatte
das Klimathema schon bei den G8-Gipfeln in Gleneagels (2005) und Heili-
gendamm (2007) eine größere Rolle gespielt. Davon ausgehend formieren
sich im Vorfeld von Kopenhagen verschiedene transnationale Netzwerke, die
im zivilgesellschaftlichen Feld einen neuen „Bewegungszyklus" (Brunnengräber 2012) markieren. Die Forderung nach „Climate Justice" kennzeichnet
in diesem Bewegungszyklus eine verbindende Forderung; nämlich „fossile
Ressourcen im Boden zu lassen; ökologische Schulden des Nordens an den
Süden anzuerkennen und Reparationen zu leisten; der Kampf für Energie-,
Ressourcen- und Ernährungssouveränität; und die Reduktion von Überkon-
sumtion und Überproduktion, vor allem im globalen Norden" (Kaufmann &
Müller 2009: 194).

In diesen Forderungen drückt sich ein Verständnis des Klimawandels aus,
das diesen als Krise des gesellschaftlichen Umgangs mit Natur fasst – als
Krise gesellschaftlicher Naturverhältnisse (Görg 2003). Als ursächlich für
den Klimawandel werden eine ungerechte Wirtschaftsweise und nicht-
nachhaltige Konsummuster einer globalen Mittel- und Oberklasse begriffen.
Die Forderung nach globaler Gerechtigkeit geht also einher mit einer stärkeren Betonung der sozialen Dimension des Klimawandels im Rahmen des
Nord-Süd-Verhältnisses sowie einer Kritik an globalen Macht- und Herr-
schaftsverhältnissen zwischen den, aber auch innerhalb der Nationalstaaten.
Damit verbunden ist eine Kritik an der vorherrschenden Marktorientierung
der internationalen Klimapolitik. Diese Kritik findet ihren Ausdruck in einer
fundamentalen Ablehnung der Marktmechanismen, die als Teil des Problems
und nicht der Lösung begriffen werden (vgl. dazu ausführlicher: Bedall/Görg
2013).

4. Zusammenfassung: Klima – Macht – Ungerechtigkeit

Zurzeit ist das weitere Schicksal der Klimaverhandlungen offen: ein neues
Abkommen ist noch nicht in Sicht, mehr noch ist zweifelhaft, ob es angesichts des sich verschärfenden Klimawandel ausreichend sein wird. Im Bereich der Klimapolitik ist die Krise der internationalen Umweltgovernance
(Park et al. 2008) in den letzten Jahren damit offenkundig geworden. Gefordert wird mehr und mehr eine gesellschaftliche Transformation in allen Teil-
bereichen (WBGU 2011). Aber wie soll eine solche Transformation bewältigt
werden? Bislang stehen die globalen Machtverhältnisse einer neuen Politik
entgegen. So ist in der internationalen Klimapolitik der Einfluss der Climate-
Justice-Coalition eher gering.

Dennoch erscheint es wichtig, die Einsicht festzuhalten: Umweltprobleme wie der Klimawandel sind keine naturwissenschaftlich-technischen, sondern gesellschaftliche Probleme. Soziale, ökonomische und ökologische Problemdimensionen und Konfliktfronten sind engt miteinander verknüpft. Soziale Verwundbarkeiten sind in komplexe Querschnittsthemen eingelassen und haben vielfältige räumliche und zeitliche Dimensionen. In dieser Dynamik sind ethische Aspekte sehr eng mit politischen Dimensionen verbunden und sie berühren Interessenlagen und Machtfragen. So gesehen ist der globale Klimawandel eine komplexe sozial-ökologische Problemlage, die mit vielen anderen Krisenprozessen eng verbunden ist. Seine Politisierung hat in den letzten Jahren zudem deutlich gemacht, welche heterogenen, multiplen und multiskalaren Konfliktfronten dieses Feld durchziehen. Die Climate Justice-Koalition hat in den letzten Jahren dazu beigetragen, diese komplexen Konfliktlinien im Widerstand gegen hegemoniale, d.h. machtvolle Deutungsmuster überhaupt erst zu benennen, indem sie vorherrschende Deutung der Problemlage infrage gestellt und bislang ausgeschlossene Themen artikuliert hat – und in deren Zentrum steht vor allem die Forderung nach Klimagerechtigkeit.

Literatur

Bedall, Philip (2011): NGOs, soziale Bewegungen und Auseinandersetzungen um Hegemonie. Eine gesellschaftstheoretische Verortung in der Internationalen Politischen Ökonomie. In: Brunnengräber, Achim (Hrsg.): Zivilisierung des Klimaregimes. NGOs und soziale Bewegungen in der nationalen, europäischen und internationalen Klimapolitik. Wiesbaden, VS Verlag für Sozialwissenschaften: 59-84.

Bedall, Philip (2013): Der klimapolitische Diskurs im Feld transnationaler Netzwerke sozialer Bewegungen und NGO. Diss. am FB Gesellschaftswissenschaften, Universität Kassel (in Vorbereitung)

Bedall, Philip/Görg, Christoph (2013): Antagonistische Positionen. Die Climate Justice-Koalition vor dem Hintergrund der Theorie gesellschaftlicher Naturverhältnisse. erscheint in: M. Dietz & H. Garrelts: Handbuch der Klimabewegungen, Wiesbaden, VS-Verlag für Sozialwissenschaften (in Vorbereitung)

Bohle, Hans-Georg/Etzold, Benjamon/Keck, Markus (2009): Resilience as Agency. In: GECHS Synthesis. Human Security in an Era of Global Change. IHDPUpdate 2: 8-13.

Brand, Ulrich (2009): Die Multiple Krise. Dynamik und Zusammenhang der Krisendimensionen, Anforderungen an politische Institutionen und Chancen progressiver Politik, Heinrich-Böll-Stiftung, Berlin

Brunnengräber, Achim/Dietz, Kristina/Hirschl, Bernd/Walk, Heike & Melanie Weber (2008): Das Klima neu denken. Eine sozial-ökologische Perspektive auf die lokale, nationale und internationale Klimapolitik. Münster: Westfälisches Dampfboot.

Brunnengräber, Achim (2012): Ein neuer Bewegungszyklus. Von der NGOisierung zur Occupy-Bewegung. In: Forschungsjournal Soziale Bewegungen, 25,1, S. 42-50.

Bullard, Robert Doyle (1990): Dumping in Dixie. Race, class, and environmental quality. Boulder, Col: Westview Press.

Dietz, Kristina (2011): Der Klimawandel als Demokratiefrage. Sozial-ökologische und politische Dimensionen von Vulnerabilität in Nicaragua und Tansania. Münster: Westfälisches Dampfboot.

Engels, Anita/Weingart, Peter (1997): Die Politisierung des Klimas. Zur Entstehung von anthropogenem Klimawandel als politischem Handlungsfeld, In: Hiller, P./Krücken, G. (Hrsg): Risiko und Regulierung. Soziologische Beiträge zu Technikkontrolle und präventiver Umweltpolitik. Frankfurt am Main: Suhrkamp, S. 90-115.

Geden, Oliver (2012): Die Modifikation des 2-Grad-Ziels, Stiftung Wissenschaft und Politik, Berlin. http://www.swp-berlin.org/fileadmin/contents/products/studien/2012_S12_gdn.pdf [Zugriff: 08.11.2012].

Görg, Christoph (2003): Regulation der Naturverhältnisse. Zu einer kritischen Theorie der ökologischen Krise, Verlag Westfälisches Dampfboot/Münster

Hulme, Mike (2009): Why We Disagree About Climate Change: Understanding Controversy, Inaction and Opportunity. Cambridge University Press

IPCC (2007): Climate Change 2007. Contribution of Working Group I to the Fourth Assessment Report of the Intergovernmental Panel on Climate Change, Cambridge University Press.

Kaufmann, Stephan/Müller, Tadzio (Hrsg.) (2009): Grüner Kapitalismus. Krise, Klimawandel und kein Ende des Wachstums. Berlin: Dietz.

Müller, Tadzio (2008): The Movement Is Dead, Long Live the Movement. In: Turbulence: Ideas for Movement, Ausgabe Juli 2008, S. 48–55. Online verfügbar unter: http://turbulence.org.uk/turbulence-4/the-movement-is-dead-long-live-the-movement/(Stand: 25.6.2012).

Park, Jacob/Conca, Ken and Matthias P. Finger (2008): The death of Rio environmentalism. In: dies. (Hg.): Crisis of Global Environmental Governance: Towards a New Political Economy of Sustainability. London/New York: Routledge: 1-12.

Rockström, Johan/Steffen, Will, et al. (2009): A safe operating space for humanity. In: Nature 461, 282, S. 472-475.

Sachs, Wolfgang (2004): Climate Change and Human Rights Interactions between global changes and human health: working group 31. Oktober – 2. November 2004. P. J. Crutzen, Vatican City: Pontifical Academy of Sciences, 2006, S. 349-368.

UNFCC (1992) United Nations Framework Convention on Climate Change; Rahmenübereinkommen der Vereinten Nationen über Klimaänderungen. Unter: http://unfccc.int/resource/docs/convkp/convger.pdf.

Unmüßig, Barbara (2011): NGOs in der Klimakrise. Fragmentierungsprozesse, Konfliktlinien und strategische Ansätze. In: Brunnengräber, Achim (Hg.): Zivilisierung des Klimaregimes. NGOs und soziale Bewegungen in der nationalen, europäischen und internationalen Klimapolitik. Wiesbaden, VS Verlag für Sozialwissenschaften: 45–57.

WBGU (2011): Welt im Wandel: Gesellschaftsvertrag für eine Große Transformation, Hauptgutachten 2011 des Wissenschaftlichen Beirats Globale Umweltveränderungen WBGU, Berlin.

Globalisierung und nachhaltige Entwicklung als Herausforderungen für politische Bildung

Bernd Overwien

Während vor einigen Jahren noch kritisiert wurde, dass sich die deutsche politische Bildung in ihren Bezugslinien noch in einem „nationalstaatlichen Container" befinde (Moegling/Steffens 2004) und Entwicklungen der sozialwissenschaftlichen Diskussionen ignoriere (Overwien/Rathenow 2009), ist in den letzten Jahren die Anzahl politikdidaktischer Positionsbestimmungen gestiegen, die sich mit Globalem Lernen und Bildung für nachhaltige Entwicklung als Auseinandersetzung mit international vernetzten und beeinflussten Systemen und Strukturen, Prozessen und Handlungen befassen. Die Globalisierungsthematik liegt nun auch im deutschsprachigen Bereich deutlicher im Fokus politikdidaktischer Betrachtungen. Auch der „Orientierungsrahmen für den Lernbereich Globale Entwicklung", ein Papier der Kultusministerkonferenz, das mit Unterstützung des Bundesministeriums für wirtschaftliche Zusammenarbeit und Entwicklung (2007) herausgegeben wurde, hat zur Intensivierung der politikdidaktischen Diskussion in diesem Inhaltsfeld beigetragen (vgl. dazu Moegling/Overwien 2010).[1]

Nicht ohne Einfluss auf die zunehmende Wahrnehmung globaler Problematiken sind auch krisenhafte Entwicklungen, wie etwa die Ereignisse um den Anschlag auf das World Trade Center, die sich zuspitzende Klimaproblematik, der Irak- und der Afghanistan-Krieg und auch die anhaltende internationale Wirtschafts- und Finanzkrise. So kann man jetzt davon ausgehen, dass sich die politikdidaktische Wahrnehmung zunehmend auf die unumkehrbare Tatsache der globalen Vernetzung der Welt richtet. Tendenzen zur Entgrenzung der Welt über alle Kontinente hinweg und bis in entfernteste Regionen hinein sind ganz offensichtlich nicht revidierbar (vgl. dazu Sander/Scheunpflug 2011).

Dabei wird in sozialwissenschaftlichen Diskursen seit Langem das Phänomen der Globalisierung thematisiert. Es handelt sich hier vordergründig um einen Prozess der Vertiefung und Ausweitung gesellschaftlicher Arbeitsteilung. Die damit verbundenen Prozesse sind nicht grundlegend neu, wenn man etwa an die schon vor 2500 Jahren existierende Seidenstraße oder die Kolonialgeschichte denkt. Heute liegt allerdings eine andere Qualität in der internationalen Verbindung von Ökonomien und Gesellschaften vor, die Anthony Giddens wie folgt kennzeichnet: Wir beobachten eine ...

---

[1] Anmerkung: Der Text nutzt Argumentationen/Teile aus Moegling/Overwien 2010, Overwien 2011 a und 2011 b. Dort sind jeweils ausführlichere Betrachtungen nachzulesen.

„… Intensivierung weltweiter sozialer Beziehungen, durch die entfernte Orte in solcher Weise miteinander verbunden werden, dass Ereignisse an einem Ort durch Vorgänge geprägt werden, die sich an einem viele Kilometer entfernten Ort abspielen und umgekehrt …" (Giddens 1995: 85).

Globalisierung betrifft dabei fast alle Lebensbereiche. Auf der einen Seite hat der technische Fortschritt mit seinen vielfältigen Wirkungen ein weltweit verteiltes Arbeiten in vielen Bereichen erst möglich gemacht. Auf der anderen Seite hat eine Politik der politischen und wirtschaftlichen Deregulierung durchaus ambivalent zu sehende Freiräume eröffnet und politische Handlungsrahmen verändert (vgl. Woyke 2007: 76f.). Dabei sollte nicht vergessen werden, dass der Zutritt zu Märkten nach wie vor nicht gleich verteilt möglich ist. Politische Entscheidungen der Industrieländer, wie etwa die Subventionspolitik in den USA und Europa, mit dramatischen Folgen etwa für afrikanische Bauern, trüben den allzu optimistischen Blick auf Globalisierungsprozesse durchaus (vgl. u.a. Raupp 2008). Globalisierung kennzeichnet die Intensivierung globaler Verflechtungen in Ökonomie, Ökologie, in den Arbeitsbeziehungen, verbunden mit sozialen Fragen weltweit und im Bereich der kulturellen Begegnung. Globalisierung ist dadurch gekennzeichnet, dass auch lokale oder regionale anthropogene Handlungen weltweite Auswirkungen haben. Globalisierung als Begriff kennzeichnet das …

„… Grenzenloswerden alltäglichen Handelns in den verschiedenen Dimensionen der Wirtschaft, der Information, der Ökologie, der Technik, der transkulturellen Konflikte und Zivilgesellschaft" (Beck 1997: 44).

All das führt zu erheblichen Veränderungen der nationalen politischen Handlungsmöglichkeiten (vgl. Beck 2002: 9ff.). Für Regierungen, für international tätige Unternehmen, aber auch für Gewerkschaften und Arbeitnehmervertretungen erwachsen neue Herausforderungen bezogen auf internationale Regulierungssysteme. Insbesondere bei Unternehmen sollten sich Fragen ethisch vertretbaren Handelns stellen, das sich an der Einhaltung der Menschenrechte orientiert. Der politisch eingriffsfähige und eingreifende Bürger wird sich stärker als je zuvor mit einem weltweiten Prozess des Ineinandergreifens ökonomischer, politischer und sozialer Realitäten und Aktivitäten auseinandersetzen müssen. Dies geschieht vor dem Hintergrund auch interkultureller Diversität. Für die in berufsförmiger Arbeit und in zivilgesellschaftlichen Prozessen aktiven Menschen ergeben sich mit der Globalisierung gewaltige Komplexitätsprobleme, auf inhaltlicher wie struktureller Ebene. Hieraus resultiert eine Reihe von Anforderungen an das Bildungssystem. Viele davon werden im Rahmen des Globalen Lernens und der Bildung für nachhaltige Entwicklung seit langer Zeit aufgegriffen und bearbeitet (vgl. Overwien 2000, Scheunpflug 2003, Steffens/Weiß 2004, Seitz 2009). Gerade auch in der politischen Bildung, deren Bezugsdisziplin zumindest Globalisierungsfragen seit Langem bearbeitet und in deren Praxis Globales Lernen verbreitet ist, sind entsprechende Publikationen allerdings bisher eher vergleichsweise selten (Overwien/Rathenow 2009, Brunold 2004, Lösch 2008, Scheunpflug/ Sander 2011).

Aus Definitionen des Begriffes Globalisierung und entsprechenden zeitdiagnostischen Überlegungen und Anforderungen an das Themenfeld lassen sich folgende zentrale Fragestellungen herauslösen (Moegling/Overwien 2010: 12):

- „Wie hat sich die Wohlstandsverteilung bzw. die Verteilung von Armut und Reichtum im historischen Prozess seiner Entstehung entwickelt?
- Wie lassen sich weltweit politische Systeme und Strukturen etablieren, die robust für Sicherheitskrisen sind und an geostrategischer Interessendurchsetzung und militärischer Eskalation interessierte politische Akteure sicherheitspolitisch eindämmen können?
- Wie lassen sich Wohlstandsmodelle etablieren und entsprechende wirtschaftspolitische Entwicklungen einleiten, die ressourcenschonend in einem nachhaltigen Sinne sind?
- Wie lässt sich eine gleichberechtigte Partizipation der relevanten staatlichen transnationalen und informellen politischen Akteure erreichen, so dass demokratische Entscheidungssysteme und –strukturen durchgesetzt werden, die für eine gerechte Verteilung und Verfügung über die natürlichen Ressourcen und über ressourcenschonende Produktionsweisen entscheiden?
- Welche politischen und ökonomischen Anreizstrukturen müssen gesetzt werden, um ‚Fair Future‘, eine ressourcenschonende und gerechte Welt von morgen in der Gegenwart, einzuleiten?"

Der Umgang mit Globalisierungsfolgen trifft also zwei wesentliche Politikfelder, die schon mit dem Titel der UN-Konferenz in Rio de Janeiro 1992 gekennzeichnet wurde, nämlich Umwelt und Entwicklung. Die vom Wuppertaler Institut für Klima, Umwelt und Energie (2006) herausgegebene Studie „Fair Future. Ein Report des Wuppertaler Instituts" zeigt dies besonders deutlich und stellt in den Mittelpunkt der Kriterien zur Beurteilung auch politischen Handelns vor allem die Gerechtigkeitsthematik. Diese ist heute mehr denn je ganz wesentlich auch unter einer ressourcenbezogenen Perspektive zu sehen. Mit Peter Hennicke (2006: 10), dem Präsidenten des Wuppertaler Instituts, muss gefragt werden:

„Wie kann künftig in der Welt eine weitaus größere Zahl an Menschen ein würdiges Auskommen bei begrenzten Naturressourcen finden? Das ist das Schlüsselthema dieses Jahrhunderts."

Ein Qualitätssprung in Bezug auf die globale Gerechtigkeitslage, so die Studie „Fair Future", könne nur erreicht werden, wenn das westliche Wachstumsdenken überwunden werde. Ein bloßes Aufschließen ärmerer Länder zu den reicheren Ländern auf der Grundlage bekannter Wachstumsparadigmen sei nicht möglich und deshalb …

„… steht die Entwicklung an einem Scheideweg: Entweder bleibt die Mehrheit der Welt vom Wohlstand ausgeschlossen oder das Wohlstandsmodell wird so umgestaltet, dass alle daran teilnehmen können, ohne den Planeten ungastlich zu machen. Es geht um die Wahl zwischen globaler Apartheid und globaler Demokratie." (Hennicke 2006: 10)

Globale Fragen und Nachhaltigkeit

Unübersehbar ist neben Fragen internationaler Gerechtigkeit die Notwendigkeit, auch die Dimensionen nachhaltiger Entwicklung mit in bildungspolitische Betrachtungen aufzunehmen. Die Idee der nachhaltigen Entwicklung wird von je unterschiedlich akzentuierten gesellschaftlichen Diskussionen beeinflusst, die etwa ökologische Fragen, Gerechtigkeit, Freiheit und Selbstbestimmung, das Wohlergehen aller Menschen oder die Zukunftsverantwortung mit jeweils unterschiedlicher Gewichtung einbringen. Von Regierungen, Wirtschaftsunternehmen, Nichtregierungsorganisationen, Kommunen oder auch auf nationalen und internationalen Konferenzen wird Nachhaltigkeit als eine wichtige Zielsetzung formuliert, wobei häufig unterschiedliche Interessenlagen eine Rolle spielen. Gleichwohl, wenn von nachhaltiger Entwicklung die Rede ist, wird meist an die Auffassung des Brundtland-Berichts angeknüpft, in dem nachhaltige Entwicklung als „eine Entwicklung, die die Bedürfnisse der Gegenwart befriedigt, ohne zu riskieren, dass künftige Generationen ihre eigenen Bedürfnisse nicht befriedigen können" (Hauff 1987: 46) verstanden wird. In Rio 1992 wurden in der Agenda 21 die einzelnen Aspekte des notwendigen Wandels differenziert dargestellt, und es wurde unterstrichen, dass Umwelt und Entwicklung als gemeinsame Perspektive von Nord- und Südhemisphäre zusammen gehören. De Haan/Harenberg (1999) haben deutlich gemacht, dass mit dem Leitbild der Nachhaltigkeit in der Bildung die Vorstellung eines Modernisierungs- und Gestaltungskonzepts von Gesellschaft verbunden ist, das ein stärkeres Engagement der Bürgerinnen und Bürger erforderlich macht. Partizipation wird deshalb häufig als neue Herausforderung für die politische Kultur verstanden und eng mit nachhaltiger Entwicklung verknüpft.

Globales Lernen ist traditionell stark in der entwicklungspolitischen Bildung verwurzelt, bezieht sich aber mehr und mehr auf den Globalisierungsprozess insgesamt. Dabei ist in der Bildungspraxis eine Verankerung in Nichtregierungsorganisationen, teils auch sozialen Bewegungen, zu beobachten. Seit Kurzem liegt eine Untersuchung vor, die nachhaltigkeitsrelevante Schlüsselkompetenzen im globalen Kontext als Ergebnis einer fundierten Delphi-Befragung benennt. Befragte aus Europa und Lateinamerika weisen auf einen notwendigen Kompetenzerwerb hin, im Umgang mit Komplexität, mit Ungewissheit, Risiken und einem immer rascher werdenden gesellschaftlichen Wandel. Sowohl Befragte aus Europa als auch aus Lateinamerika bewerten „die Kompetenz zum vernetzten Denken und Umgang mit Komplexität, die Kompetenz zum vorausschauenden Denken und die Kompetenz zum kritischen Denken" besonders hoch (Rieckmann 2010: 174).

Bildung für nachhaltige Entwicklung hat ihren Ursprung in Theorie und Praxis der Umweltbildung. Schon früh wurde in diesem Zusammenhang an Kompetenzkonzepten gearbeitet. Die deutsche Debatte um Gestaltungskompetenz bezieht sich auf OECD-Diskussionen, steht aber bisher eher neben den Hauptströmungen der schulbezogenen wissenschaftlichen Kompetenzdiskussion. Immerhin ist das mit Gestaltungskompetenz verbundene Verständnis von Kompetenzen für nachhaltige Entwicklung in der pädagogischen Praxis relativ verbreitet, wozu auch das Programm BLK 21 und Transfer 21 beigetragen haben. Hier wurden immerhin 10% der deutschen Schulen erreicht. Mit dem Begriff der Gestaltungskompetenz wird die Fähigkeit beschrieben, „die Zukunft von Sozietäten, in denen man lebt, in aktiver Teilhabe im Sinne nachhaltiger Entwicklung modifizieren und modellieren zu können" (De Haan/Harenberg 1999).

Gestaltungskompetenz bildet dabei eine „mehrdimensionale Kompetenzstruktur ab, die den Menschen zur Kommunikation und Kooperation in einem komplexen und dynamischen gesellschaftlichen und natürlichen Umfeld befähigt" (De Haan/Seitz 2001). Es geht nicht um bloße Reaktion auf zuvor erzeugte Problemlagen, sondern um die Fähigkeit, „Zukunft selbstbestimmt gestalten zu können." Die Notwendigkeit des Erwerbs von Gestaltungskompetenz wird dabei sowohl aus dem Leitbild der nachhaltigen Entwicklung, als auch bildungstheoretisch begründet (De Haan/Seitz 2001: 60).

Das Konzept der Gestaltungskompetenz umfasst folgende Teilkompetenzen (De Haan 2008: 32):

- Weltoffen und neue Perspektiven integrierend Wissen aufbauen
- Vorausschauend denken und handeln
- Interdisziplinär Erkenntnisse gewinnen und handeln
- Gemeinsam mit anderen planen und handeln können
- An Entscheidungsprozessen partizipieren können
- Andere motivieren können, aktiv zu werden
- Die eigenen Leitbilder und die anderer reflektieren können
- Selbstständig planen und handeln können
- Empathie und Solidarität für Benachteiligte zeigen können
- Sich motivieren können, aktiv zu werden

Gestaltungskompetenz beinhaltet also Kompetenzen, die eine zukunftsweisende und eigenverantwortliche Mitgestaltung einer nachhaltigen Entwicklung ermöglichen sollen. Es geht im Sinne nachhaltiger Entwicklung um visionäre und innovative Lebensentwürfe, die sich von bestehenden, eingeschliffenen Gewohnheiten und Denkansätzen abheben. Bildung für eine nachhaltige Entwicklung (BNE) hat das Ziel, „Möglichkeiten zu offerieren, Gestaltungskompetenz zu erwerben" (De Haan/Seitz 2001). Mit diesem Verständnis wird deutlich, dass das Nachhaltigkeitspostulat nur durch die aktive Gestaltung durch entsprechend kompetente Bürger zu realisieren ist. Die Teilkompetenzen ergeben sich aus der Notwendigkeit, sich in veränderten gesellschaftlichen, politischen und natürlichen Rahmenbedingungen zurecht-zufinden, sollen es dem Individuum aber auch pro aktiv ermöglichen, die entsprechenden Rahmenbedingungen eigenständig und/oder in Kooperation mit anderen zu gestalten.

Mit dem Konzept der Gestaltungskompetenz liegt ein Ansatz vor, der allerdings teils mit dem Fächersystem der Schule kollidiert (De Haan 2008: 38). Im schulischen Bereich sind damit Grenzen der Integration des Konzeptes markiert. Das Konzept des KMK-Orientierungsrahmens für den Lernbereich Globale Entwicklung nimmt wesentliche Grundideen der BNE auf und schließt auch an das Globale Lernen an. Gleichzeitig ist es auch an den schulischen Fächern orientiert und scheint damit relativ erfolgreich zu sein. In den letzten Jahren, insbesondere auch im Rahmen der UN-Dekade Bildung für nachhaltige Entwicklung, sind Integrationstendenzen zwischen beiden Zugängen zu globalen Problemstellungen auszumachen (vgl. Seitz 2009: 48ff.).

Der genannte Orientierungsrahmen hat zunehmenden Einfluss auf die Gestaltung aktueller Curricula hinsichtlich der Integration globaler Perspektiven. Der Orientierungsrahmen ist zwar insgesamt kein kohärentes Papier, er beschreibt aber durchaus die Problemlagen globaler Entwicklungen, die ausgehend von den Zielen nachhaltiger Entwicklung auch an entwicklungspolitischen Fragen entlang vorgetragen werden. Vor diesem Hintergrund wird ein „Lernbereich Globale Entwicklung" umrissen, der dann den Hintergrund für Themenfelder und Kompetenzen liefert (KMK/BMZ 2007: 24ff.). Dann werden „Entwicklungsdimensionen" und „Handlungsebenen" beschrieben, die an die Dimensionen nachhaltiger Entwicklung des Rio-Prozesses anschließen: Soziale Gerechtigkeit, wirtschaftliche Leistungsfähigkeit, ökologische Nachhaltigkeit. Zusätzlich wird die Dimension der politischen Stabilität eingefügt (KMK/BMZ 2007: 29). Das Kompetenzkonzept des Papiers bezieht sich auf die relevanteren aktuellen Diskussionen, es wird dann in den Fächerteilen des Rahmens aufgenommen und mit domänenspezifischen Kompetenzkonzepten der Fächer verbunden (vgl. KMK/BMZ 2007). Ziele des Rahmens werden wie folgt gesetzt:

„Bildung im Lernbereich Globale Entwicklung soll Schülerinnen und Schülern eine zukunftsoffene Orientierung in der zunehmend globalisierten Welt ermöglichen, die sie im Rahmen lebenslangen Lernens weiter ausbauen können. Unter dem Leitbild nachhaltiger Entwicklung zielt sie insbesondere auf grundlegende Kompetenzen für eine entsprechende
- Gestaltung des persönlichen und beruflichen Lebens,
- Mitwirkung in der eigenen Gesellschaft und
- Mitverantwortung im globalen Rahmen" (vgl. KMK/BMZ 2007: 69).

Mit Blick auf die Schule wird aus der fehlenden curricularen Abstimmung heraus – und einer so eher fragmentarischen Arbeit – und aus der Notwendigkeit, global bezogene Kompetenzen im Zusammenhang erwerben zu müssen, noch mal auf die Relevanz des Lernbereichs Globale Entwicklung verwiesen (vgl. KMK/BMZ 2007: 78f.). Unter Berücksichtigung der Basiskonzepte verschiedener Fächer und unter Zugrundelegung der Zieldimensionen nachhaltiger Entwicklung erfolgt eine Zusammenstellung von Themenbereichen, die das für den Lernbereich relevante Orientierungswissen verkörpern sollen, die Dimensionen des Leitbilds der nachhaltigen Entwicklung abbilden, einen lebensweltlichen Bezug – verbunden mit globaler Weltsicht – ermöglichen und unterrichtliche Praxiserfahrungen berücksichtigen sollen. Dies gilt auch für die Fächer Politik und Wirtschaft, die hier getrennt aufgeführt werden. Dabei werden jeweils Grundfragen der politischen Urteilsbildung und Handlungskompetenz, wie auch grundlegende wirtschaftliche Fragen bearbeitet.

Ziel des Orientierungsrahmens ist es, die Bearbeitung globaler Prozesse in den Schulfächern zu verankern. Wenn Asbrand/Scheunpflug (2005: 478f.) konstatieren, dass sich hier für Globales Lernen als nicht etabliertes Arbeitsfeld im Rahmen der Reformen hin zu Bildungsstandards und Leistungsuntersuchungen eine wichtige Wegmarke zeigt, dann könnte dies insofern stimmen, als dass der Orientierungsrahmen der verstärkten Institutionalisierung Globalen Lernens dient.

Dabei bezieht sich der Orientierungsrahmen explizit auf die bildungspolitischen Traditionen des Globalen Lernens (KMK/BMZ 2007: 22). Wie auch das Konzept der Gestaltungskompetenz[2] orientiert sich der Orientierungsrahmen an den Schlüsselkompetenzen der OECD. Gleichzeitig wird betont, dass vom Ansatz her Übereinstimmung mit dem Europäischen Qualifikationsrahmen bestehe. Die dann entwickelten „Kernkompetenzen" werden als übergreifende, transversale Kompetenzen gekennzeichnet, die im beruflichen wie privaten Leben relevant seien. Sie verbinden sich mit Teilkompetenzen der im Orientierungsrahmen mit bearbeiteten Fächern zu komplex zu sehenden Kompetenzen, im Sinne der Weinert'schen Definition (KMK/BMZ 2007: 71).

Der „Lernbereich Globale Entwicklung" wird nicht wie ein integrativer Lernbereich im klassischen Sinn gesehen, der verschiedene Fächer zusammen führt, weil er …

„… aufgrund eines eigenen, fächerübergreifenden Gegenstandsbereichs und eines spezifischen Weltzugangs sowie einer jahrzehntelangen Entwicklung als Eine-Welt- bzw. entwicklungspolitische Bildung oder Globales Lernen wesentliche Merkmale einer Domäne aufweist." (KMK/BMZ 2007: 71)

---

2   Der Begriff der Gestaltungskompetenz wird im Orientierungsrahmen nicht im Sinne des Ansatzes von De Haan genannt und lediglich im Kontext beruflicher Bildung anders kontextualisiert verwendet.

Vor diesem Hintergrund wird ein eigenes Kompetenzmodell entwickelt, das sich auf die Dimensionen des Leitbildes der nachhaltigen Entwicklung bezieht. Die Kompetenzbereiche des Lernbereichs Globale Entwicklung sind anschließend an die Struktur der Bildungsstandards der KMK für den Mittleren Schulabschluss gegliedert: Erkennen, Bewerten, Handeln.

Bei der Formulierung der Kernkompetenzen des Lernbereichs Globale Entwicklung wird einerseits auf das Konzept der Schlüsselkompetenzen der OECD zurückgegriffen, andererseits spiegeln sich hier Leitideen des Globalen Lernens und darüber hinaus wesentliche Elemente der Diskussion um Kompetenzen für eine Bildung für nachhaltige Entwicklung. Die folgenden Kernkompetenzen werden genannt (KMK/BMZ 2007: 77f.):

Erkennen
1. Informationsbeschaffung und -verarbeitung
2. Erkennen von Vielfalt
3. Analyse des globalen Wandels
4. Unterscheidung gesellschaftlicher Handlungsebenen

Bewerten
5. Perspektivenwechsel und Empathie
6. Kritische Reflexion und Stellungnahme
7. Beurteilen von Entwicklungsmaßnahmen

Handeln
8. Solidarität und Mitverantwortung
9. Verständigung und Konfliktlösung
10. Handlungsfähigkeit im globalen Wandel
11. Partizipation und Mitgestaltung

Die Liste der Themen gilt dabei als nicht abgeschlossen. Die Themenfelder werden den zu erwerbenden Kompetenzen zugeordnet. Kernkompetenzen und Themenfelder des Orientierungsrahmens werden nun auf die Bildungsbereiche Grundschule, berufliche Bildung und auf einige Fächer der Sekundarstufe I bezogen, Sek. II und weitere Fächer sollen später folgen.

Eine politische Bildung, die sich auch intensiv mit dem Verhältnis von Wirtschaft und Politik befasst, ist gerade jetzt in der Lage, die Krise als Lerngelegenheit zu verstehen und zu verwenden.

Materialien zum Themenfeld Globale Entwicklungen

Seit einigen Jahren gibt es eine Reihe „Hamburger Unterrichtsmodelle zum KMK-Orientierungsrahmen Globale Entwicklung", der ein auf das Kompetenzkonzept des Rahmens abgestimmtes didaktisches Konzept zugrunde legt.

Dabei geht es um ein Lernen im Spannungsfeld zwischen Bedingungen und Interessen, das kompetenzorientiert ist und außerdem den hohen, aber durchaus berechtigten Anspruch vertritt, zu einer Individualisierung des Unterrichts beizutragen. Der konkrete Unterricht erfolgt eher projektorientiert und stellt das Schülerhandeln in den Vordergrund. Das Kompetenzkonzept des Orientierungsrahmens wird im Einzelnen in den demnächst vorgelegten Unterrichtsmodellen zu verschiedenen Themenfeldern abgearbeitet (Landesinstitut Hamburg 2010).

Erste Modelle liegen nun zum Themenfeld „Hunger durch Wohlstand? Die Folgen von Biosprit, Fleischkonsum und Klimawandel für die Welternährung", zu internationalen Militäreinsätzen und zum Welthandel vor. Dabei wird jeweils eine Planungsskizze zu einem Projekt geliefert. Für das Projekt „Hunger durch Wohlstand" bedeutet dies, dass die Welternährungssituation und der Hunger in der Welt, das Energieproblem, der Fleischkonsum und Aspekte des Klimawandels in einer praktikablen Weise zu bearbeiten sind. Überschaubare Lehrerbegleitmaterialien, die durch Graphiken und ergänzende Internetlinks angereichert werden, sind ebenso in dem Materialpaket enthalten, wie eine ganze Reihe Schülerarbeitsbögen, die sich auf selbstständiges Erarbeiten und Lernen richten. Die Druckversion – es existiert auch eine Internetvariante – enthält jeweils eine DVD mit passenden Filmen und Filmausschnitten und die gesamten Arbeitsbögen (Landesinstitut Hamburg 2010). Für Hamburg beziehen sich die Unterrichtsmaterialien auf die jüngst überarbeiteten Bildungspläne, die zum Teil durch den Orientierungsrahmen geprägt sind. Weitere Unterrichtsmodelle sind im Entstehen. Insgesamt sollen zunächst zehn Modelle vorgelegt werden.

Ein derzeit naturgemäß stark diskutiertes Thema ist das der Wirtschafts- und Finanzkrise. Hier liegen Momente der Krise, aber auch eine künftige, weniger an Wachstumsmodellen der Vergangenheit orientierte Entwicklung nahe beieinander. Eine besonders interessante Perspektive beinhalten die darauf bezogenen Unterrichtsmaterialien der Zeitschrift „Global lernen". Dies wird von „Brot für die Welt" und dem Institut für Friedenspädagogik gemeinsam gestaltet und herausgegeben. Das Unterrichtsmaterial geht zunächst auf die Ursachen der globalen Finanzkrise ein und diskutiert diese dann auch vor dem Hintergrund der besonderen Betroffenheit von Entwicklungsländern. Das Heft beleuchtet ausgewählte Aspekte des Themas, wobei Jugendliche am Ende nachvollziehen können sollen, welche Ursache die Krise hatte und auch, was sie mit dem Lebensstil, dem Konsum und dem Wachstumsglauben des Nordens zu tun hat. Diskutiert wird auch, warum Milliarden für Konjunkturpakete mobilisiert werden können, gleichzeitig für Entwicklungshilfe oder Klimaschutz das notwendige Geld aber nicht unbedingt zur Verfügung steht. Das Material thematisiert dann auch, nach welchen Regeln und auch moralischen Grundsätzen eine künftige Wirtschaftsordnung gestaltet sein soll. Hierzu werden Grundlagentexte angeboten, die zum Teil Tageszeitungen entnommen wurden. Diese werden verbunden mit Arbeitsblättern. Der Prozess steuert am Ende auf die Möglichkeit einer Pro-und-Kontra-Debatte zu (Brot f. d. Welt u.a. 2009).

Oft ist es aber erst einmal notwendig, die Geschehnisse der Finanzkrise ganz grundsätzlich zu begreifen. Die damit verbundenen Sachverhalte sind bekanntlich komplex. Es bietet sich aber eine multimediale Zugangsweise an, die das Verständnis erleichtert. Auf der Website www.planet-schule.de bieten SWR und WDR „Schulfernsehen multimedial". In diesem Kontext wird der Film „Wie entsteht eine Finanzkrise" angeboten, der entlang medialer Gewohnheiten von Jugendlichen mit vielen anschaulichen Trickanimationen Zusammenhänge aufzeigt. Geliefert wird eine Chronologie der weltweiten Ereignisse, und es wird deutlich gezeigt, wie es auf den Finanzmärkten zu einem Dominoeffekt kommen konnte. In nur 15 Minuten wird hier ein sehr guter Überblick gegeben. Ein eingängiger und verständlicher Kommentar ist mit Filmsequenzen in sehr produktiver Weise verbunden. Besonders interessant ist auch ein historischer Rückgriff auf die Tulpenkrise im Holland des frühen siebzehnten Jahrhunderts. Das Beispiel zeigt vereinfacht, mit sehr guten Animationen versehen, wie eine Spekulationskrise entsteht. Die Bezüge zur „Blase" der Jetztzeit sind sehr deutlich gezeichnet.

Zwar darf der öffentlich-rechtliche Rundfunk seine Sendungen nur noch begrenzte Zeit ins Internet stellen, die Beiträge von „Planet-Schule.de" sind allerdings auch auf DVD zu haben, andere Sendungen sind zumindest längere Zeit auch bei youtube.com zu finden.

Einen guten Unterrichtseinstieg bietet der Videoclip „Die Simpleshow erklärt die Finanzkrise". In viereinhalb Minuten werden in groben Zügen die Immobilienkrise und die entstehende Finanzkrise skizziert. „Klaus", dem hier die Finanzkrise erklärt wird, weiß am Ende wenigstens grundsätzlich, um was es geht. Die Simpleshow ist eigentlich ein Angebot für Firmen, die komplexe betriebsinterne Probleme auf einen einfachen Nenner gebracht haben wollen. Dafür setzt die Simpleshow diese in einfache szenische Darstellungen um, die den Charakter eines Trickfilms haben.

Ab der achten Klasse in Sek. I und II einsetzbar ist ein Material, das Lehrer-Online unter dem Titel „Wirtschaftskrise 2009: Licht am Ende des Tunnels" zur Verfügung stellt. Das Material liefert zunächst einen Basisartikel für Schülerinnen und Schüler, der einen Überblick zur derzeitigen wirtschaftlichen Lage bietet und am Beispiel von Quelle und Opel nähere Einblicke ermöglicht. Darüber hinaus werden geeignete Seiten im Internet verlinkt, die den Schülern zielgerichtete Recherchen ermöglichen sollen. Die entsprechenden Links führen zu Webseiten der Bundesregierung, der Europäischen Union oder des Deutschen Industrie- und Handelskammertages. Im Fall von Opel und Quelle werden verschiedene Artikel aus Tages- und Wochenzeitungen geboten.

Wenn von Alternativen zur derzeitigen Weltwirtschaftspolitik die Rede ist, kommen auch die weltweit unterschiedlichen Arbeitsbedingungen in den Blick. Am 10. Juni 2008 hat die Internationale Arbeitsorganisation (ILO) einstimmig die Erklärung der ILO über soziale Gerechtigkeit für eine faire Globalisierung angenommen. Hier wird eine „Fokussierung auf den Menschen" und die Möglichkeit zu menschenwürdiger Arbeit ebenso betont, wie der notwendige Weg zu nachhaltiger Entwicklung und zu gerechten Märkten mit fairen Regeln. Internationale, enge Partnerschaften für die Verwirklichung globaler sozialer und wirtschaftlicher Ziele – auf der Basis von nachhaltiger Entwicklung –, von Solidarität und eine Stärkung der Vereinten Nationen werden angestrebt (vgl. ILO 2007).

Materialien, die entsprechend aufbereitet auch im schulischen Unterricht genutzt werden können, liegen dazu vor (z.B. VENRO 2008, VNB 2006, Nagler 2008, IG BCE/DGB 2005).

Dokumentierte Arbeitsbedingungen, die den Anforderungen an menschenwürdige Arbeit nicht gerecht werden, finden sich nicht in allen Produktionsbereichen gleichermaßen. Ein Bereich, für den allerdings in den letzten Jahren zahllose Beispiele vorgelegt wurden, ist der der Kleidungsherstellung. Mit Schülerinnen und Schülern können nicht nur die weithin bekannten Unterrichtseinheiten zur „Weltreise einer Jeans" oder zur Arbeitsteilung und Preiskalkulation beim Turnschuh bearbeitet werden, die sich leicht im Internet finden lassen. Es gibt sogar ein Theaterstück eines Kinder- und Jugendtheaters zum Thema (auch auf DVD, vgl. Grips-Theater 2004). Überdies stehen Materialien der „Kampagne saubere Kleidung" und auch die „Codes of Conduct" jener Unternehmen zur Verfügung, die sich bereits entsprechende Regeln gegeben haben. Das Bundesministerium für wirtschaftliche Zusammenarbeit und Entwicklung hat eine sehr informative Doppel-DVD zum Thema Baumwolle und Welthandel publiziert (BMZ 2006).

Ein zweites, leicht an die Lebenswelt von Schülerinnen und Schülern anzubindendes Themenfeld ist das des Kakaos und der Schokolade als Fertigprodukt. Im Gegensatz zum ersten Thema handelt es sich hier um ein im ländlichen Bereich angesiedeltes Feld. Es geht um die Arbeits- und Lebensbedingungen der Produzenten und um Fragen des Welthandels. Sowohl Produzenten von Schokolade, als auch Organisationen des fairen Handels oder entwicklungspolitische Organisationen stellen Materialien zur Verfügung, die sich vergleichsweise leicht für den Unterricht aufarbeiten lassen (vgl. Kraftfoods 2006, Kuapa o.J., Welthungerhilfe o.J., Südwind e.V. 2009).

Eine Reihe von Themen lässt sich anhand von Materialien erarbeiten, die in „Kisten und Koffern" zusammengestellt wurden. Das EPIZ in Reutlingen und Berlin und auch das Programm „Bildung trifft Entwicklung" (siehe Website des DED) arbeiten damit und stellen sie teils auch über eine Ausleihe zur Verfügung. Besonders vorbildlich arbeitet die Schulbehörde in Hamburg, die eine Broschüre unterstützt, in der Lernkoffer und -taschen zu Themen wie

Bananen, Mango, Kaffee, Kakao, Reis, Baumwolle, Textilproduktion, zu Klimafragen und zu einzelnen Ländern und Kontinenten vorstellt werden, die in Hamburg ausgeliehen werden können. Die Behältnisse enthalten Lehr- und Lernbücher, Filme, Geschichten, Spiele, Musik-CDs, Plakate, Rezepte, Fotos, Karikaturen, Overhead-Folien, Informations- und auch Anschauungsmaterial. (Info-Zentrum Globales Lernen u.a. 2009).

Nach der Bearbeitung des Ist-Zustandes kann es dann im Unterricht um Möglichkeiten und Beispiele der Veränderung gehen. Dabei sollte einerseits die Politik der ILO betrachtet werden, andererseits aber der faire Handel der beispielhaft auch für die Politik auf anderen Ebenen ist. Der faire Handel hat sich ja gerade aus der Kritik an den Strukturen des internationalen Handels heraus entwickelt. Neben den wenig berechenbaren und gerechten Weltmarktpreisen für Rohstoffe sind es auch die Agrarsubventionen der Industrieländer, die Märkte und Existenzen in Entwicklungsländern gefährden und die im Mittelpunkt der Kritik vieler NRO standen und stehen. Dazu gehören auch Fragen des ökologischen und sozialen Standards. Industriestaaten als nach wie vor den Weltmarkt prägende Akteure tragen eine besondere Verantwortung für die gerechte Gestaltung der weltwirtschaftlichen Rahmenbedingungen.

Die internationalen Initiativen fairen Handels werden inzwischen auch von der ILO als einer der Wege gesehen, menschenwürdige Arbeit umzusetzen (vgl. ILO 2007). Der internationale Dachverband des Fairen Handels FINE definiert den fairen Handel als Alternative zu konventionellem Handel, der eine nachhaltige Entwicklung fördert und sich an Produzenten richtet, die wirtschaftlich marginalisiert sind. Durch bessere Handelsbedingungen und den Einsatz für die Rechte der Partner und die in ihren Zusammenhängen arbeitenden Menschen trägt der faire Handel zu besseren Lebensbedingungen der Menschen im Süden bei. Die internationalen Akteure haben Standards entwickelt, die bei den Partnern durch regelmäßige Kontrollen überprüft werden:

• Schaffung von Chancen für ökonomisch benachteiligte Produzenten
• Transparenz und Rechenschaftspflicht
• Organisationsentwicklung und Personalschulung
• Förderung des fairen Handels auch durch Öffentlichkeitsarbeit
• Bezahlung eines fairen Preises, der Produktions- und Lebenshaltungskosten deckt
• Gleichstellung von Männern und Frauen
• Menschenwürdige Arbeitsbedingungen und Verbot der Kinderarbeit
• Schutz der Umwelt
• Stabilität der Beziehungen zwischen den Handelspartnern

Man sollte zwar vorsichtig damit sein, den fairen Handel allzu sehr zu idealisieren, da es auch hier Probleme auf mehreren Ebenen gibt. Zum einen sind

102

die Kontrollen schwierig und immer wieder auch kommt Kritik an der Realisierung der Prinzipien auf. Auf der anderen Seite gibt es bekanntermaßen
Schülerinnen und Schüler, bei denen die soziale Lage eine Beteiligung an
derartigen Konsumaktivitäten nicht zulässt. Dies ist selbstverständlich zu
beachten. Die Prinzipien des fairen Handels zeigen aber andererseits einen
klaren Zusammenhang zur Agenda für menschenwürdige Arbeit (Decent-
Work-Agenda) der ILO. Die Vorgehensweise ist zwar unterschiedlich, aber
beide bekämpfen Armut durch Arbeit, und beide legen großen Wert auf die
Arbeitnehmerrechte beziehungsweise die Kernarbeitsnormen.

Literatur

Asbrand, Barbara; Scheunpflug, Anette (2005): Globales Lernen. In: Sander, Wolfgang (Hrsg.): Handbuch politische Bildung. Bonn 2005, 469-484.
Beck, Ulrich (2002): Macht und Gegenmacht im globalen Zeitalter. Neue weltpolitische Ökonomie. Frankfurt a.M.
Beck, Ulrich (1997): Was ist Globalisierung? Irrtümer des Globalismus – Antworten
auf Globalisierung. Frankfurt/Main (3. Aufl.).
BMZ (Bundesministerium für wirtschaftliche Zusammenarbeit und Entwicklung)
(2006): King Cotton oder Baumwolle als Schicksal. DVD mit Film- und Ar-
beitsmaterial. DVD I beinhaltet die beiden kompletten Dokumentarfilme „Cot-
tonmoney & die Globale Jeans" (75 Minuten) sowie „Mavuno Safi – Saubere
Ernte" (53 Minuten). DVD II ist eine interaktive DVD zu dem Thema Baumwolle u.a. mit Kurzfilmen und weitergehenden Informationen. Bonn.
Brunold, Andreas (2004): Globales Lernen und Lokale Agenda 21. Wiesbaden.
BUND/Brot für die Welt (Hrsg.) (2009): Zukunftsfähiges Deutschland in einer globalisierten Welt. Ein Anstoß zur gesellschaftlichen Debatte. Eine Studie des Wuppertaler Instituts für Klima, Umwelt, Energie. Frankfurt/M.
De Haan, Gerhard (2008): Gestaltungskompetenz als Kompetenzkonzept für Bildung
für nachhaltige Entwicklung. In: Bormann, Inka; de Haan, Gerd (Hrsg.): Kompetenzen der Bildung für nachhaltige Entwicklung. Operationalisierung, Messung,
Rahmenbedingungen, Befunde. Wiesbaden, S. 23-44.
De Haan, Gerhard; Harenberg, Dorothee (1999): Bildung für eine nachhaltige Entwicklung. Gutachten zum Programm. Heft 72. BLK (Bund-Länder-Kommission
für Bildungsplanung und Forschungsförderung). – Bonn: 108 S.
De Haan, Gerhard; Seitz, Klaus (2001): Kriterien für die Umsetzung eines internationalen Bildungsauftrages. Bildung für eine nachhaltige Entwicklung (Teil 1). In:
Zeitschrift „21 – Das Leben gestalten lernen". Heft 01/2001, ökom-Verlag, München.
Giddens, Anthony (1995): Konsequenzen der Modernen. Frankfurt/Main.
Grips-Theater (2004): Der Ball ist rund. Ein Globalisierungskrimi von Thomas Ah-
rens für Menschen ab 10. Material zum Stück. Berlin: Grips-TheaterSwisseduc
(Hrsg.) (2010): Bilder zum Rohstoff Kakao. Siehe: http://www.swisseduc.ch/geo-
graphie/materialien/rohstoffe_welt/kakao/index.html (7.6.2010).

Hauff, Volker (1987): Unsere gemeinsame Zukunft: Der Brundtlandbericht der Weltkommission für Umwelt und Entwicklung. Eggenkamp Verlag, Greven.

Hennicke, Peter (2008): Vorwort. In: Wuppertaler Institut für Klima, Umwelt, Energie (Hrsg.): Fair Future. Ein Report des Wuppertaler Instituts. Begrenzte Ressourcen und globale Gerechtigkeit. München, 9-12.

IG BCE, DGB (Hrsg.) (2005): Globalisierung sozialer Verantwortung. Soziale Mindeststandards, Internationale Rahmenvereinbarungen und Netzwerke. Hannover, Düsseldorf.

ILO (Internationale Arbeitsorganisation) (2007): Menschenwürdige Arbeit für nachhaltige Entwicklung. Einführung des Generaldirektors in die Internationale Arbeitskonferenz. Genf (IAK 96-2007/Bericht I (A). Siehe: http://www.ilo.org/wcmsp5/groups/public/---ed_norm/---relconf/documents/meetingdocument/wcms_ilc_96_rep-i-a_de.pdf (20.11.2012).

KMK/BMZ (2007): Orientierungsrahmen für den Lernbereich globale Entwicklung. Bonn.

Kraftfoods (2006): Für eine bessere Zukunft für Kakao. Bremen. Siehe: http://www.kraftfoods.de/kraft/downloads/dede1/Kakaobroschuere_web.pdf (20.11.2012).

Kuapa Kokoo in Ghana – Beispiel für fair gehandelten Kakao. Siehe: http://www.geographiedidaktik.de/Untermat/Ghana/ghana.html (20.11.2012).

Landesinstitut für Lehrerbildung und Schulentwicklung Hamburg (2010): Globales Lernen, Hamburger Unterrichtsmodelle zum KMK-Orientierungsrahmen Globale Entwicklung. Didaktisches Konzept. Hamburg, siehe auch http://www.li-hamburg.de/fix/files/doc/GlobLern_Nr1_Konzept_final.pdf.

Lösch, Bettina (2008): Politische Bildung in Zeiten der Globalisierung. In: Butterwegge, Christoph; Lösch, Bettina; Ptak, Ralf (Hrsg.): Neoliberalismus. Analysen und Alternativen. Wiesbaden, S. 335-354.

Moegling, Klaus/Steffens, Gerd (2004): Beschauliche Innenansichten – Im Mainstream der Politikdidaktik. In: Polis, H. 3(2004) 19-21.

Moegling, Klaus; Overwien, Bernd (2010): Globalisierung als Inhaltsfeld des Politikunterrichts. In: Moegling, Klaus; Overwien, Bernd; Sachs, Wolfgang (Hrsg.): Globales Lernen im Politikunterricht. Immenhausen, S. 11-28.

Nagler, Brigitte (Hrsg.) (2008): Menschenwürdige Arbeit/Decent Work: Eine Herausforderung in Zeiten der Globalisierung. Bremen 2008.

Overwien, Bernd (2011): Kompetenzmodelle im Lernbereich Globale Entwicklung – Bildung für nachhaltige Entwicklung. In: Gritschke, Hannah; Metzner, Christiane; Overwien, Bernd (Hrsg.): Erkennen, Bewerten, (Fair-) Handeln. Kompetenzerwerb im globalen Wandel. Kassel, S. 24-49.

Overwien, Bernd (2011b): Die Wirtschafts- und Finanzkrise im Unterricht. In: Scherrer, Christoph; Dürrmeier, Thomas; Overwien, Bernd (Hrsg.): Perspektiven auf die Finanzkrise. Opladen.

Overwien, Bernd (Hrsg.) (2000): Lernen und Handeln im globalen Kontext. Beiträge zu Theorie und Praxis internationaler Erziehungswissenschaft. Frankfurt/Main.

Overwien, Bernd; Rathenow, Hanns-Fred (Hrsg.) (2009): Globalisierung fordert politische Bildung. Politisches Lernen im globalen Kontext. Leverkusen-Opladen.

Raupp, Judith (2008): Tödliche Tomaten und billige Hähnchen. Süddeutsche Zeitung vom 18.04.2008.

Rieckmann, Marco (2010): Die globale Perspektive der Bildung für eine nachhaltige Entwicklung. Eine europäisch-lateinamerikanische Studie zu Schlüsselkompetenzen für Denken und Handeln in der Weltgesellschaft. Berlin.

Sander, Wolfgang; Scheunpflug, Annette (2011): Politische Bildung in der Weltgesellschaft. Bonn.

Scheunpflug, Annette (2003): Stichwort: Globalisierung und Erziehungswissenschaft. In: Zeitschrift für Erziehungswissenschaft, Heft 2, S. 159-172.

Seitz, Klaus (2002): Bildung in der Weltgesellschaft. Gesellschaftstheoretische Grundlagen Globalen Lernens. Frankfurt a.M.

Seitz, Klaus (2009): Klimawandel in den Köpfen – Zur Rolle des Globalen Lernens in der Bildung für nachhaltige Entwicklung. In: VENRO (Hrsg.): Jahrbuch Globales Lernen 2007/2008, S. 46-52.

Steffens, Gerd; Weiß, Edgar (Red.) (2004): Globalisierung und Bildung, Jahrbuch für Pädagogik 2004, Frankfurt/Main.

Südwind e.V. (2009): Die dunklen Seiten der Schokolade: Große Preisschwankungen, schlechte Arbeitsbedingungen der Kleinbauern. Langfassung. Aachen. Siehe: http://www.kirche-im-bistum-aachen.de/kiba/dcms/traeger/10/bgv/pastoral/Grundfragen/weltkirche-im-bistum-aachen/schokoladenaktion/2009-09VollstaendigeSchoko-Studie.pdf (20.11.2012).

VENRO (2008) (Verband Entwicklungspolitik Deutscher Nichtregierungsorganisationen): Menschenwürdige Arbeit als Beitrag zur Armutsbekämpfung. Bonn, Berlin.

VNB (Verband Entwicklungspolitik Niedersachsen) (2006): Globalisierung. Sozialstandards. Kinderarbeit. Fairer Handel. Hannover 2006. Siehe: http://www.24zwoelf.de/img/print/pdf/sozialstandards.pdf (20.11.2012).

Welthungerhilfe (o.J.): Kinderarbeit in der Kakaoherstellung: „Sie wissen noch nicht einmal, wie Schokolade schmeckt!" Siehe: http://www.welthungerhilfe.de/kinderarbeit-schokolade.html (20.11.2012).

Woyke, Wichard (2007): Globalisierung und Politik. In: G. Breit/P. Massing (Hrsg.): Politik im Politikunterricht. Wider den inhaltsleeren Politikunterricht. Schwalbach/Ts., 76-86.

Wuppertaler Institut für Klima, Umwelt, Energie (Hrsg.) (2008): Fair Future. Ein Report des Wuppertaler Instituts. Begrenzte Ressourcen und globale Gerechtigkeit. München.

Ethik der Menschenrechte und Klimawandel

Michael Reder

1. Klimawandel als globale Herausforderung

Trotz aller medienwirksam inszenierten Auftritte von Klimaskeptikern gilt heute weithin im akademischen und auch öffentlichen Feld als gesicherte Erkenntnis, dass die Menschen für den gegenwärtigen Klimawandel verantwortlich sind. Gleichzeitig wird auch immer deutlicher, dass ein ungebremster Klimawandel gravierende Folgen nach sich ziehen wird. Weil ein emissionsbedingter Anstieg der globalen Durchschnittstemperatur um mehr als zwei Grad aller Voraussicht nach massive Folgen für die Menschen weltweit haben wird, sollte auf eine deutliche Reduktion der Treibhausgasemissionen hingearbeitet werden, so die weithin geteilte Meinung internationaler Klimapolitiker. Dabei wird genauso hervorgehoben, dass auch die bisher bereits emittierten Treibhausgase enorme Folgen haben werden, so dass vielfältige Formen der Anpassung unumgänglich sind.

Wie mit diesen Erkenntnissen politisch umzugehen ist – dies ist in der Weltpolitik hoch umstritten. Die gegenwärtigen internationalen Klimaverhandlungen zeigen nur sehr kleine Fortschritte bei der Aushandlung globaler klimapolitischer Abkommen. Faktisch ist der Ausstoß von CO_2-Emissionen in den vergangenen Jahren nicht nur weitergegangen, sondern er steigt auch jetzt noch beträchtlich an, was konträr zu den Erkenntnissen der Klimaforscher steht. Das Zwei-Grad-Ziel, so einige Wissenschaftler, wird deshalb nur noch schwer zu halten sein. Die derzeitigen politischen Anstrengungen der Staatengemeinschaft reichen also nicht annähernd aus, um angemessene Antworten auf die politischen, sozialen und ökonomischen Folgen des Klimawandels zu geben. Es kam weder das erhoffte globale Abkommen zur weltweiten Reduktion von Treibhausgas-Emissionen zustande noch kam es zu einer Einigung, wie die Entwicklungsländer in ihrer Anpassung an den unvermeidlichen Klimawandel finanziell unterstützt werden sollen.

Besonders Entwicklungsländer haben daran deutliche Kritik geübt, denn Ursachen wie Folgen des Klimawandels sind weltweit höchst ungleich verteilt. Das meiste Kohlendioxid wurde (und wird) von den Industrieländern ausgestoßen, die Hauptopfer des Klimawandels sind allerdings in den ärmsten Ländern der Welt zu finden (vgl. Müller 2008). Denn die Armen leben oft in geographisch sensiblen Regionen, die von den Folgen des Klimawandels besonders betroffen sein werden – allen voran Sub-Sahara-Afrika. Extreme Wetterereignisse wie Wirbelstürme oder Hochwasser werden unter anderem die Ernährungslage in diesen Regionen deutlich verschärfen wie bereits im Bericht des Weltklimarates aufgezeigt worden ist (vgl. IPCC 2007). Dazu wird der Wassermangel aufgrund höherer Durchschnittstemperaturen ebenfalls beitragen. Gleichzeitig haben Menschen in diesen Ländern meist geringere Kapazitäten zur Bewältigung der Klimafolgen. Neben fehlenden finanziellen und technologischen Möglichkeiten sind ein geringerer Zugang zu sozialen Grunddiensten oder ein Mangel an Rechtssicherheit für eine effektive Anpassung ebenfalls enorm hinderlich.

Im vorliegenden Beitrag soll es um zwei Aspekte der Folgen des Klimawandels gehen, und zwar die politische und die ethische Dimension. Menschenrechte stehen in beiden Hinsichten im Zentrum des Beitrages. Durch die Menschenrechte können zuerst auf der politischen Ebene die problematischen Folgen des Klimawandels identifiziert und im Diskurs hörbar gemacht werden. Dadurch wird sichtbar, dass Klimafolgen eine Gefährdung grundlegende Rechte vieler Menschen darstellen.

Wie Klimapolitik als eine Antwort auf diese Gefährdung von Menschenrechten politisch konkret ausgestaltet werden soll, ist umstritten. Menschenrechte als ein politisch-rechtliches Instrument helfen dabei im Augenblick nur teilweise weiter. Für eine zukünftige Klimapolitik braucht es deshalb allgemein anerkannte Grundsätze, denen alle Menschen sinnvoller Weise zustimmen und an denen sich dann politische Entscheidungen orientieren können. Versteht man Menschenrechte als eine ethische Basis der Weltgemeinschaft, so können gerade die in ihnen implizierten Grundsätze diese Aufgabe übernehmen. Eine Ethik der Menschenrechte kann dies sowohl in intra- als auch intergenerationellen Perspektive leisten.

Im Folgenden wird aufgezeigt, an welchen Stellen im politischen Diskurs mit klimabedingten Menschenrechtsverletzungen argumentiert wird. In einem zweiten Schritt werden auf der politischen Ebene Menschenrechte benannt, die durch den Klimawandel verletzt werden. Anschließend werden zentrale ethische Dimensionen der Menschenrechte herausgearbeitet, die eine Orientierung für eine zukünftige politische Bearbeitung des Problems bieten. In einem letzten Schritt werden einige politische Schlussfolgerungen für eine an den Menschenrechten orientierte Klimapolitik gezogen.[1]

---

1   Die folgenden Überlegungen sind innerhalb des Forschungsprojektes „Klimawandel und Gerechtigkeit" entstanden, die das Institut für Gesellschaftspolitik an der Hochschule für Philosophie zusammen mit dem Potsdam-Institut für Klimafolgenforschung im Auftrag des Bischöflichen Hilfswerks Misereor und der Münchener Rück Stiftung von 2007 bis 2010 durchführte. Hinsichtlich der zentralen Ergebnisse des Projektes vgl. Edenhofer u.a. 2010 und Edenhofer u.a. 2012.

2. Inuit, Malediven und der UN-Menschenrechtsrat

Im politischen Diskurs der Vereinten Nationen und der globalen Zivilgesellschaft über den Klimawandel spielen Menschenrechte heute immer mehr eine zentrale Rolle. Dabei werden Klimafolgen als Menschenrechtsverletzungen gedeutet. Eines der bekanntesten Beispiele sind die Inuit, die in den arktischen Regionen Kanadas und in Grönland leben. Dieses Volk, dessen Lebensweise, Ernährungsversorgung und Kultur an ein bestimmtes Klima gekoppelt ist, deutet den Klimawandel als eine Zerstörung seiner Lebensgrundlagen. Deshalb haben die Inuit eine Petition bei der Inter-Amerikanischen Kommission für Menschenrechte eingereicht, in der sie die USA als größten Emittenten von Treibhausgasen für den Klimawandel und damit die Verletzung grundlegender Menschenrechte verantwortlich machen (vgl. Inuit 2005). Diese Kommission hatte früher schon betont, dass ökologische Folgen sich negativ auf den Schutz der Menschenrechte auswirken können. Die Klage der Inuit schließt daran an und fordert, dass diese Interpretation gleichermaßen auf Klimafolgen Anwendung finden sollte. Denn diese betreffen grundlegende Rechte wie Ernährung oder (kulturelle) Lebensweise, die durch klimabedingte Veränderungen von Vegetation oder Tierbestand verletzt werden (Kravchenki 2008: 535f.).

Auch wenn umstritten ist, ob diese Forderung in einem engen Sinne justiziabel ist (Osofsky 2007), hat die Petition eine wichtige politische Funktion. Sie ist eine Möglichkeit, um klimabedingte Menschenrechtsverletzungen, die auch (und gerade besonders) Rechte indigener Völker betreffen, besser zu adressieren und damit politisch hörbarer zu machen. Dort, wo solche Menschenrechtsverletzungen innerhalb bestehender weltpolitischer Regime verhandelbar sind, sollte dies auch getan werden.

Die Malediven, die aufgrund der Insellage von dem Anstieg des Meeresspiegels in Folge des Klimawandels existenziell bedroht sind, haben in gleicher Richtung im UN-Menschenrechtsrat argumentiert (vgl. Knox 2009: 479-484). In seiner siebten Sitzung im März 2008 in Genf hat dieser dann eine Resolution verabschiedet, in welcher der Klimawandel als eine Gefährdung für die Verwirklichung der Menschenrechte gedeutet wird (Human Rights Council 2008).

Mit dieser Resolution ging eine Studie des Hohen Kommissariats der Vereinten Nationen für Menschenrechte einher, in dem Rechte identifiziert wurden, deren Schutz durch die Klimafolgen besonders gefährdet sind (OHCHR 2009). Kyung-Wha Kang, stellvertretende Hohe Kommissarin, betonte bereits 2007 auf der Klimakonferenz auf Bali, dass der Klimawandel und damit einhergehende extreme Wetterereignisse eine Bedrohung für die Einhaltung der Menschenrechte sind. Deshalb stünden die Staaten in der Pflicht, die Konsequenzen des Klimawandels für Menschenrechte genauer zu untersuchen und politisch zu beachten (Kyung-Wha Kang 2007) Mary Robbinson, die frühere Hohe Kommissarin für Menschenrechte, formulierte dazu paradigmatisch: „Human rights law is relevant because climate change causes human rights violations." (International Council on Human Rights Policy 2008: 2)

Im politischen Diskurs über den Klimawandel spielen die Menschenrechte heute also eine wichtige Rolle. Dies war allerdings nicht immer so. Lange Zeit haben Menschenrechte in diesen Diskussionen nur eine untergeordnete Rolle gespielt. Deshalb ist es wichtig zu begründen, wieso ein Menschenrechtsansatz in diesem Kontext überhaupt sinnvoll ist.[2] Das zentrale Argument hierfür ist, dass Menschenrechte kein statisches Gebilde sind, sondern sie selbst und ihre politische Umsetzung im Zuge gesellschaftlicher Veränderungen weiterzuentwickeln sind.

Schon historisch betrachtet sind Menschenrechte kein einheitliches Gebilde, sondern sie haben sich erst im Laufe der Geschichte in ihrer heutigen politischen und rechtlichen Gestalt herausgebildet. Die verschiedenen „Generationen" der Menschenrechte (Freiheits-, Teilhabe- bzw. Sozial- und kollektive Rechte) und deren wechselseitige Verwiesenheit spiegelt diese geschichtliche Entwicklung wider. Für diese Erweiterungen haben sich vor allem benachteiligte Gruppen eingesetzt (vgl. Müller 1997: 98-120). Genau in diese Richtung machen heute Gruppen (wie die Inuit oder die Bewohner der Malediven) auf Klimafolgen als Menschenrechtsverletzung aufmerksam.

So wie Menschenrechte in der Vergangenheit fortgeschrieben wurden, so bedürfen sie deshalb auch heute und in Zukunft einer ständigen Weiterentwicklung, um neue gesellschaftliche Herausforderungen zu beachten, welche die Anliegen der Menschenrechte gefährden und eine Transformation notwendig machen. Weil der Klimawandel eine nicht zu leugnende menschenrechtliche Implikation beinhaltet, ist eine Fortschreibung der Menschenrechte mit Blick auf die menschengemachten Klimafolgen notwendig. Eine Erweiterung des Menschenrechtsdiskurses auf das Thema Klimawandel hin liegt deshalb in der Logik der Menschenrechte selbst.

---

2 Wieso die Beschäftigung mit den Menschenrechten im Kontext der Klimadiskussion noch relativ jung ist, erklärt sich aus unterschiedlichen Gründen (vgl. International Council on Human Rights Policy 2008: 3ff.). Diskussionen rund um den IPCC waren lange Zeit durch Naturwissenschaften geprägt. Dabei wurden zwar politische Forderungen adressiert, aber aus der naturwissenschaftlichen Perspektive wurde die Rechtsperspektive tendenziell vernachlässigt. Gleiches gilt für die klimaökonomischen Überlegungen.

3. Welche Menschenrechte sind durch Klimafolgen gefährdet?

In den vergangenen Jahren sind einige Studien erschienen, in denen Menschenrechte identifiziert werden, deren Schutz bzw. Einhaltung durch Folgen des Klimawandels besonders gefährdet sind (vgl. Brown 2008, Human Rights and Equal Opportunity Commission 2008, International Council on Human Rights Policy 2008, New South Wales Young Lawyers 2008, Oxfam 2008). In einem Vergleich dieser Studien kristallisieren sich einige Menschenrechte heraus, die auf der politischen Ebene durch Klimafolgen besonders gefährdet sind.

(a) Ein erstes Recht, das durch Klimafolgen verletzt wird, ist das *Recht auf Leben, Freiheit und Sicherheit der Person* (UDHR 1948: Art. 1 und 3, ICCPR 1966: Art. 5 und 6.1). Die Studie von Oxfam nennt als Gründe hierfür beispielhaft die Zunahme extremer Wetterereignisse (Stürme, Fluten, Hitzewellen) und den Anstieg des Meeresspiegels, die beide das Recht auf ein freies und sicheres Leben für viele Menschen (insbesondere in den Entwicklungsländern) massiv gefährden (Oxfam 2008).

(b) Außerdem verletzen Klimafolgen das *Recht auf ausreichend Nahrung zum Leben* (ICESCR 1966: Art. 11). Aktuellen Simulationen zufolge, mit denen klimabedingte Veränderungen der landwirtschaftlichen Produktion projiziert werden, zeigen deutlich, dass Ertragsrückgänge besonders in Afrika, aber auch in Teilen Mittel- und Südamerikas und in Südasien zu erwarten sind (vgl. Edenhofer/Wallacher/Reder/Lotze-Campen 2010). Wetterextreme und saisonale Schwankungen können diese Effekte noch verschärfen. Das Recht auf ausreichend Nahrung von Menschen, die in diesen Regionen leben, kann, wenn die Ertragsrückgänge nicht international ausgeglichen werden, massiv eingeschränkt werden. In den Ländern des Südens, in denen die Nahrungsversorgung schon heute oft problematisch ist, kann sich also die Ernährungssicherheit durch den Klimawandel deutlich verschlechtern. Politische Faktoren wie schwache Governance-Strukturen, Korruption, fehlende Einbindung in den Weltmarkt bzw. verzerrte Weltmarktsbedingungen können diese negativen Effekte verstärken.

(c) Damit eng verbunden ist drittens das *Recht auf Subsistenz*, wozu ein ausreichender Lebensstandard inklusive Nahrung, Kleidung oder Unterkunft gehören (UDHR 1948: Art. 25). Auch dieses Recht kann durch Klimafolgen, v.a. mangelnde Ernährungssicherheit, verletzt werden. Aufgrund des Meeresspiegelanstiegs wird das Recht auf Subsistenz von Menschen, die in Küstennähe wohnen, ebenfalls gefährdet. Hinzu kommt die Gefahr schlechter werdender Wasserversorgung, die in einigen Ländern eine wahrscheinliche Folge des Klimawandels sein wird (Edenhofer/Wallacher/Reder/Lotze-Campen

2010). Das *Recht auf ausreichende Wasserversorgung* (ICESCR 1966: Art. 11 und 12) kann daher ebenfalls durch Klimafolgen verletzt werden.

(d) Ein viertes Menschenrechte, das durch den Klimawandel verletzt wird, ist das *Recht auf Gesundheit* (ICESCR 1966: Art. 12). Aller Voraussicht nach wird beispielsweise klimabedingte Mangelernährung zu einer zunehmenden Kindersterblichkeit führen, die schon heute in vielen Entwicklungsländern hoch ist. Auch die unzureichende Wasserversorgung wird in vielen Regionen die Gesundheit der Menschen verschlechtern (vgl. Human Rights and Equal Opportunity Commission 2008: 6). Dabei lassen sich direkte und indirekte klimabedingte Folgen für die Gesundheit unterscheiden. Bei den direkten Wirkungen handelt es sich um die unmittelbaren Folgen von Klima- und Wetteränderungen auf den menschlichen Organismus wie Hitzewellen oder extreme saisonale Klimaschwankungen. Krankheitsüberträger wie Stechmücken, Zecken oder Nagetiere, deren Verbreitungsgebiete und Population von klimatischen Bedingungen abhängig sind, können als indirekte Folge des Klimawandels vermehrt auftreten und damit ebenfalls die Gesundheit vieler Menschen gefährden.

(e) In einigen Studien werden außerdem kollektive Rechte benannt, die durch den Klimawandel gefährdet sind, unter anderem das *Recht auf Entwicklung* (vgl. New South Wales Young Lawyers 2008: 11ff.). Die skizzierten Klimafolgen können die Durchsetzung dieses Rechtes gefährden, wenn sie Entwicklungsbemühungen (Ernährungssicherheit, Wasserversorgung usw.) beeinträchtigen (vgl. New South Wales Young Lawyers 2008: 12).

Damit sind einige wesentliche Menschenrechte benannt, die durch Folgen des Klimawandels besonders gefährdet sind. Auffällig ist, dass besonders die Rechte derjenigen Menschen von Klimafolgen betroffen sind, deren soziale, ökonomische und politische Situation heute ohnehin schon kritisch ist. Dies gilt allgemein für Menschen, die unterhalb der Armutsgrenze leben und im Besonderen für Frauen, Kinder und indigene Gruppen, die in den vom Klimawandel besonders betroffenen Regionen leben.

4. Ethik der Menschenrechte als Orientierung für Klimapolitik

Klimafolgen stellen politisch in vielerlei Hinsicht eine Gefährdung für den Schutz bzw. die Durchsetzung von Menschenrechten dar. Der politische Umgang mit dieser Einsicht ist allerdings nach wie vor hoch umstritten, wie die UN-Klimakonferenz der vergangenen Jahre deutlich gezeigt haben. Dies liegt nicht zuletzt daran, dass oftmals die mit den verletzten Rechten korrespondierenden Pflichten nicht eindeutig bestimmt werden können (vgl. Sachs 2008). Außerdem kommt hinzu, dass Wirkungsketten zwischen klimatischen

Ursachen und Menschenrechtsverletzungen oft mehrdeutig sind, weil weitere Faktoren ebenfalls Einfluss nehmen.

Dies sollte allerdings keine Rechtfertigung zum politischen Stillschweigen sein. Angesichts der systemimmanenten Schwierigkeiten und politischen Differenzen ist vielmehr zu fragen, welche von allen Menschen anerkannten ethischen Grundsätze eine Basis für eine zukünftige Klimapolitik sein können. Hierfür ist wiederum ein Blick auf die Menschenrechte selbst hilfreich. Sie sind nämlich nicht nur in politischer und rechtlicher, sondern auch in ethischer Hinsicht (trotz aller Debatten um ihre kulturelle Bedingtheit) eine von der Weltgemeinschaft anerkannte Grundlage zur Bearbeitung globaler Herausforderungen. Mit einer Ethik der Menschenrechte können deshalb Grundsätze identifiziert werden, die weltweit als ethische Richtschnur für politisches Handeln angesichts des Klimawandels dienen können (vgl. Brown 2008, Caney 2010, Meyer 2009, Reder 2011, Sachs 2008).[3]

4.1 Kernelemente einer Ethik der Menschenrechte

Rechte sind Sollensansprüche des sozialen Lebens und implizieren damit von Anfang an einen normativen Anspruch. Menschenrechte wiederum sind grundlegende Sollensansprüche, weil sie allen Menschen zukommen — unabhängig der Zugehörigkeit zu einer Gruppe und unabhängig ihres Status. Sie sind damit Ausdruck eines *ethischen Universalismus* (vgl. Gosepath 1998, Nooke/Lohmann/Wahlers 2008), der Orientierung angesichts vielfältiger Problemlagen geben will. Menschenrechte sind dabei im globalen Kontext auch ein Rahmen zur ethischen Beurteilung komplexer Vergesellschaftungsprozesse und weltpolitischer Regime. Nicht zuletzt deshalb können Menschenrechte für die Reflexion des dezidiert globalen Problems Klimawandel hilfreich sein.

Die Menschenrechte gründen auf der Annahme, dass alle Menschen ihr Leben frei und selbständig gestalten und darum grundlegende Chancen zu einem solchen Leben haben wollen. Sie basieren auf der Vorstellung vom „Menschen, der selbständig handelt, souverän mit Seinesgleichen umgeht und bereit ist, seine Chancen wahrzunehmen" (Brieskorn 1997: 131). Ein zentraler ethischer Aspekt der Menschenrechte ist deshalb die *Freiheit*, die in der Sichtweise der Menschenrechte darin besteht, ein menschenwürdiges Leben führen zu können. Damit Menschen ihr Leben frei und eigenständig

---

3 Dabei darf die Diskussion über die ethischen Aspekte der Menschenrechte allerdings nicht als Ausweichmanöver gedeutet werden, um sich nicht den politischen Implikationen zu stellen. Dort, wo Klimafolgen bestehende Menschenrechtsregime verletzten, sollten sie auf der politischen und juristischen Ebene als solche benannt und behandelt werden. Wo dies aber nicht möglich ist, haben Menschenrechte als ethische Grundsätze eine wichtige Bedeutung, um den politischen und rechtlichen Fortschreibungsprozess in Sachen Klimapolitik zu orientieren (vgl. Brown 2008, International Council on Human Rights Policy 2008: 55ff.).

gestalten können, müssen sie allerdings Wahlmöglichkeiten haben. Freiheit ist deshalb immer an Voraussetzungen gebunden, die durch Rahmenbedingungen zu sichern sind. Diese Voraussetzungen verändern sich durch den Klimawandel massiv, wenn Menschen keinen ausreichenden Zugang zu sauberem Trinkwasser mehr haben oder ihre Ernährungssicherheit gefährdet ist. Die Folgen des Klimawandels sind ethisch deshalb besonders dort problematisch, wo sie ein menschenwürdiges Leben einschränken oder gar unmöglich machen.

Mit der Freiheit eng verbunden ist die *Gleichheit* (vgl. Bielefeld 1998: 92f.). Die Menschenrechte beruhen darauf, dass alle Menschen gleichermaßen ihr Leben menschenwürdig gestalten wollen. Menschenrechte fordern daher, „jede Person von einem unparteiischen Standpunkt aus als gleiche und autonome Person anzuerkennen" (Gosepath 1998: 151). Damit sind Freiheit und Gleichheit wechselseitig aufeinander verwiesen. Dies schließt ein, dass nicht jeder tun und lassen kann, was er will, sondern bei jeder Handlung auch die Auswirkungen auf andere Menschen beachten muss. Der gleiche Anspruch aller Menschen, menschenwürdig zu leben, darf deshalb nicht durch die Folgen des Klimawandels eingeschränkt bzw. gefährdet werden.

Menschen leben gemeinsam auf demselben Planeten. Ob sie ihr Leben menschenwürdig gestalten können, hängt deshalb vom Handeln anderer Menschen wie dem Zustand ihrer unmittelbaren Gemeinschaften (Familie, lokale Gemeinde) bis hin zum Staat und zur Weltgemeinschaft ab. Die Menschenrechte verweisen darauf, dass globale Probleme nur gelöst werden können, wenn Menschen anerkennen, dass sie gemeinsam im selben Boot sitzen. *Solidarität* ist daher ein weiteres zentrales ethisches Moment der Menschenrechte. Solidarisch sein bedeutet, die Vernetzung der Menschen untereinander als Ausgangspunkt politischen Handelns anzuerkennen – dies ist ein wichtiges Element für eine an den Menschenrechten ausgerichtete Klimapolitik.

Gleichzeitig enthalten die Menschenrechte noch ein zweites Moment von Solidarität. Sie richten sich nämlich immer an einen Adressaten, der die Menschenrechte anerkennt und sie als eine Forderung an sein eigenes Handeln versteht. Menschenrechte sind dabei als Ausdruck einer universalen Moral nicht auf einzelne Gesellschaften oder Staaten beschränkt, weshalb sie auch als vor- und überstaatliche Rechte gedeutet werden. Sie richten sich deshalb nicht nur an Staaten, die sich verpflichtet haben, Menschenrechte zu schützen, sondern an alle Menschen weltweit. Diesen Anspruch anzuerkennen schließt die Bereitschaft ein, über gerechte Strukturen nachzudenken und diese politisch zu ermöglichen. Bezüglich der Klimadiskussion bedeutet dies, dass die Verantwortung für die Klimapolitik nicht nur bei den Staaten liegt. Auch wenn diesen eine zentrale Rolle zukommt (vgl. International Council on Human Rights Policy: 12ff.), sind mit der Forderung nach umfassender Solidarität alle gesellschaftlichen Akteure für eine zukünftige Klimapolitik gleichermaßen gefordert, wie beispielsweise Zivilgesellschaft oder Wirtschaft (Oxfam 2008: 21ff.).

Partizipation ist ein weiteres Kernelement der Ethik der Menschenrechte. Partizipation und Menschenrechte stehen in einem Wechselverhältnis und stützen einander. Menschenrechte fordern eine nachprüfbare Beteiligung aller Betroffenen an den Institutionen, die zur Lösung lokaler, nationaler und globaler Probleme notwendig sind. Menschenrechte bedürfen politischer Institutionen und Verfahren, welche sie gewährleisten und im Konfliktfall durchsetzen. Dies erfordert auch im Bereich der Klima- und Entwicklungspolitik eine Reform der nationalen und internationalen Ordnung. Diese sollte sich am Leitbild einer transparenten Partizipation orientieren, um auf die Verletzungen der Menschenrechte, die durch den Klimawandel verursacht werden, politisch angemessen antworten zu können. Insbesondere gilt es bislang ausgeschlossene oder weniger mächtige Länder zu stärken, damit sie in den Verhandlungen den einflussreichen Ländern möglichst auf gleicher Augenhöhe begegnen können. Nur so können ihre Anliegen angemessen Beachtung finden und Partizipation als Kernelement einer Ethik der Menschenrechte umgesetzt werden.

4.2 Einige Konsequenzen für den ethischen Diskurs über Klimafolgen

Damit sind Freiheit, Gleichheit, Solidarität und Partizipation als Kernelemente einer Ethik der Menschenrechte ausgewiesen, die als ethische Grundlagen für Klimapolitik eine entscheidende Rolle spielen. An zwei Beispielen soll skizziert werden, welche Konsequenzen ein solcher Standpunkt für die Klimadiskussion hat.

Der Fokus auf Klimafolgen als einer Gefährdung der Menschenrechte konzeptualisiert diese im Paradigma des Rechtes. Damit wird betont, dass Klimafolgen nicht nur im Rahmen individueller Verhaltensänderungen oder ökologischer Kosten-Nutzen-Abwägungen ethisch diskutiert werden sollten, sondern dass sie eine Anfrage an die Verwirklichung fundamentaler Rechte darstellen. Auch wenn individuelle Entscheidungen für einen ökologischen Lebensstil wichtige Elemente einer nachhaltigen Bewusstseinsbildung und damit auch politischer Weichenstellungen sein können, so greifen diese gerade aus einer menschenrechtlichen Perspektive zu kurz. Denn tugendethische Begründungen taugen kaum für eine umfassende Weltklimapolitik, nicht nur, weil sie auf anspruchsvollen Annahmen wie etwa einem westlich geprägten Menschenbild aufbauen, sondern vor allem weil das individuelle Verhalten bei der Gestaltung politischer Strukturen überschätzt und die institutionelle Facette des Themas unterbelichtet wird. Ein Schwerpunkt ethischer Überlegungen auf Institutionen, wie er seit John Rawls in der philosophischen Ethik betont wird, erscheint daher überaus berechtigt, gerade auch um den Diskurs über die Auswirkungen von Klimafolgen auf Grundrechte und deren Sicherung voranbringen zu können.

Klimafolgen sind langfristig, sie betreffen vor allem auch nachfolgende Generationen. Aus ethischer Sicht ist es deshalb wichtig zu fragen, inwieweit mit einem Menschenrechtsansatz solche langfristigen Klimafolgen beachtet werden können. Menschenrechte können dies, weil sie universal gültig sind. Sie schließen alle Menschen ein, das heißt alle heute und in Zukunft lebenden. Deshalb haben auch Menschen, die erst in der Zukunft leben werden, Anspruch auf sie. Rechte setzen zwar die Existenz der Menschen voraus, doch haben zukünftige Menschen Rechte, wenn sie dann existieren (Meyer 2009). Gerade bei politischen Handlungen mit langfristigen Folgen und der Ausgestaltung (weltpolitischer) Institutionen sollte deshalb aus Sicht der Ethik der Menschenrechte darauf geachtet werden, dass Rechte zukünftiger Menschen nicht verletzt werden (Wallacher/Reder/Kowarsch 2009: 59f., vgl. auch Pogge 2002).

Mit einer Ethik der Menschenrechte können also zukünftige Generationen und deren Rechte in den Blick genommen werden. Die Ermöglichung eines freien Lebens gilt nicht nur für heute, sondern ebenfalls für zukünftig lebende Menschen. Sicherlich gibt es gewisse Grenzen, insofern beispielsweise die Forderung nach Partizipation gegenwärtige Personen betrifft. Fragen der Ressourcennutzung können dagegen offensichtlich an der Ethik der Menschenrechte ausgerichtet werden: Natürliche Ressourcen sollten in ausreichendem Maß bewahrt werden, damit zukünftige Generationen sie zur Realisierung eines menschenwürdigen Lebens in Freiheit und Gleichheit nutzen können. Dies gilt jedenfalls immer dann, wenn zu vermuten ist, dass diese Ressourcen für zukünftige Generationen wichtig sein könnten. Auch sollten physische Gefährdungen zukünftiger Menschen durch einen ungebremsten Klimawandel vermieden werden, wenn aller Voraussicht nach keine Möglichkeit besteht, sich sinnvoll an diese Folgen anpassen zu können. Dies gilt umso mehr, wenn gegenwärtige Entscheidungen, wie solche über das Energiesystem, starke Pfadabhängigkeiten für kommende Generationen schaffen.

5.   Einige politische Schlussfolgerungen

Weichenstellungen in Sachen Klimapolitik sollten sich an den ethischen Dimensionen der Menschenrechte orientieren, so die zentrale Schlussfolgerung aus den vorangegangenen Überlegungen. Dies gilt gleichermaßen für Klimaschutz wie für Anpassung. „First, human rights language can add considerable normative tradition to arguments in favour of strong mitigation and adaptation policies." (Oxfam 2008: 20) Menschenrechte fungieren in beiderlei Hinsicht als eine Richtschnur bzw. ein Schwellenwert. Mit den Menschenrechten kann begründet werden, wieso allen Menschen ein Minimum an Handlungschancen für ein menschenwürdiges Leben gewährt werden sollte (vgl. Wallacher/Reder/Kowarsch 2009: 56ff.). Klimapolitik, die sich in ethischer Hinsicht an den Menschenrechten orientiert, fokussiert dabei vor allem auf verwundbare Gruppen und will deren Rechte in Zeiten des Klimawandels schützen. Partizipation und internationale Kooperation sind notwendige Elemente einer solchen menschenrechtlichen Klimapolitik (vgl. Oxfam 2008).

Dabei ist auch darauf zu achten, dass klimafreundliche Ausgestaltungen einer zukünftigen Vermeidungs- wie Anpassungspolitik nicht zu neuen Verletzungen von Menschenrechten führen. Entwicklungs- und Schwellenländer befürchten nicht zu Unrecht, dass eine drastische Klimapolitik ihren Spielraum für Wirtschaftswachstum und damit im Extremfall ihre Rechte (z.B. das Recht auf Entwicklung) einschränken. Eine solche wirtschaftliche Entwicklung ist zwar keine hinreichende, aber doch eine notwendige Bedingung für Entwicklung. Deshalb sind politische Entscheidungen so zu gestalten, dass diesen Ländern eine (wirtschaftliche) Entwicklung ermöglicht wird und sie gleichzeitig in ihren Bemühungen unterstützt werden, den Zuwachs von Emissionen zu begrenzen oder Energieeffizienz zu verbessern.

Damit sind die ethischen Ausgangsbedingungen für eine zukünftige Klimapolitik skizziert. Im Folgenden sollen einige politische Konsequenzen benannt werden, die sich aus der menschenrechtlichen Argumentation ergeben. Dabei spielt die wechselseitige Verschränkung der einzelnen Maßnahmen zu einem Gesamtpakt, zu einem Global Deal (Edenhofer/Wallacher/Reder/Lotze-Campen 2010: Kap. 6), eine entscheidende Rolle.

Die Einhaltung des Zwei-Grad-Ziels ist aus Sicht der Klimawissenschaften nach wie vor ein zentraler politischer Orientierungsmaßstab, mit dem Menschenrechte in Zeiten des Klimawandels jetzt und zukünftig Lebender geschützt werden können. Dazu muss die Gesamtmenge der Emissionen, die noch in der Atmosphäre abgelagert werden darf, begrenzt werden. Dies erfordert von der Staatengemeinschaft – insbesondere von Industrie- und Schwellenländern – massive Anstrengungen. Denn nur wenn eine entsprechende Reduktion von Emissionen erreicht wird, können Menschenrechtsverletzungen gegenwärtig wie zukünftig Lebender vermieden werden.

Ein Handel mit diesen begrenzten Emissionsrechten bietet aus heutiger Sicht die beste Möglichkeit, die notwendige Minderung der Emissionen zielgenau und zugleich effizient zu erreichen (vgl. Edenhofer/Flachsland/Luderer 2009). Zudem eröffnet er die Chance einer globalen Umverteilung von Einkommen, was sich auch positiv auf die Situation armer Bevölkerungsteile in Entwicklungsländern auswirken könnte. Der Verteilungsschlüssel sollte so gestaltet sein, dass man in relativ kurzer Frist eine Gleichverteilung an Pro-

Kopf-Emissionsrechten erreicht, womit dem Aspekt der Gleichheit Rechnung getragen wird (Brown 2008). Gleichzeitig bedarf ein Handel mit Emissionsrechten durchsetzungsfähiger, globaler Institutionen mit transparenten und demokratischen Entscheidungsstrukturen, womit der Aspekt der Partizipation betont wird.

Die Abholzung der tropischen Wälder trägt rund 20% zum Klimawandel bei. Wälder haben deshalb eine wichtige Funktion für den Klimaschutz, weil sie als CO_2-Speicher dienen. Gleichzeitig sind sie Lebensgrundlage für Menschen und eine große Vielfalt unterschiedlicher Pflanzen und Tiere. Weil Wälder in so vielfacher Hinsicht wichtig sind, müssen sie nachhaltig genutzt und geschützt werden. Die Industrienationen sollten die Schwellen- und Entwicklungsländer dabei technisch wie finanziell unterstützen, damit eine weitere Abholzung und Übernutzung der Wälder verhindert wird. Dabei muss aus einer Ethik der Menschenrechte besonders auf die Rechte der lokalen und indigenen Bevölkerung geachtet werden.

Weil auch bei einer sofortigen ambitionierten Klimapolitik (und einer Einhaltung des Zwei-Grad-Zieles) gravierende soziale, ökonomische und kulturelle Klimafolgen auftreten, ist eine internationale Anpassungspolitik unumgänglich. Dazu sind auf Basis der Menschenrechte vielfältige Maßnahmen gefordert, angefangen von Informationen über regionale Klimafolgen und ihre Verwundbarkeiten bis hin zu finanzieller Hilfe. Unverzichtbar ist dazu ein internationaler Anpassungsfonds mit ausreichend Mitteln. Anpassungsfinanzierung ist notwendig in Bereichen, die besonders klimasensitiv und für die Überwindung von Armut wichtig sind. Dies sind vor allem Wasserversorgung, Landwirtschaft, Küstenschutz und Katastrophenvorsorge, wodurch grundlegende Rechte vieler Menschen weltweit geschützt werden könnten.

Für eine globale Begrenzung der Emissionen sind vielfältige Technologien notwendig, die teilweise noch entwickelt werden müssen. Erst mit einem breiten Energiemix wird eine Klimapolitik möglich sein, die sich an den Menschenrechten ausrichtet. Hierzu ist es erforderlich, geeignete Technologien zu entwickeln, weltweit zu fördern und den internationalen Austausch voranzutreiben. Industrieländer stehen dabei aufgrund ihrer technischen wie ökonomischen Möglichkeiten in einer besonderen Verantwortung.

Die Umsetzung der Menschenrechte verlangt Partizipation und durchsetzungsfähige politische Institutionen, aber auch die *Ownership* der Menschen weltweit. Nicht nur die Entwicklungsländer und deren Regierungen sind hier gefragt, sondern alle globalen Akteure – dies folgt aus dem ethischen Grundsatz der Solidarität. Nur wenn sich eine breite Allianz unterschiedlicher Akteure (angefangen von Regierungen über die Zivilgesellschaft bis hin zu Unternehmen) zusammenschließen, können entsprechende politische Weichenstellungen auf den Weg gebracht werden. Menschenrechte bieten hierfür eine überzeugende ethische Richtschnur.

Literatur

Bielefeldt, Heiner (1998): Philosophie der Menschenrechte: Grundlagen eines weltweiten Freiheitsethos. Darmstadt: WBG.

Brieskorn, Norbert (1997): Menschenrechte. Eine historisch-philosophische Grundlegung. Stuttgart: Kohlhammer.

Brown, Donald (2008): The Case for Understanding Inadequate Climate Change Strategies as Human Rights Violations. In: Westra, Laura/Bosselmann, Klaus (Hrsg.): Reconciling Human Existence with Ecological Integrity. London: Earthscan, S. 195-214.

Caney, Simon (2010): Climate Change, Human Rights and Moral Thresholds. In: Humphreys, Stephan (Hrsg.): Human Rights and Climate Change. Cambridge: Cambridge University Press, S. 18-37.

Edenhofer, Ottmar u.a.. (Hrsg.) (2012): Cliamte Change, Justice and Sustainability. Linking Climate and Development Policy. Dordrecht: Springer Int.

Edenhofer, Ottmar/Flachsland, Christian/Luderer, Gunnar (2009): Global Deal: Eckpunkte einer globalen Klimaschutzpolitik. In: Wallacher, Johannes/Scharpenseel, Karoline (Hg.): Klimawandel und globale Armut. Stuttgart: Kohlhammer, S. 109-140.

Edenhofer, Ottmar (Hrsg.) (2010): Global aber gerecht: Klimawandel bekämpfen, Entwicklung ermöglichen. Ein Report des Potsdam-Instituts für Klimafolgenforschung und des Instituts für Gesellschaftspolitik im Auftrag von Misereor und der Münchener Rück Stiftung. München: C.H. Beck.

Gosepath, Stefan (1999): Zur Begründung sozialer Menschenrechte. In: Gosepath, Stefan/Lohmann, Georg (Hrsg.): Philosophie der Menschenrechte. Frankfurt/M: Suhrkamp, S. 146-187.

Human Rights and Equal Opportunity Commission (2008): Human Rights and Climate Change, in: http://www.humanrights.gov.au/pdf/about/media/papers/hrandclimate_change.pdf (Zugriff: 28.11.2012).

Human Rights Council (Hrsg.) (2008): Human rights and climate change (Resolution 7/23), in: http://ap.ohchr.org/documents/E/HRC/resolutions/A_HRC_RES_7_23.pdf (Zugriff: 28.11.2012).

ICCPR (1966): International Covenant on Civil and Political Rights.

ICESCR (1966): International Covenant on Economic, Social and Cultural Rights.

International Council on Human Rights Policy (Hrsg.) (2008): A Rough Guide. Versoixx.

Inuit (Hrsg.) (2005): Petition to the Inter-American Commission on Human Rights Seeking Relief from Violations Resulting from Global Warming Caused by Acts and Omission of the United States. In: http://www.inuitcircumpolar.com/files/uploads/icc-files/FINALPetitionSummary.pdf (Zugriff: 28.11.2012).

IPCC (2007): Klimaänderung 2007: Auswirkungen, Anpassung, Verwundbarkeiten. Beitrag der Arbeitsgruppe II zum Vierten Sachstandsbericht des Zwischenstaatlichen Ausschusses für Klimaänderungen (IPCC). Bern/Wien/Berlin.

Kang Kyung-wha (2007): Climate Change and Human Rights (Conference of the Parties to the United Nations Framework Convention on Climate Change and its Kyoto Protocol, Bali). In: http://www.ohchr.org/EN/NewsEvents/Pages/DisplayNews.aspx?NewsID=200&LangID=E (Zugriff: 28.11.2012).

Knox, John H. (2009): Linking human rights and climate change at the United Nations. In: Harvard Environmental Law Review, 33/2, S. 477-498.

Kravchenko, Svitlana (2008): Right to Carbon or Right to Life: Human Rights Approaches to Climate Change. In: Vermont Journal of Environmental Law, 9, S. 513-547.

Meyer, Lukas H. (2009): Klimawandel und Gerechtigkeit. In: Transit. Europäische Revue, 36, S. 80-107.

Müller, Johannes (1997): Entwicklungspolitik als globale Herausforderung. Methodische und ethische Grundlegung. Stuttgart: Kohlhammer.

Müller, Johannes (2008): Klimawandel als ethische Herausforderung. Perspektiven einer gerechten und nachhaltigen Globalisierung. In: Stimmen der Zeit, 226/6, S. 391-405.

New South Wales Young Lawyers (Hrsg.) (2008): Human Rights and Climate Change Study. Sydney.

Nooke, Günter/Lohmann, Georg/Wahlers, Gehard (Hrsg.) (2008): Gelten Menschenrechte universal? Begründungen und Infragestellungen (hrsg. im Auftr. der Konrad-Adenauer-Stiftung e.V.). Freiburg/Br.: Herder.

Office of the United Nations High Commissioner for Human Rights (OHCHR) (2009): Report on the relationship between climate change and human rights (A/HRC/10/61). In: http://ods-dds-ny.un.org/doc/UNDOC/GEN/G09/103/44/PDF/G0910344.pdf?OpenElement (Zugriff: 28.11.2012).

Osofsky, Hari M. (2007): Inuit Petition as a Bridge? Beyond Dialectics of Climate Change and Indigenous Peoples' Rights. In: American Indian Law Review, 31/2, S. 675- 697.

Ott, Konrad (2007): Ethical Orientation for Climate Change Policies. In: Rodi, Michael (Hrsg.): Implementing the Kyoto Protocol – Chances and Challenges for Transition Countries. Berlin: Lexxion, S. 13-20.

Oxfam (Hrsg.) (2008): Climate Wrongs and Human Rights. In: http://www.oxfam.org/policy/bp117-climate-wrongs-and-human-rights (Zugriff: 28.11.2012).

Pogge, Thomas, W. (2002): World poverty and human rights. Cosmopolitan responsibilities and reform. Cambridge: Polity Press.

Reder, Michael (2011): Ethik der Menschenrechte im Kontext von Klimawandel und Entwicklung. Überlegungen im Anschluss an Axel Honneth. In: Jahrbuch für christliche Sozialwissenschaften, 52, S. 265-289.

Sachs, Wolfgang (2008): Climate change and human rights. In: Development, 51/3, S. 332-337.

Stern, Nicholas (2007): The economics of climate change. The Stern review. Cambridge: Cambridge University Press.

UDHR (1948): Universal Declaration of Human Rights.

UNDP (Hrsg.) (2007): UNDP Human Development Report 2007/2008. Fighting climate change: Human solidarity in a divided world. New York.

Wallacher, Johannes/Reder, Michael/Kowarsch, Martin (2009): Klimawandel, weltweite Armut und Gerechtigkeit. Begründung und Gestaltung einer integrierten Klima- und Entwicklungspolitik. In: Zeitschrift für Umweltpsychologie, 13/1, S. 52-67.

Der Klimawandel als ethisches Problem

Andreas Lienkamp

1   Zuvor

Es ist ein großes Verdienst des Friedensnobelpreisträgers[1] und ehemaligen US-Vizepräsidenten Al Gore, die *ethische* und *theologische* Relevanz des Klimawandels mit dem Oscar-prämierten Dokumentarfilm „An Inconvenient Truth" (und seinem gleichnamigen Buch) der Weltöffentlichkeit näher gebracht zu haben. Für Gore ist die globale Erwärmung nicht nur eine technische, politische, soziale oder ökonomische, sondern mindestens ebenso sehr eine *moralische* und *spirituelle* Herausforderung[2]. Denn „das Überleben unserer Zivilisation und die Bewohnbarkeit der Erde stehen auf dem Spiel." (Gore 2006a, 11; vgl. ebd., 71) Fast identisch äußert sich das australische Bishops Committee for Justice, Development, Ecology, and Peace: „This human induced accelerated climate change ... raises serious moral and spiritual questions" (Catholic Earthcare Australia 2005, 4). Am selben Tag als „Eine unbequeme Wahrheit" in den deutschen Kinos anlief, am 12. Oktober 2007, stellte die Deutsche Bischofskonferenz ihren Expertentext „Der Klimawandel: Brennpunkt globaler, intergenerationeller und ökologischer Gerechtigkeit" erstmals einem breiten Fachpublikum vor.

In diesem Dokument wird deutlich, dass die anthropogene Veränderung des Klimas auch aus Sicht der katholischen Kirche in Deutschland eine moralische Herausforderung ersten Ranges darstellt: „Angesichts der ethischen Tragweite und der Gefahr der Verletzung christlicher und humaner Grundwerte gehört der Klimawandel zu den Fragestellungen, zu denen wir als Kirche nicht schweigen dürfen. Wir sind zur Stellungnahme und zum Handeln aufgefordert." (DBK 2007, Nr. 5)[3] Aber nicht nur ein Großteil der Kirche, wie die Bischöfe selbstkritisch einräumen, auch die Mehrheit der deutschen und der globalen Gesellschaft verschließe die Augen vor der Brisanz des Problems: Der Klimawandel, so die Bischöfe, „gehört zu jenen unangeneh-

---

1   Gore und das IPCC erhielten den Preis zu gleichen Teilen „for their efforts to build up and disseminate greater knowledge about man-made climate change, and to lay the foundations for the measures that are needed to counteract such change". The Nobel Peace Prize 2007, http://nobelprize.org/nobel_prizes/peace/laureates/2007.

2   Ähnlich äußert sich Mary Robinson, wenn sie die Verbindung „of ethical and practical challenges involved in addressing global warming" betont (Robinson 2006, 1).

3   Auch für Johannes Paul II. ist „die ökologische Krise ... ein moralisches Problem" (1989, Nr. 5f; vgl. ebd., Nr. 15).

men Wahrheiten, die wir gern verdrängen, die wir ‚hören und doch nicht hören' (Mt 13,13)" (DBK 2007, Nr. 11). Befragt nach den Gründen für die Wahl „seines" Filmtitels äußert sich Al Gore ganz ähnlich: „Einige Wahrheiten hört man nicht gern. Denn wenn man sie sich anhört und weiß, wie richtig sie sind, dann muss man sich verändern. Und Veränderung kann ziemlich unbequem sein." (2006b, 13; vgl. Gore 2006a, 284)

„Die Zeit drängt", so hatte Carl-Friedrich von Weizsäcker sein 1986 erschienenes Buch überschrieben, das einen entscheidenden Anstoß zum konziliaren Prozess für Gerechtigkeit, Frieden und Bewahrung der Schöpfung gegeben hatte. „Die Zeit drängt", mahnen auch die deutschen Bischöfe (DBK 2007, Nr. 3). Denn der Klimawandel ist kein „mögliches Ereignis in ferner Zukunft", vielmehr „ein Prozess, der bereits begonnen hat" (ebd., Nr. 2) und der „gegenwärtig die wohl umfassendste Gefährdung der Lebensgrundlagen der heutigen und der kommenden Generationen sowie der außermenschlichen Natur" darstellt (ebd., Nr. 1).

Die nachstehenden Überlegungen aus der Perspektive einer christlichen Ethik der Nachhaltigkeit folgen dem methodischen Dreischritt Sehen – Urteilen – Handeln. Der erste Schritt wendet sich dem anthropogenen Klimawandel, seinen Symptomen, Ursachen und Folgen zu. Im zweiten Schritt werden einschlägige theologische und ethische Kriterien entfaltet und auf die dargelegte Situation und Entwicklung bezogen. Der dritte Schritt stellt eine daraus sich ergebende Praxis des Klimaschutzes sowie der Anpassung an die unvermeidlichen Folgen des Klimawandels vor.

2. Sehen: Symptome, Ursachen und Folgen des Klimawandels

Nach der Klärung wichtiger Begriffe sowie der Frage, ob der gegenwärtige Klimawandel menschengemacht ist, werden die Symptome, Ursachen und Folgen der globalen Erwärmung für die Natur und den Menschen analysiert.

2.1 Klima, Klimasystem, Klimawandel

Unter *Klima* – im Unterschied zum wechselhaften lokalen Wetter einiger Stunden bis Tage und zur Witterung als dem mittleren Wetter einiger Tage bis Wochen – verstehe ich hier mit Hartmut Graßl „die Gesamtheit der Witterungen eines längeren Zeitabschnitts einschließlich der dabei auftretenden Extrema" (Graßl 2000a, 392). Nach der Definition der Weltorganisation für Meteorologie sind dabei mindestens 30 Jahre, oft aber viel längere Zeiträume im Blick. Die immer wieder vorgebrachte Erklärung, Klima sei Durchschnittswetter, ist demnach falsch, zumal kein Mensch, kein Tier und keine Pflanze bei einem Durchschnittswetter lebt. Für die Existenz auf diesem Planeten entscheidend sind die Extremwerte und die Häufigkeit ihres Auftretens, denn davon hängt es ab, ob eine Gegend auf Dauer als Habitat dienen kann oder nicht. Denn Extremwerte sind Stressoren, die für Organismen erhebliche gesundheitliche Belastungen bis hin zum vorzeitigen Tod bedeuten können. Nehmen wir nur die *durchschnittliche* globale Erdoberflächentemperatur von etwa 15 °C, die den trügerischen Anschein erweckt, auf der Erde herrsche insgesamt ein gemäßigtes Klima. Hinter dem statistischen Wert verbirgt sich eine Spanne von nahezu 150 °C zwischen der höchsten bislang registrierten Temperatur von +57,7 °C (Al Aziziyah, Libyen) und dem niedrigsten je gemessenen Wert von -89,2 °C (Vostok, Antarktis).

Zum *Klimasystem* gehört allerdings nicht nur die untere Schicht der Lufthülle, in der sich das Wetter abspielt. Vielmehr handelt es sich dabei um ein höchst komplexes System, das sich aus folgenden fünf, hinsichtlich Volumen bzw. Fläche höchst unterschiedlichen, aber eng vernetzten Teilsystemen zusammensetzt: *Atmosphäre* (bestehend aus Gasen, Wasser- und Eispartikel sowie Aerosolen), *Hydrosphäre* (oceanisches Salz- und kontinentales Süßwasser, inklusive Grundwasser), *Kryosphäre* (Schneebedeckung, Land- und Meereis sowie Permafrost), *Geosphäre i.e.S.* (Landoberfläche, bestehend aus *Pedosphäre,* obere Bodenschicht, und *Lithosphäre,* Gesteine und deren Verwitterungsprodukte) und *Biosphäre* (Anthroposphäre, Tier- und Pflanzenwelt, einschließlich toter Biomasse) sowie aus deren intensiven Wechselwirkungen. Hinzu kommen stoffliche und energetische Fließbewegungen, wie der Wasserkreislauf, die Meeresströmungen oder die atmosphärische Zirkulation.

Auch wenn sich das Klima seit der letzten Eiszeit als relativ stabil erwiesen hat, so war es doch in der Erdgeschichte von zum Teil erheblichen Schwankungen begleitet, die von einer total vereisten bis hin zu einer vollkommen eisfreien Erde reichten. Dass sich nicht nur Wetter und Witterung, sondern auch das Klima ändert, ist also „normal". Als Auslöser kommen sowohl natürliche als auch menschengemachte Ursachen in Frage. Nach dem Sprachgebrauch des Intergovernmental Panel on Climate Change (IPCC) versteht man deshalb unter einer Klimaänderung *„jede* Änderung des Klimas im Verlauf der Zeit, die ... durch interne natürliche Schwankungen oder durch äußeren Antrieb oder durch andauernde anthropogene Veränderungen in der Zusammensetzung der Atmosphäre oder der Landnutzung zustande kommen" kann (IPCC 2007, 77).

Ist der gegenwärtige Klimawandel menschengemacht?

Die Völkergemeinschaft ist sich weitestgehend einig: Die gegenwärtige globale Erwärmung ist menschengemacht. Gleich in der Präambel der 1992 vereinbarten Klimarahmenkonvention bringen die (mittlerweile 195) Vertragsparteien ihre Sorge darüber zum Ausdruck, „daß *menschliche* Tätigkeiten zu einer wesentlichen Erhöhung der Konzentrationen von Treibhausgasen in der Atmosphäre geführt haben, daß diese Erhöhung den natürlichen Treibhauseffekt verstärkt und daß dies im Durchschnitt zu einer zusätzlichen Erwärmung der Erdoberfläche und der Atmosphäre führen wird und sich auf die natürlichen Ökosysteme und die Menschen nachteilig auswirken kann" (UNFCCC 1992, Präambel)[4]. Das „Endziel" *(„ultimate objective")* müsse deshalb sein, die Stabilisierung der Treibhausgaskonzentrationen in der Atmosphäre auf einem Niveau zu erreichen, bei dem eine gefährliche anthropogene Störung des Klimasystems verhindert wird (UNFCCC 1992, Art. 2). Inzwischen haben sich die Vertragsstaaten der Klimarahmenkonvention auf das sog. 2 °C-Limit verständigt (Cancún Agreements 2010), da spätestens bei einem Anstieg der globalen durchschnittlichen Erdoberflächentemperatur um mehr als 2 °C gegenüber dem vorindustriellen Niveau mit gefährlichen Auswirkungen zu rechnen ist. Für die tiefliegenden Inselstaaten ist dieser Schwellenwert allerdings zu hoch, wie ihr Slogan verdeutlicht: „one point five to stay alive". Der gemessene Anstieg beträgt allerdings schon 0,8 °C. Weitere 0,6 °C sind bereits vorprogrammiert und werden aufgrund der Trägheit des Systems selbst dann noch hinzukommen, wenn die Menschheit sofort aufhören würde, Treibhausgase zu emittieren. Damit ist ein Temperaturanstieg um mindestens 1,4 °C unvermeidbar.

---

4   Hervorhebung von mir; A.L. Vgl. ebd., Art. 2.

124

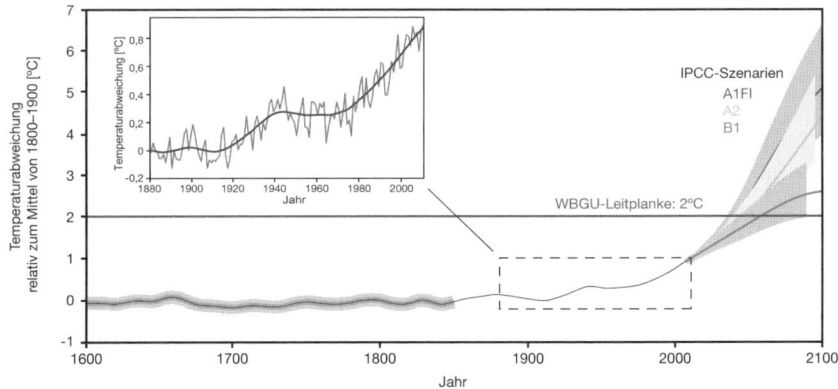

Abbildung 1: Veränderung der globalen durchschnittlichen Erdoberflächen-temperatur seit 1600 und Szenarien bis 2100 (WBGU 2011, 38)

Selbst wenn die Menschheit sich entsprechend dem (unteren) B1-Szenario verhielte, würde im Laufe des Jahrhunderts das 2 °C-Limit überschritten (Abbildung 1). Im wahrscheinlicheren, rasch wachsenden und fossil-intensiven (oberen) A1FI-Szenario, das am ehesten dem gegenwärtigen *business as usual* entspricht, wäre eine Erhöhung um bis zu 6,4 °C möglich, was einen völlig veränderten Planeten zur Folge hätte und ohne Präzedens in der Geschichte der menschlichen Zivilisation wäre. Die Menschheit kann auf keinerlei tradierte Erfahrungen mit einer solchen Welt zurückgreifen. Zudem sind die gesamte Infrastruktur, land-/wirtschaftliche Produktion, Wissenschaft und Technik an ein über lange Zeit stabiles Klima adaptiert, so dass die Anpassung an derartige Veränderungen die Menschheit vor eine Herkulesaufgabe stellte.

Aber nicht nur die Völkergemeinschaft, auch die *scientific community* ist sich hinsichtlich der ursächlichen Rolle des Menschen nahezu einig. Da es aber immer noch sog. Skeptiker gibt (allerdings nicht in den Reihen der Klimaforschung), die bestreiten, dass der gegenwärtige Klimawandel anthropogen ist, seien im Folgenden drei wesentliche Argumente kurz genannt, die zusammen genommen eindeutig für den Menschen als Verursacher sprechen. Erstens besitzt fossiler Kohlenstoff eine besondere Isotopenzusammensetzung. So konnte Hans Suess bereits in den 1950er Jahren nachweisen, dass das zunehmende CO_2 in der Atmosphäre auf die Nutzung fossiler Brennstoffe, also auf *menschliche* Aktivitäten zurückzuführen ist (vgl. Rahmstorf/Schellnhuber 2012, 29, 34). Zweitens ist der beobachtete Abkühlungstrend der Stratosphäre[5] bei einem gleichzeitigen Trend zu *bodennaher Erwärmung*

---

5   Von 1960-2002 im globalen Mittel um -1,9 °C. Gegenläufige Phänomene lassen sich mit
    explosiven Vulkanausbrüchen erklären, die sich in kurzzeitigen stratosphärischen Erwär-

(vgl. Schönwiese 2008a, 324, 362; ders. 2005, 33) mit der bei Klimaskeptikern häufig bemühten Annahme einer verstärkten Sonnenaktivität *nicht* zu erklären – wohl aber mit dem Treibhauseffekt, der die Wärmeabstrahlung in die höheren Atmosphärenschichten (wie die Stratosphäre) behindert. Drittens belegen die beiden Schaubilder in Abbildung 2, dass sich nur die Kombination von anthropogenen und natürlichen Einflüssen mit den beobachteten Temperaturvariationen deckt und dass der starke Erwärmungstrend seit den 1960er Jahren nicht mit natürlichen Einflussfaktoren erklärbar ist.

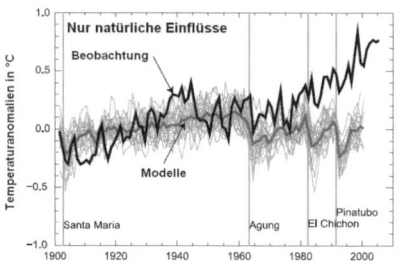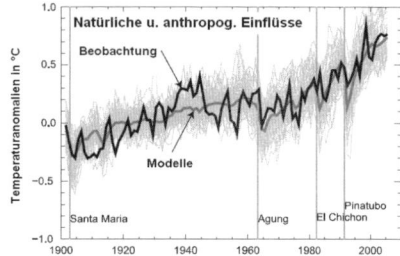

Abbildung 2: Beobachtete relative bodennahe Temperaturvariationen, 1900-2005, schwarz, und Reproduktion durch eine Vielzahl von Modellen, die nur natürliche (links) bzw. auch anthropogene Einflüsse berücksichtigen (rechts); mittlere Modellsimulationen: dick grau eingezeichnet. Außerdem ist auf einige explosive Vulkanausbrüche (Santa Maria usw.) hingewiesen (Schönwiese 2008b, 21; vgl. IPCC 2007, 11)

So kommt das IPCC zu dem (sehr vorsichtig formulierten) Schluss, dass der überwiegende Teil des seit Mitte des 20. Jahrhunderts beobachteten globalen durchschnittlichen Temperatur-Anstiegs „sehr wahrscheinlich", d.h. mit einer Wahrscheinlichkeit von 90 bis 95 %, „Folge des beobachteten Anstiegs der anthropogenen Treibhausgaskonzentrationen" ist. Der Mensch ist also mit an Sicherheit grenzender Wahrscheinlichkeit derjenige Faktor, der für die gegenwärtige globale Erwärmung und damit auch für deren Auswirkungen auf Mensch und Natur hauptsächlich verantwortlich ist. Was aber genau sind die Ursachen?

2.3 Ursachen des Klimawandels

Die Menschheit verändert vor allem durch gewaltige Treibhausgasemissionen sowie durch großflächige Waldvernichtung die Zusammensetzung der Atmosphäre. Der jährliche Ausstoß von Kohlen(stoff)dioxid, des wichtigsten

---

mungen und simultan in (demgegenüber geringer ausfallenden) bodennahen Abkühlungen auswirkten.

vom Menschen emittierten Treibhausgases, liegt derzeit bei rund 35 Gigatonnen CO_2 pro Jahr und wird sich im Jahr 2020 voraussichtlich sogar auf 41 Gigatonnen belaufen (vgl. World Bank 2012, xiv). Aufgrund der über Jahrzehnte hohen Emissionen und der langen Verweildauer des Gases in der Atmosphäre ist die CO_2-Konzentration seit der Industrialisierung bis heute stetig gestiegen und hat im Februar 2013 rund 396 ppm erreicht (Tans et al. 2013, o.S.). Dieser Wert ist der höchste seit mindestens 800.000 Jahren, ja wohl seit 15 Millionen Jahren. Der vorindustrielle Wert lag über längere Zeit relativ konstant bei rund 280 ppm. *Abbildung 3* zeigt die Messdaten, die seit den späten 1950er Jahren auf dem Mauna Loa auf Hawaii gesammelt werden.

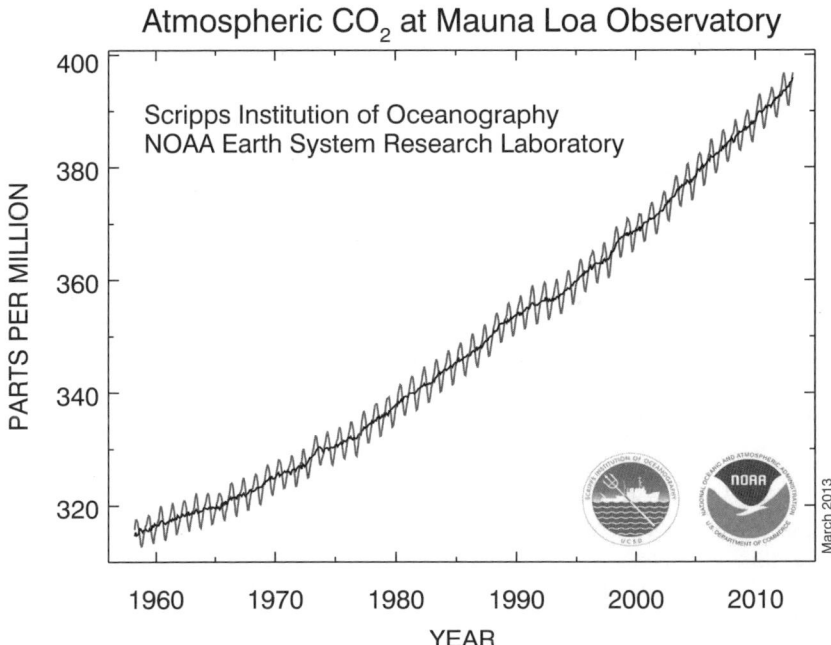

Abbildung 3: Anstieg der CO_2-Konzentration in der Atmosphäre – die sog. Keeling Kurve (Tans et al. 2012, o.S.)

Der nach oben weisende Trend ist eindeutig und bislang ungebrochen[6]. Aber nicht nur die atmosphärische Konzentration von Kohlen(stoff)dioxid, sonden

---

6   Die kleineren Auf- und Abwärtsbewegungen der Kurve innerhalb eines Jahres haben ihre Ursache darin, dass der größte Teil der Landmasse und damit auch der Vegetation nördlich des Äquators liegt. Wenn im Frühling und Sommer die Nordhalbkugel der Sonne zuge-wandt ist, „sprießen dort die Blätter. Und weil Pflanzen CO_2 aufnehmen, nimmt die CO_2-Konzentration weltweit ab. Wenn die Nordhalbkugel im Herbst und Winter der Sonne ab-

auch die anderer wirksamer Treibhausgase wie Methan oder Lachgas hat erheblich zugenommen[7]. Hauptursachen sind der starke Anstieg der Verbrennung kohlenstoffhaltiger fossiler Energieträger wie Kohle, Erdöl oder Erdgas, die Ausweitung der industriellen Produktion und des (verbrennungsmotorisierten) Verkehrs, das Wachstum der Weltbevölkerung gekoppelt mit einem Anstieg des Pro-Kopf-Verbrauchs von Energie und Ressourcen, Änderungen bei der Landnutzung, hier sind vor allem Waldrodung, aber auch Wald- und Buschbrände sowie Düngemitteleinsatz zu nennen, die Ausweitung der Viehwirtschaft, vor allem die Zunahme der Zahl methanemittierender Wiederkäuer, sowie völlig neue klimaschädliche Substanzen, die (fast) ausschließlich durch den Menschen erzeugt werden, wie z.b. die FCKW und ihre Ersatzstoffe.

2.4   Folgen des Klimawandels für die Natur

„Das gewohnte Gesicht unserer Erde", so resümiert Anders Levermann, „wird bei ungebremster globaler Erwärmung nicht so bleiben, wie wir es kennen. Wahrscheinlich wird es hässlicher, im schlimmsten Fall sogar entstellt sein." (Levermann 2007, 39). Ganz so wie das zerstörte Antlitz der „Erdgöttin" Gaia am Ostfries des Pergamonaltars, deren ursprüngliche Schönheit man nur noch erahnen kann. Unsere Spezies, genauer gesagt: die Generation des Industriezeitalters, besitzt zum ersten Mal in der Geschichte der Gattung die Fähigkeit, „das Funktionieren des Systems Erde zu beeinflussen" (vgl. Rahmstorf/Richardson 2007, 175). Daraus erwächst eine enorme Verantwortung.

Der Anstieg der durchschnittlichen Temperatur der Erdoberfläche und der Ozeane – mit höchst ungleicher Verteilung – zeitigt Folgen für die Natur und den Menschen, der buchstäblich auf Gedeih' und Verderb' mit dieser seiner Existenzgrundlage verbunden und von ihr sowie von einem lebensfreundlichen Klima abhängig ist. Ein wärmeres Klima hat eine Fülle von Auswirkungen, deren wichtigste im Folgenden genannt werden: Höhere Temperaturen lassen gefrorenes Wasser schmelzen. Das führt zu einer Schrumpfung der polaren Eisbedeckung und der Gebirgsgletscher sowie zum Auftauen von Permafrostgebieten. Der dadurch bedingte zusätzliche Wasserzufluss lässt den Meeresspiegel steigen (etwa 3/5 des beobachteten Zuwachses), ein weiterer Anstieg geht auf die thermische Ausdehnung zurück, eine Folge der höheren Wassertemperaturen (etwa 2/5). Neuere Bestschätzungen liegen zwischen 104 cm (B1-Szenario) und 143 cm (A1FI-Szenario) im Jahr

---

geneigt ist, fallen die Blätter ab. CO_2 wird freigesetzt, und die CO_2-Konzentration in der Atmosphäre steigt wieder an. Die Erde ‚atmet' also einmal im Jahr ein und aus." (Gore 2006a, 34f)

7   Vgl. Rahmstorf/Schellnhuber 2012, 33-36 sowie das Schaubild auf S. 34.

2100 (vgl. Vermeer/Rahmstorf 2009, 21531). Wie Abbildung 4 zeigt, ist bis zum Jahrhundertende aber auch ein Anstieg von bis zu zwei Metern möglich. Wie die Grafik ebenfalls zeigt, mussten die konservativen Angaben des Vierten Sachstandsberichts des IPCC von 2007 (AR4) inzwischen erheblich nach oben korrigiert werden.

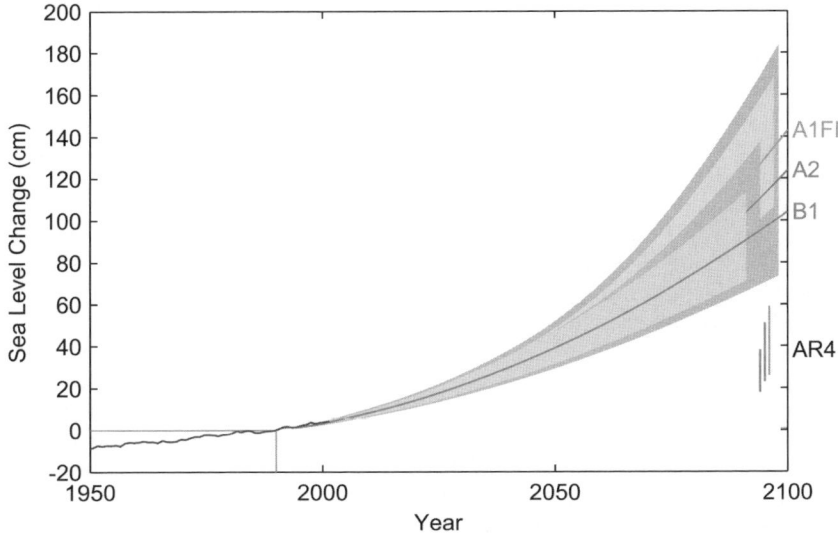

Abbildung 4: Projektionen des Meeresspiegelanstiegs von 1990 bis 2100, basierend auf Temperaturprojektionen des IPCC für drei verschiedene Emissionsszenarien (Vermeer/Rahmstorf 2009, 21531)

Nach allerneuesten Zahlen kann es bei einem 2 °C-Szenario bis zum Jahr 2300 zu einem Anstieg um 1,6 bis 4 m (gegenüber dem Jahr 2000) kommen; der beste Schätzwert liegt hier bei 2,7 m (vgl. Schaeffer et al. 2012, 3). Eine Folge des steigenden Meeresspiegels ist, dass tiefliegende Inseln, Delta- und Küstengebiete dauerhaft überflutet werden und Sturmfluten das salzige Meerwasser entsprechend weiter ins Landesinnere drücken. Extreme Wetterereignisse werden häufiger bzw. intensiver: Heftigere Wirbel-/Stürme führen zu stärkeren Zerstörungen, Starkniederschläge zu Erosion und Überschwemmungen, größere Hitze zu Dürren und Waldbränden. Ganze Klimazonen verschieben sich, was eine Verringerung der Biodiversität nach sich zieht, ja ganze Ökosysteme bedroht, wie z.B. die Korallenriffe, die wegen ihrer Artenvielfalt zu Recht die Regenwälder der Ozeane genannt werden. Die Versauerung der Ozeane durch den Eintrag von CO_2 (das mit H_2O zu Kohlensäure reagiert und die Kalkschalenbildung von Meeresbewohnern erschwert) hat ebenfalls negative Auswirkungen auf die Artenvielfalt und die Nahrungskette.

Ein zentrales Problem sind die „positiven", d.h. den Klimawandel verstärkenden Rückkopplungen. Das bedeutet, dass Folgen des gegenwärtigen Klimawandels selbst wieder zu Ursachen werden. Dazu vier Beispiele: Das erste ist die Eis-Albedo-Rückkopplung: Die Erwärmung der bodennahen Atmosphäre führt zu einem Abschmelzen von eis- und schneebedeckten („weißen") Flächen. Dadurch sinkt die Albedo, das Rückstrahlvermögen der Erde. Dies führt zu zusätzlicher Erwärmung, und der Durchgang beginnt von vorn, nun aber auf einem höheren Niveau. Das zweite Beispiel ist die Wolken-Wasserdampf-Rückkopplung: Die Erwärmung der bodennahen Atmosphäre bedingt, dass die Luft mehr Wasserdampf aufnehmen kann. Das unsichtbare Gas ist ein wirksames Treibhausgas. Eine höhere Konzentration verstärkt den Treibhauseffekt und führt zu zusätzlicher Erwärmung ... Das dritte Beispiel beinhaltet, dass eine wärmere bodennahe Atmosphäre zum Auftauen von Permafrost führt. In den Permafrostböden z.B. Sibiriens oder Kanadas lagern gewaltige Mengen bislang gebundenen Kohlen(stoff)dioxids und Methans, das mit der Erwärmung freigesetzt wird. Eine höhere CO_2- und CH_4-Konzentration in der Atmosphäre erzeugt eine zusätzliche Erwärmung ... Das vierte Beispiel ist die CO_2-Aufnahmekapazität der Weltmeere. Höhere Wassertemperaturen führen dazu, dass weniger Kohlen(stoff)dioxid gespeichert werden kann. Dies wird in die Atmosphäre freigesetzt und führt zu einer zusätzlichen Erwärmung von Luft und Wasser ... Die Gefahr ist, dass solche sich selbst verstärkenden Prozesse eine Eigendynamik entfalten, die möglicherweise nicht mehr gestoppt werden kann.

Die Klimaforschung spricht in diesem Zusammenhang von Kippschaltern im Erdsystem (Abbildung 5). Das sind großräumige Elemente, die auf abrupte und mitunter irreversible Weise auf die Erderwärmung reagieren könnten. Diese Schalter darf die Menschheit auf keinen Fall umlegen.

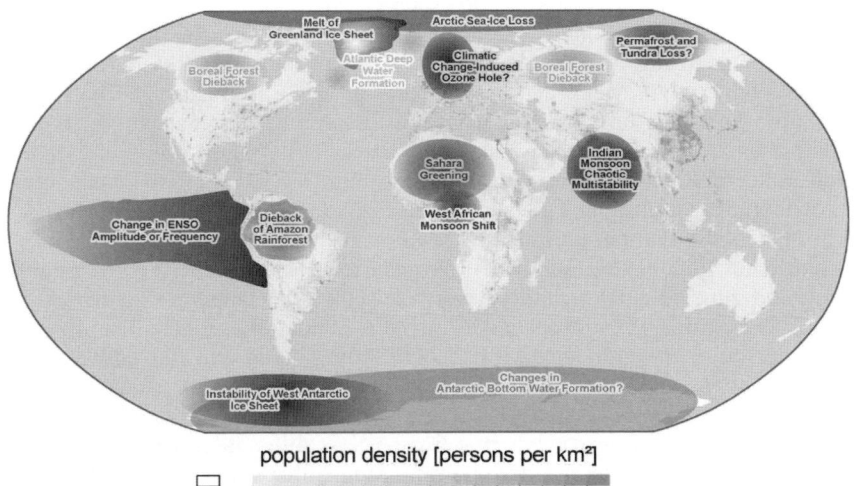

Abbildung 5: Kippelemente im Erdsystem (Lenton et al. 2008, 1787)

2.5 Auswirkungen auf den Menschen

Die Veränderungen in der Natur bleiben nicht ohne Folgen für die Menschheit. So muss mit einem vorzeitigen Tod einer großen Zahl von Menschen durch Stürme, Überschwemmungen, Hitze oder Trockenheit gerechnet werden. Allein im Sommer 2003 wurden in zwölf europäischen Ländern mehr als 80.000 zusätzliche, hitzebedingte Todesfälle registriert (vgl. Robine et al. 2007, [2]). Dieser Sommer war ein Extremereignis. *Business as usual* vorausgesetzt könnte eine derartige Hitzeperiode aber schon in den 40er Jahren zu einem normalen Ereignis werden. In den 60er Jahren könnte ein solcher Sommer zu den eher „kühlen" Sommern gerechnet werden. Dass die genannten Veränderungen die körperliche und seelische Gesundheit beeinträchtigen, liegt auf der Hand. Infolge ausbleibender oder zu heftiger Niederschläge sinken zudem die Ernteerträge; aufgrund von Überflutung gehen landwirtschaftliche Nutzflächen auf Dauer verloren oder sie werden durch Meerwasserintrusion für lange Zeit unbrauchbar. Dadurch nehmen Hunger und Unterernährung zu. Der Gletscherschwund wiederum hat negative Auswirkungen auf die Wasservorräte und -versorgung großer Teile der Weltbevölkerung. Auch in Folge ausbleibender Niederschläge, sinkender Grundwasserpegel und des Eindringens von Meerwasser in Süßwasserreservoire schrumpfen die weltweiten Trinkwasservorräte.

Werden überlebenswichtige Ressourcen knapper, dann werden immer mehr Menschen aufgrund steigender Preise und unzureichender Kaufkraft von deren Nutzung ausgeschlossen. Soziale Konflikte um Ressourcen nehmen schon jetzt zu. Menschen müssen fliehen, wenn ihr bisheriges Wohngebiet überflutet oder unwirtlich geworden ist. Damit verlieren sie zugleich ihre Heimat und zumindest ein gewisses Maß an Sicherheit. Des Weiteren ist ihre kulturelle Identität bedroht. Zusammengenommen bedeuten die genannten Entwicklungen selbst im Falle des Überlebens einen erheblichen Verlust an Lebensqualität. Hinzu kommen enorme private, betriebs- und volkswirtschaftliche finanzielle Schäden, wovon die Rückversicherungswirtschaft aufgrund zunehmender Schadenereignisse schon seit längerem zu berichten weiß. Wie sollen sich insbesondere ärmere Länder, Regionen, Kommunen oder Personen an veränderte klimatische Bedingungen und Extremwetterereignisse anpassen? Wie sollen sie sich dagegen versichern? Wenn schon Städte wie Bremen finanzielle Probleme haben, sich gegen einen steigenden Meeresspiegel und Sturmfluten zu schützen, was sollen dann erst Staaten wie Vietnam oder Bangladesch oder bedrohte Megacities wie Mumbai, Shanghai oder Dhaka sagen? Wie deutlich wurde, ist der Klimawandel kein isoliertes Problem. Vielmehr verstärkt er andere Gerechtigkeitsprobleme wie Hunger, Armut oder gewaltförmige Konflikte.

3. Urteilen: theologische und ethische Kriterien

Da der gegenwärtige Klimawandel – wie gezeigt – mit an Sicherheit grenzender Wahrscheinlichkeit anthropogen ist, fallen seine negativen Auswirkungen in den Verantwortungsbereich des Menschen. Im Folgenden werden deshalb wichtige theologische und ethische Prinzipien dargelegt und auf den gegenwärtigen Klimawandel und das ihm zu Grunde liegende menschliche Handeln (im Sinne von Tun und Unterlassen) bezogen.

3.1 Der Klimawandel verstößt gegen die Goldene Regel

Die Goldene Regel als in vielen Kulturen und Religionen enthaltene sittliche Grundregel menschlichen Miteinanders existiert in zwei Varianten. Die negative Fassung „Was du nicht willst, das man dir tu', das füg' auch keinem andern zu" (vgl. Tobit 4,15) fordert zum Unterlassen des Bösen auf und kann als Regel der Schadensvermeidung *(nonmaleficence)* gelesen werden. Dass man anderen kein Leid zufügt, ist das Mindeste, was der Respekt vor den anderen als Gleichen erfordert *(primum non nocere)*. Die positive Version geht darüber hinaus und verlangt aus demselben Grund der gebotenen Achtung der anderen das Tun des Guten *(beneficence):* Wie du willst, dass man deine (sozial- und ökologisch verträglichen) Bedürfnisse und Interessen respektiert und dein Wohlergehen fördert, so achte auch die (ebenso qualifizierten) Bedürfnisse und Interessen aller anderen und fördere auch ihr Wohlergehen. Für die Rabbiner Hillel und Jesus von Nazareth entspricht ein demgemäßes Verhalten und Handeln dem ethischen Gehalt der Bibel und damit dem Willen Gottes (vgl. Mt 7,12).

In der 1992 verabschiedeten Rio-Deklaration wird die Goldene Regel in ihrer Gestalt als *no-harm-rule* aufgegriffen: So verpflichten sich die Unterzeichnerstaaten, „dafür Sorge zu tragen …, daß Tätigkeiten unter ihrer Hoheitsgewalt oder Kontrolle der Umwelt anderer Staaten oder Gebieten außerhalb nationaler Hoheitsgewalt keinen Schaden zufügen." (Rio-Deklaration 1992, Grundsatz 2). Dieses Nicht-Schaden-Prinzip solle auf nationaler und völkerrechtlicher Ebene zu einem Haftungs- und Entschädigungsrecht zugunsten individueller und kollektiver Opfer von Umweltschäden – und damit auch von Schäden, die aus dem menschengemachten Klimawandel resultieren – ausgebaut werden (vgl. Rio-Deklaration 1992, Grundsatz 13), wovon die Völkergemeinschaft aber noch weit entfernt ist.

Die in der AOSIS organisierten Small Island Developing States (SIDS) wenden die Goldene Regel als Empathieregel an, indem sie die Hauptverursacher der globalen Erwärmung zu einem Gedankenexperiment auffordern und Auskunft auf folgende Fragen verlangen: „… wir, die SIDS, möchten gern wissen, was Sie in den Industrieländern täten, wenn die Situation umgekehrt wäre? Hätten Sie gern, dass … wir Sie bloß als Kollateralschaden betrachteten, der eben in Kauf zu nehmen ist, wenn wir unseren bequemen und erfüllenden Lebensstil beibehalten wollen?" (AOSIS o.J., o.S.) Was würde etwa die NATO machen, wenn die Bedrohung von den SIDS ausginge und die Mitgliedsstaaten des Verteidigungsbündnisses die Hauptleidtragenden wären? Würde man untätig zusehen oder sich auf moralische Appelle beschränken? Oder würde die NATO unsere Sicherheit dann nicht mehr nur am Hindukusch, sondern auch im Südpazifik verteidigen? Zu Recht beklagt Mary Robinson das hier aufscheinende Problem der Machtungleichheit „that allow the perpetrators of climate change to continue unchecked" (Robinson 2006, 2).

3.2 Der Klimawandel verstößt gegen das Prinzip der Nachhaltigkeit

Schon in der Bibel ist das Leitbild einer nachhaltigen Entwicklung *–avant la lettre –* vorgezeichnet. So ergeht in Genesis 2,15 ein göttlicher Doppelauftrag an den Menschen, zum einen dem Garten (in) Eden, ein Synonym für die gesamte Biosphäre, zu dienen und ihn zu kultivieren (hebr. *'ābad);* der zuletzt genannten Bedeutung der Anweisung entspricht das englische Verb *develop* (entwickeln, entfalten). Zum anderen soll der Mensch Fauna und Flora hüten bzw. schützen (hebr. *šāmar)*; diesem Imperativ korrespondiert das englische Verb *sustain* (erhalten, bewahren), womit hier eine frühe Fassung des Leitbildes nachhaltiger Entwicklung, engl. *sustainable development,* vorliegt.

Den beiden Weisungen soll der Mensch nicht deshalb Folge leisten, weil Gott sie ausgegeben hat, sondern Gott hat sie erteilt, weil sie lebensdienlich sind. Darum ist es vernünftig, sich diese Anordnungen zu eigen zu machen[8]. Der gläubige Lutheraner und sächsische Oberberghauptmann Hannß Carl von Carlowitz griff diese Bibelstelle in seinem bahnbrechenden forstwirtschaftlichen Lehrbuch „Sylvicultura oeconomica" (wörtlich: haushälterischer Waldbau) vor 300 Jahren auf und führte den noch heute gültigen Sprachgebrauch von Nachhaltigkeit (vgl. Carlowitz 1713, 105f) in die deutsche Sprache ein. Die „florirenden Commercia" (die Ökonomie) müsse „zum Besten des gemeinen Wesens" (also dem Gemeinwohl) dienen, die „armen Unterthanen" hätten ein Recht auf „sattsam Nahrung und Unterhalt" (was der sozialen Gerechtigkeit entspricht), aber dasselbe Recht stehe auch „der lieben Posterität" zu (im Sinne intergenerationeller Gerechtigkeit). Schließlich dürfe man nicht „wider die Natur handeln", sondern müsse „mit ihr agiren" (was das Postulat der Umweltgerechtigkeit umsetzt) (Carlowitz 1713, Vorrede an den König, [1]ff, 31, 39). Der Brundtland-Bericht der World Commission on Environment and Development (vgl. WCED 1987, Chapter 2, No. 1) und die Agenda 21 der United Nations Conference on Environment and Development (Agenda 21 1992, Nr. 8.4, 8.7) mit ihrem Leitbild „Sustainable Development" sind späte Früchte der von Carlowitz gesäten Gedanken, die in Abbildung 6 grafisch dargestellt sind. Das sächsische Original hat gegenüber den UN-Dokumenten allerdings den wesentlichen Vorteil, dass es deutlich weniger anthropozentrisch argumentiert und der Natur (als Schöpfung Gottes) einen Eigenwert zuspricht.

---

8   Der zweite, jüngere Doppelauftrag in Gen 1,26.28 widerspricht dem nur scheinbar. Denn vom Urtext her soll der Mensch nicht mit Gewalt oder ausbeuterisch über das Land und die Tiere „herrschen" (hebr. *rādāh)*, sondern wie ein weiser, guter und gerechter König Verantwortung übernehmen. Zudem soll er sich nicht die Erde „untertan machen" oder sie „unterwerfen" (hier irren die Luther- und Einheitsübersetzung), sondern seinen „Fuß darauf setzen", d. h. sie beschützen (hebr. *kābaš).* Vgl. Lienkamp 2012.

Abbildung 6: Das Nachhaltigkeitsdreieck (Lange 2005, 27)

Schon bei Carlowitz finden wir auch die erste Managementregel der Nach-haltigkeit: Man solle „den Vorrath an ausgewachsenen Holtz nicht eher ab-treiben / bis man siehet / daß dagegen gnugsamer Wiederwachs vorhanden" (Carlowitz 1713, 88). Denn „größte Kunst / Wissenschaft / Fleiß / und Ein-richtung hiesiger Lande" wird sein, „wie eine sothane [solche] Conservation und Anbau des Holtzes anzustellen / daß es eine continuirliche, beständige und nachhaltende Nutzung gebe / weil es eine unentbehrliche Sache ist / ohne welche das Land in seinem Esse [Existenz] nicht bleiben mag". (ebd., 105f) Das Überleben der Zivilisation wird an die Ausrichtung der Gesellschaft am Leitbild der Nachhaltigkeit gebunden – hier fällt der Begriff in der skizzier-ten Bedeutung zum ersten Mal.

Die Enquete-Kommission des 12. Deutschen Bundestages „Schutz des Menschen und der Umwelt" formuliert insgesamt fünf Managementregeln der Nachhaltigkeit, die durch den Klimawandel, seine Ursachen und Folgen allesamt verletzt werden: „1. Die Abbaurate erneuerbarer Ressourcen soll deren Regenerationsrate nicht überschreiten. ... 2. Nicht-erneuerbare Ressourcen sollen nur in dem Umfang genutzt werden, in dem ein physisch und funktionell gleichwertiger Ersatz in Form erneuerbarer Ressourcen oder höherer Produktivität ... geschaffen wird. 3. Stoffeinträge in die Umwelt sollen sich an der Belastbarkeit der Umweltmedien orientieren ... 4. Das Zeitmaß anthropogener Einträge bzw. Eingriffe in die Umwelt muß im ausgewogenen Verhältnis zum Zeitmaß der für das Reaktionsvermögen der Umwelt relevanten natürlichen Prozesse stehen. Und 5. Gefahren und unvertretbare Risiken für die menschliche Gesundheit durch anthropogene Einwirkungen sind zu vermeiden." (Enquete 1998, 25)

Zwei Jahre später präsentieren die Vereinten Nationen acht zentrale Millennium-Entwicklungsziele. Eines davon ist – in Anlehnung an den Erdgipfel von Rio de Janeiro – die Sicherstellung ökologischer Nachhaltigkeit. Unter der Überschrift „Respect for Nature" verpflichtet sich die Völkergemeinschaft auf ein Handeln in Übereinstimmung mit den Vorgaben nachhaltiger Entwicklung. In diesem Zusammenhang heißt es dann selbstkritisch: „The current unsustainable patterns of production and consumption must be changed in the interest of our future welfare and that of our descendants." (UNMD 2000, I.6) Die herrschenden Konsum- und Produktionsmuster, die in Gestalt von enormen Treibhausgasemissionen und großskaliger Waldvernichtung den Klimawandel vorantreiben, verstoßen gegen das Leitbild der Nachhaltigkeit. Der damalige UN-Generalsekretär Kofi Annan sieht in der globalen Erwärmung eine ernste Gefährdung: „... climate change could undermine efforts to achieve the Millennium Development Goals. We must not let that happen." (Annan 2005, 33)

3.3 Der Klimawandel verstößt gegen das Prinzip der Gerechtigkeit

Das Nachhaltigkeitsleitbild enthält schon seit Carlowitz die Dimensionen sozialer, einschließlich globaler und intergenerationeller, sowie ökologischer Gerechtigkeit. Dies greifen die deutschen Bischöfe in ihrem Klimapapier auf, wenn sie den Klimawandel als Brennpunkt dieser drei Gerechtigkeitsdimensionen interpretieren (vgl. DBK 2007, Nr. 4).

Auch die Unterzeichnerstaaten der Klimarahmenkonvention bringen zum Ausdruck, dass für sie Klimaschutz eine Frage der Gerechtigkeit ist. Sie verknüpfen das Prinzip der Fairness und eines global und intergenerationell verstandenen Gemeinwohls einerseits mit dem Verursacherprinzip und andererseits mit dem Grundsatz, dass die stärkeren Schultern auch die größeren Lasten zu tragen haben: „Die Vertragsparteien sollen auf der Grundlage der

Gerechtigkeit und entsprechend ihren gemeinsamen, aber unterschiedlichen Verantwortlichkeiten und ihren jeweiligen Fähigkeiten das Klimasystem zum Wohl heutiger und künftiger Generationen schützen." (UNFCCC 1992, Art. 3, Nr. 1) Aus christlicher Sicht geht es darüber hinaus um die ökologische Gerechtigkeit und das Wohl der Mitgeschöpfe und damit zugleich darum, anthropozentrisches Denken zu überwinden.

Dass die menschengemachte Beeinflussung des globalen Klimas eine Frage der *Gerechtigkeit* und eines der zentralen *ethischen* Probleme der Gegenwart darstellt, diese Einschätzung teilt inzwischen auch eine wachsende Zahl namhafter Klima- und Umweltforscher. So sprechen etwa Stefan Rahmstorf und Hans Joachim Schellnhuber explizit von der „moralischen Last" des menschengemachten Klimawandels: „Gerade die Ärmsten, die zu dem Problem kaum etwas beigetragen haben, werden den Klimawandel womöglich mit ihrem Leben bezahlen müssen." (Rahmstorf/Schellnhuber 2012, 78) Die Autoren plädieren deshalb für einen fairen Lastenausgleich zwischen den Staaten (vgl. ebd., 108) und für Gerechtigkeit zwischen den Generationen (vgl. ebd., 97f). Auch für Nicholas Stern und seinen viel beachteten Bericht „über die wirtschaftlichen Aspekte des Klimawandels" werfen die menschengemachten klimatischen Veränderungen Fragen der intra- und intergenerationellen *Gerechtigkeit* und damit genuin *ethische* Fragen auf (vgl. Stern 2006, 23).

Hans-Joachim Höhn hat in diesem Zusammenhang die bedenkenswerte These aufgestellt, dass der Treibhauseffekt zu einer Globalisierung ökologischer Risiken führe, „die aufgrund besonderer Egalisierungs- und Rückkopplungseffekte ihrerseits für ausgleichende Gerechtigkeit sorgen" (Höhn 2001, 29; vgl. ders. 2007, 7). Ulrich Beck geht ebenfalls davon aus, dass diese Risiken „früher oder später" auch diejenigen erwischen, „die sie produzieren oder von ihnen profitieren. Risiken weisen in ihrer Verbreitung einen sozialen *Bumerang-Effekt* auf: Auch die Reichen und Mächtigen sind vor ihnen nicht sicher. Die ehemals ‚latenten Nebenwirkungen' schlagen auch auf die Zentren ihrer Produktion zurück. Die Akteure der Modernisierung selbst geraten nachdrücklich und sehr konkret in die Strudel der Gefahren, die sie auslösen und von denen sie profitieren." (Beck 1986, 48f)

So richtig es ist, dass auch die Hauptverursacher der globalen Erwärmung nicht ungeschoren bleiben, so fragwürdig ist doch die Behauptung eines neuen Katastrophen-Egalitarismus[9]. Als Antwort darauf formulieren die deutschen katholischen Bischöfe im Anschluss an den Ökumenischen Rat der Kirchen eine überzeugende Gegenthese, die die (oben bereits angesprochene) *ungleiche* Betroffenheit und Lastenverteilung – umgekehrt proportional zur Verursachung – unter dem Gesichtspunkt der Gerechtigkeit problematisiert:

---

9 Höhn spricht in einem Ende 2007 erschienenen Beitrag, in dem er die Ausgangsthese wiederholt, jetzt nicht mehr von „ausgleichender Gerechtigkeit", sondern davon, dass die Risiken die Betroffen zunächst „auf ungleiche Weise gleich" machten (Höhn 2007, 8).

„Der Klimawandel trifft nicht alle in gleicher Weise. Je ärmer und schwächer die Menschen sind, desto geringer sind ihre Möglichkeiten, den Folgen des Klimawandels auszuweichen, sich anzupassen, zu schützen, zu versichern oder entstandene reversible Schäden zu beheben. ... Im Vergleich zu den reichen Industrienationen sind die Länder des ‚Südens', aber auch die Arktis und ihre Anrainer erheblich stärker betroffen. Die Menschen dort werden einschneidender in Mitleidenschaft gezogen, obwohl ihr Pro-Kopf-Beitrag im Blick auf die Ursachen des Klimawandels (noch) eher zu vernachlässigen ist. Ähnliches gilt für die ärmeren Bevölkerungsgruppen in den wohlhabenden Ländern." (DBK 2007, Nr. 41)

Unterstützung erhält die kirchliche Position durch den Stern Review. Obwohl alle Länder vom Klimawandel betroffen seien, so seien sie dies auf verschiedene Weise und in unterschiedlichem Ausmaß: „Generally, poor countries, and poor people in any given country, suffer the most, notwithstanding that the rich countries are responsible for the bulk of past emissions." (Stern 2006, 28f; vgl. ebd. vii)[10] Entwicklungsländer würden aus drei Gründen besonders schwer getroffen: aufgrund ihrer geographischen Lage, ihrer größeren Abhängigkeit von der Landwirtschaft und weil sie wegen ihrer geringeren Ressourcen verwundbarer seien (vgl. ebd., 29). Die Auswirkungen des Klimawandels werden – so der ÖRK – die tiefe Ungerechtigkeit zwischen Industrie- und Entwicklungsländern noch verstärken (vgl. WCC 2002, 27).

Abbildung 7 demonstriert die beschriebene Diskrepanz sehr nachdrücklich, denn es gibt nur einige wenige Länder, die sowohl zu den höchsten Pro-Kopf-Emittenten als auch zu den verwundbarsten Staaten gehören.

---

10 Ein Zitat des amtierenden Premier-Ministers des von Überflutung bedrohten Inselstaats Tuvalu, Apisai Ielemia, unterstreicht dies: „While we share responsibility for protecting our own environment, the impacts of climate change are caused by emissions from countries many thousands of kilometres away." (2007, o.S.)

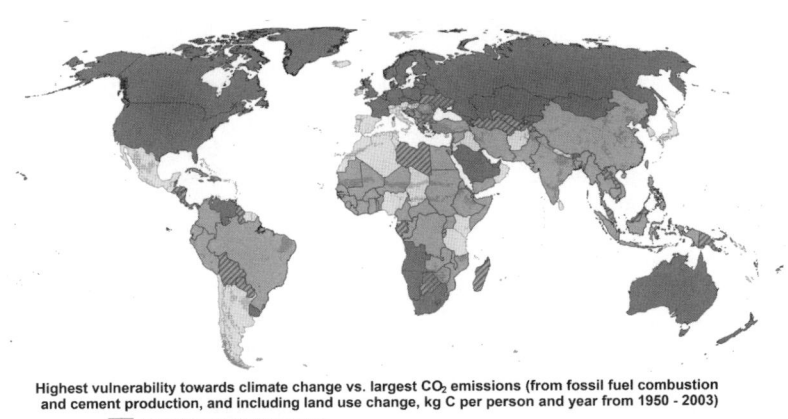

Highest vulnerability towards climate change vs. largest CO_2 emissions (from fossil fuel combustion and cement production, and including land use change, kg C per person and year from 1950 - 2003)

- Largest per capita CO_2 emitters
- Highest social and / or agro-economic vulnerability
- Largest per capita CO_2 emitters, and highest social and / or agro-economic vulnerability
- Areas with highest ecological vulnerability

Abbildung 7: Größte Verwundbarkeit versus größte CO_2-Emissionen pro Kopf (Schellnhuber 2007, 25)

Zu dieser erheblichen Diskrepanz – Andrew C. Revkin spricht von „climate divide" (Revkin 2007, o.S.), Hermann Held von einer „fast perfekten Antikorrelation" (Held 2012, o.S.) – zwischen den historischen wie aktuellen Hauptverursachern einerseits und den heutigen Hauptleidtragenden des Klimawandels andererseits kommt hinzu, dass die maßgeblichen Emittenten und Entscheidungsträger der Gegenwart aufgrund ihrer begrenzten Lebenszeit die negativen Folgen nicht oder nur bedingt „am eigenen Leib" zu spüren bekommen werden, wie schon der Brundtland-Bericht nüchtern feststellt: „Most of today's decision makers will be dead before the planet feels the heavier effects of acid precipitation, global warming, ozone depletion, or widespread desertification and species loss." (WCED 1987, Overview, No. 26)

Zudem wird es für die Reichen und Mächtigen noch eine ganze Weile Optionen geben, über die die Armen und Ohnmächtigen – wie die deutschen Bischöfe anmerken – eben nicht verfügen. Schon die Klimakonvention von 1992 sah die Lasten des Klimawandels einseitig verteilt: „Tiefliegende und andere kleine Inselländer, Länder mit tiefliegenden Küsten-, Trocken- und Halbtrockengebieten oder Gebieten, die Überschwemmungen, Dürre und Wüstenbildungen ausgesetzt sind, und Entwicklungsländer mit empfindlichen Gebirgsökosystemen (sind) besonders anfällig [vulnerable] für die nachteiligen Auswirkungen der Klimaänderungen." (UNFCCC 1992, Präambel) Deshalb ist es für den Expertentext der deutschen Bischöfe „eine Frage der Gerechtigkeit, dass die Industrie-, Transformations- und Schwellenländer sowie die Eliten in den Entwicklungsländern ihrer eigenen ‚fossilen' Entwicklung Grenzen auferlegen und die Hauptlast der weltweit notwendigen Maßnahmen zur Vermeidung oder wenigstens Minderung, Anpassung und Bewältigung übernehmen." (DBK 2007, Nr. 41; vgl. WCC 2002, 17)

Nach Ansicht der Bischöfe ist die gefährliche *anthropo*gene Beeinflussung des Weltklimas darum keine *Natur*katastrophe, kein unabwendbares Schicksal oder Unglück, sondern „eine massive Ungerechtigkeit [...], die bestehendes Unrecht noch verschärft" (Nr. 39).

3.4   Der Klimawandel verstößt gegen die Menschenrechte

Das Verhältnis der einen Gerechtigkeit im Singular zu den Rechten des Menschen im Plural lässt sich mit Friedhelm Hengsbach folgendermaßen darstellen: „Die Menschenrechte sind ein Ausbuchstabieren des Gerechtigkeitsgebots im Detail" (Hengsbach 1987, 258). Führt man sich die im Schritt „Sehen" beschriebenen gegenwärtigen und zu erwartenden bzw. möglichen Folgen des anthropogenen Klimawandels vor Augen, so zeigt sich, dass die ihn primär auslösenden Akteure grundlegende Menschenrechte verletzen oder bedrohen. Die frühere Hochkommissarin der Vereinten Nationen für Menschenrechte, Mary Robinson, unterstützt diese Auffassung: „The increasing threat of climate change has the potential to violate the fundamental freedoms of those living in areas most at risk. ... Climate change is a subtle form of human rights violation." Auch wenn eine eindeutige Verantwortungszuschreibung nicht leicht falle, so seien doch Menschenrechtsexpert/-inn/-en, zivilgesellschaftliche Organisationen und indigene Völker überzeugt „that the failure of the highest emitting nations to take action does constitute a breach of human rights law" (Robinson 2005, 65). Zu diesen Nationen, die nicht entschieden genug handeln und dadurch die Rechte anderer tangieren, gehört als einer der zehn größten Treibhausgasemittenten der Welt auch die Bundesrepublik Deutschland.

Die Hauptverursacher der ungebremsten Emissionen und der Waldvernichtung missachten grundlegende individuelle und kollektive, gegenwärtige und künftige Menschenrechte sowohl der jetzt lebenden als auch der kommenden Individuen und Generationen: das Recht auf Leben, das Recht auf physische und psychische Integrität, das Recht auf Gesundheit, das Recht auf (gesunde) Nahrung und (sauberes) Trinkwasser, das Recht auf menschenwürdige (Erwerbs-) Arbeit und Eigentum, das Recht auf Heimat und Staatszugehörigkeit, das Recht auf Frieden und soziale Sicherheit, das Recht auf nachhaltige Entwicklung sowie das Recht auf eine intakte natürliche Umwelt. Papst Benedikt XVI. sieht im Klimawandel darum völlig zu Recht einen Verrat an der Würde der betroffenen Menschen und eine Verletzung ihrer Rechte: „The consequences of disregard for the environment ... always harm human coexistence, and thus betray human dignity and violate the rights of citizens who desire to live in a safe environment" (Benedikt XVI. 2007, o.S.).

Darüber hinaus bedroht der Klimawandel das Recht auf Nationalität und Staatlichkeit, wie der Premier-Minister des von Überflutung bedrohten pazifischen Inselstaats Tuvalu, Apisai Ielemia, betont: „… the climate change impact is an unprecedented threat to our nationhood. It is an infringement of our fundamental rights to nationality and statehood, as constituted under the Universal Declaration of Human Rights and other international conventions." (Ielemia 2007, o.S.) Nicht nur Vertreter/-innen der tiefliegenden Inselstaaten, sondern auch der gleichermaßen verwundbaren wie betroffenen Arktis-Region rekurrieren auf die Menschenrechte. So richtete im März 2007 eine Gruppe von Inuit eine Petition an die Inter-American Commission on Human Rights: Falls die globale Erwärmung weiter ungehemmt zunehme, drohe die Zerstörung der Kultur der arktischen Völker und die Unbewohnbarkeit ihres Landes, wodurch sie ihrer Lebensgrundlagen beraubt würden. Die Schädigung, vor allem durch die Vereinigten Staaten, den damals größten Treibhausgas-Emittenten, sei bereits so ernst, dass darin ein Verstoß gegen grundlegende Menschenrechte zu sehen sei: gegen das Recht auf Leben, das Recht, auf seinem Territorium zu bleiben und nicht gezwungen zu werden, es zu verlassen, das Recht auf die Unverletzlichkeit der Wohnung, das Recht auf Gesundheitsschutz und Wohlergehen, das Recht auf die eigene Kultur sowie das Recht auf Arbeit und gerechten Lohn (vgl. CIEL 2007, 1458f; Robinson 2006, 6).

Der Wissenschaftliche Beirat der Bundesregierung Globale Umweltveränderungen gibt zu bedenken, dass den CO_2-emittierenden Industrieländern und künftig auch Wachstumsstaaten wie China zunehmend der Vorwurf gemacht werden könnte, „wissentlich, zumindest aber de facto, Menschenrechtsverletzungen zu verursachen." (WBGU 2008, 6; vgl. ebd., 187) Der internationale Menschenrechtsdiskurs auf Ebene der Vereinten Nationen dürfte sich also, so der WBGU, künftig auch um „die Bedrohung der Menschenrechte durch die Klimawirkungen" drehen (ebd.). Denn die durch den Klimawandel ausgelösten und verstärkten Konfliktkonstellationen „unterminieren in letzter Konsequenz fundamentale Menschenrechte" (ebd., 186).

Folgende Fragen müssen völkerrechtlich dringend beantwortet werden: „Could those damaged by greenhouse gases take the emitters to court for damages? Is it possible to expand significantly the principle that polluters should pay?" (Robinson 2006, 5) Von einer globalen bzw. zwischenstaatlichen Anerkennung des Verursacherprinzips *(polluter-pays principle)* sind wir jedoch noch weit entfernt.

3.5 Der Klimawandel verstößt gegen Frieden und Sicherheit

Die Gefährdung durch den Klimawandel und seine Folgen, so Saufatu So-poanga, vormaliger Premierminister Tuvalus, vor der UN-Generalver-sammlung, „ist real und ernst, und wir vergleichen sie mit einer langsamen und heimtückischen Form des Terrorismus gegen uns." (Sopoanga 2003, 22) Zu einer ganz ähnlichen Bewertung kommt Marlene Moses, UN-Bot-schafterin des benachbarten Inselstaats Nauru: „Der Klimawandel kann Län-der genauso verwüsten wie Kriege und angreifende Armeen" (Moses 2010, o.S.). Wer hier jeweils als Aggressor betrachtet wird, liegt auf der Hand. Wie aber sind diese Einschätzungen zu bewerten? Handelt es sich um Übertrei-bungen der politischen Elite zweier kleiner Staaten, die sich vor der Weltöf-fentlichkeit wichtig machen wollen?

Dass dem nicht so ist, zeigt die Tatsache, dass sich mit dem Sicherheits-rat der Vereinten Nationen das mächtigste UN-Gremium in ähnlicher Weise geäußert hat. Im Juli 2011 befasste es sich der mit den Gefahren des Klima-wandels und beauftragte seinen Präsidenten, eine Stellungnahme abzugeben. Darin wird die Verantwortung unterstrichen, die dem Gremium bei der Be-wahrung von Frieden und Sicherheit, aber auch für die Förderung einer nach-haltigen Entwicklung zukomme. Der Sicherheitsrat zeigt sich besorgt darü-ber, dass der Klimawandel bestehende Risiken verschärfen könnte. Anlass für das Statement war eine dringende Bitte der pazifischen Inselstaaten, die die nachteiligen Auswirkungen der globalen Erwärmung schon jetzt deutlich zu spüren bekommen. Exemplarisch nennt das Dokument den Anstieg des Meeresspiegels, wodurch kleinen, tiefliegenden Nationen der Verlust ihres Staatsgebietes droht, zumindest aber die dauerhafte Überflutung bzw. Versal-zung großer Landesteile.

Die Folgen wären einerseits Konflikte um knapper werdende (fruchtbare) Böden, um Trinkwasser und Nahrungsmittel sowie andererseits Flucht und Migration. Insgesamt gesehen wird die Zahl der Menschen steigen, die vor Dürre, Stürmen oder Überschwemmungen fliehen und damit Heimat und Sicherheit preisgeben müssen. Zudem werden diejenigen, die nicht mehr zurückkehren können, anderswo dauerhaft aufgenommen und integriert wer-den müssen. Solche Entwicklungen verlaufen in der Regel nicht konfliktfrei. Zwar handelt es sich bei der vorliegenden Erklärung nicht um eine Resoluti-on des Weltsicherheitsrates, sondern „nur" um ein Statement seines Präsiden-ten. Dennoch ist die Stellungnahme hoch bedeutsam: als Anstoß zu einer Neubewertung der Gefahren des Klimawandels.

Der WBGU hatte sich in seinem Hauptgutachten 2007 ebenfalls mit dem „Sicherheitsrisiko Klimawandel" beschäftigt und festgestellt, dass die globale Erwärmung und ihre Auswirkungen „ohne entschiedenes Gegensteuern be-reits in den kommenden Jahrzehnten die Anpassungsfähigkeit vieler Gesell-schaften überfordern" werde. Mögliche Folgen könnten Gewalt und Destabi-

lisierung sein, „die die nationale und internationale Sicherheit in einem erheblichen Ausmaß bedrohen", sowie Spaltungs- und Konfliktlinien in der
internationalen Politik aufgrund vielfältiger Verteilungskonflikte in und zwischen Ländern: um Wasser, um Land, um die Bewältigung von Flüchtlings-
bewegungen oder um Kompensationszahlungen (WBGU 2008, 1).

4. Handeln: Klimaschutz sowie Anpassung an den Klimawandel

Papst Johannes Paul II. hatte schon 1987, fünf Jahre vor Rio, die These aufgestellt, dass das Klima ein Gut sei, das geschützt werden müsse, weshalb die
Verbraucher/-innen und die Unternehmen ein stärkeres Verantwortungsge-
fühl entwickeln müssten (vgl. Johannes Paul II. 2006, Nr. 470). Zwölf Jahre
später wird er noch deutlicher, wenn er die „Zerstörung der Natur" und vor
allem die unkontrollierte Freisetzung von gefährlichen Gasen[11] sowie die
Zerstörung der Regenwälder als „soziale Sünde" anprangert, die zum Himmel schreie (Johannes Paul II. 1999, 25, 56). Auch für seinen Nachfolger,
Papst Benedikt XVI., steht außer Frage, dass der Schutz der Umwelt, die
Förderung nachhaltiger Entwicklung und die besondere Aufmerksamkeit für
den Klimawandel Angelegenheiten von größter Bedeutung für die ganze
Menschheitsfamilie darstellen (vgl. Benedikt XVI. 2007, o.S.) – und damit
auch für die Christinnen und Christen. Insbesondere da, wo die Menschenwürde missachtet und die Schöpfung gefährdet wird, habe die Kirche ein
politisches Mandat wahrzunehmen, denn sie „trägt Verantwortung für die
Schöpfung und ist sich bewußt, daß sie diese auch auf politischer Ebene
ausüben muß, um die Erde, das Wasser und die Luft", zugleich Hauptbe-
standteile des Klimasystems, „als Gaben Gottes, des Schöpfers, für alle zu
bewahren" (Benedikt XVI. 2010, 13). Die Kirche, so die deutschen Bischöfe
selbstkritisch, sei jedoch bislang hinter dem Möglichen und Notwendigen
zurückgeblieben. Das müsse sich ändern (vgl. DBK 2007, Nr. 59).
    Aber nicht nur im kirchlichen Handeln, sondern auch, ja vor allem auf
weltpolitischer Ebene müsse mit größeren Anstrengungen als bisher versucht
werden, den Klimawandel zu bremsen *(mitigation)* und seine negativen Auswirkungen durch Anpassungsmaßnahmen abzufedern *(adaptation)* (vgl.
DBK 2007, Nr. 49). Dies ist „keine Frage des Mitleids, sondern eine Frage

---

11   Im Original „gas nocivi", in der englischen Übersetzung „harmful gases". „Giftstoffe", so
     die deutschsprachige Fassung, herausgegeben vom Sekretariat der deutschen Bischofskon-
     ferenz, geht an der gemeinten Sache vorbei.

der Gerechtigkeit", die den Opfern und den nachrückenden Generationen gemäß dem Verursacherprinzip geschuldet ist (DBK 2007, 57)[12]!

Der WBGU hat mehrere planetarische Leitplanken bzw. Limits der Nachhaltigkeit aufgestellt, die die Spur weisen, in der sich alles politische und ökonomische Handeln bewegen muss, wenn man einen gefährlichen Klimawandel noch verhindern will: 1. Der Temperaturanstieg gegenüber vorindustriellem Niveau sollte 2 °C (vgl. WBGU 2011, 1), besser: 1,5 °C (AOSIS), nicht übersteigen. 2. Der Anstieg des Meeresspiegels sollte insgesamt nicht mehr als 100 cm und aus Gründen der Anpassung nicht mehr als 5 cm pro Dekade betragen (vgl. WBGU 2006, 50). 3. Bis zur Mitte des Jahrhunderts dürften allerhöchstens noch 750 Mrd. t CO_2 emittiert werden. Nur dann könnte – mit einer Wahrscheinlichkeit von 67 % – der Temperaturanstieg unter 2 °C bleiben. Will man eine Wahrscheinlichkeit von 75 %, so dürften maximal noch 600 Mrd. t CO_2 ausgestoßen werden (vgl. WBGU 2009, 2). 4. Die Emissionen pro Person und Jahr sollten im Jahr 2050 höchstens 1 t betragen (vgl. WBGU 2009, 3). Das heißt für Deutschland, dass der Pro-Kopf-Ausstoß von derzeit annähernd 12 t um über 90 % gesenkt werden muss. Zum Vergleich: Die Bewohner/-innen von Tuvalu liegen bei weniger als einer halben Tonne pro Kopf.

In Sachen Klimaschutz gibt es nicht die *eine* Problemlösung, vielmehr muss eine Fülle von (geeigneten, erforderlichen und angemessenen) technischen und politischen Instrumenten ausgeschöpft werden. Gefragt sind ein Instrumentenmix sowie entsprechende Anstrengungen auf allen Ebenen: von der Staatengemeinschaft bis hin zu Privathaushalten[13].

4.1 Minderung – das Unbeherrschbare vermeiden

Zu den technischen Instrumenten, die dabei helfen können, einen gefährlichen Klimawandel zu vermeiden, gehören an erster Stelle das Energiesparen und der Abbau von Ressourcen- und Energieverschwendung sowie die Steigerung der Ressourcen- und Energieeffizienz. Diese Werkzeuge reduzieren den Verbrauch und damit die Emissionen und sorgen zudem für die Schonung nicht erneuerbarer Rohstoffe und solcher Gebiete, deren Lagerstätten unangetastet bleiben. Darüber hinaus senken sie die laufenden Kosten von Unternehmen, Organisationen, privaten und öffentlichen Haushalten.

Es zählen des Weiteren dazu der Umbau der Energiewirtschaft von fossilen und atomaren hin zu Erneuerbaren Energien, wobei – wegen der unver-

---

12 Vgl. Robinson 2006, 2: „I believe that ...we can no longer think about climate change as an issue where the rich give charity to the poor to help them to cope with its adverse impacts. Rather, this has now become an issue of global injustice that will need a radically different framing to bring about global justice."

13 Zum folgenden vgl. Lienkamp 2008, 382-455, DBK 2007 sowie DBK 2011.

tretbaren Risiken der Kernenergie, aber auch der CO_2-Speicherung in unterirdischen Deponien – als Brückentechnologien allenfalls die kohlenstoffarmen, hocheffizienten Kraftwärmekopplungsanlagen sowie Gas- und Dampfturbinen-Kraftwerke in Frage kommen. Weiterhin gehören dazu die Verbesserung der Speichertechniken wie der sozial- und umweltverträgliche Ausbau verlustarmer Netze. Auch der Stopp der Waldvernichtung, Programme zur Aufforstung, die Umstellung auf eine nachhaltige Forstwirtschaft sowie nicht zuletzt der vollständige Umbau der Landwirtschaft hin zu ökologischem Landbau zählen zu den technischen Instrumenten, die dabei helfen können, einen gefährlichen anthropogenen Klimawandel zu verhindern.

Zu den politischen Maßnahmen gehören die (oben dargelegte) vertragliche Festlegung eines Budgets, also einer Obergrenze der global noch vertretbaren Treibhausgas-Emissionen (max. 750 bzw. besser max. 600 Mrd. t CO_2 bis 2050) sowie differenzierte, verbindliche, sanktionsbewehrte, terminierte und ambitionierte Reduktionsziele. Der Peak, d.h. die Spitze des Treibhausgasausstoßes, sollte so bald wie möglich, spätestens aber im Jahr 2015 erreicht werden. Danach müssen die Emissionen kontinuierlich gegen Null sinken. Stellt man in Rechnung, dass der globale Ausstoß im Jahr 2010 bei 34,6 Mrd. t CO_2 lag, wäre das Budget bei *business as usual* (ausgehend vom Basisjahr 2010) bereits nach 22 bzw. 17 Jahren aufgebraucht, d.h. 2032 bzw. 2027. Danach dürfte die Menschheit dann keine Treibhausgase mehr emittieren.

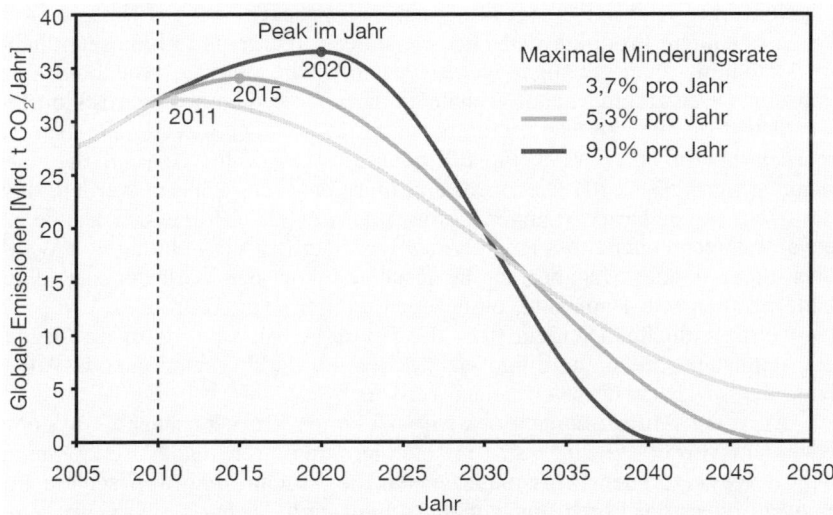

Abbildung 8: Beispiele für globale Emissionspfade, bei denen im Zeitraum 2010-2050 jeweils 750 Mrd. t CO_2 emittiert werden (die Fläche unter allen drei Kurven ist gleich groß) (WBGU 2011, 40)

Den hellgrauen Pfad in Abbildung 8 hat die Menschheit bereits verpasst. Der schwarze würde ein Ende der Emissionen um das Jahr 2040 mit sich bringen, vor allem aber Jahr für Jahr eine Minderung um 9 % erfordern, was schier unmöglich erscheint. Realistisch ist also allein die dunkelgraue Kurve. Gemäß dieser müsste bis zum Jahr 2047 eine klimaneutrale Welt geschaffen werden und dazu der Ausstoß jährlich um 5,3 % gesenkt werden, was angesichts der nach wie vor steigenden Emissionen ebenfalls eine hoch anspruchsvolle, jedoch nicht unlösbare Aufgabe darstellt. Aber selbst dann, wenn das Ziel verfehlt wird, die globale Erwärmung unter 2 °C bzw. 1,5 °C zu halten, ist jedes Zehntel Grad Temperaturanstieg, das vermieden wird, aktiver Schutz von Menschenrechten und ein Beitrag zur Bewahrung der Schöpfung. Es gibt also keinen Grund, angesichts der Größe der Aufgabe zu resignieren oder von weiteren Klima- bzw. Waldschutzanstrengungen abzulassen.

Zu den politischen Mechanismen gehören weiterhin Energie- bzw. Klimasteuern im Rahmen einer ökologischen Steuer- und Finanzreform, die diesen Namen verdient. Deutschland ist hierbei bislang nicht über eine „Light-Version" hinausgekommen, die zudem noch eine Reihe fragwürdiger Ausnahmen enthält, die keineswegs nur im internationalen Wettbewerb stehende, energieintensive Unternehmen begünstigen. Die negativen externen Effekte wirtschaftlichen Handelns müssen aus Gründen der Gerechtigkeit möglichst vollständig internalisiert werden. Das bedeutet, dass die Preise die „ökologische Wahrheit" sagen müssen (Weizsäcker 1997, 145), wodurch klimaschädliche Produkte und Dienstleistungen teurer und klimafreundliche im Verhältnis dazu günstiger werden. „Those who produce greenhouse-gas emissions are bringing about climate change, thereby imposing costs on the world and on future generations, but they do not face directly, neither via markets nor in other ways, the full consequences of the costs of their actions." (Stern 2006, 24) Dies kann und muss dadurch geändert werden, dass die nachteiligen Drittwirkungen klima- und umweltschädigenden Handelns, etwa des Verbrennens fossiler Energieträger oder der Vernichtung von Wald, über Steuern oder Abgaben in die Kostenstruktur der Wirtschaftssubjekte, Unternehmen wie Haushalte, einbezogen werden (vgl. DBK 2007, Nr. 41). Umweltfreundliches Handeln bzw. der Faktor Arbeit kann dafür im Gegenzug entlastet werden; unbillige Härten können durch entsprechende Anhebung der Sozialtransfers vermieden werden.

Auch der Aufbau eines globalen, wirksamen Emissionshandels-Systems nach dem Muster *cap and trade,* mit stetiger und hinreichender Verknappung der zu versteigernden Emissionslizenzen, die Abschaffung klimaschädlicher Subventionen, die Förderung von Forschung und Technologietransfer, eine Bevölkerungspolitik ohne Zwang (auf der Basis von Bildung und Armutsbekämpfung) sowie – *last but not least* – lebenbegleitende Umwelterziehung und -bildung sind weitere viel versprechende Schritte zur Verhinderung eines gefährlichen Klimawandels.

4.2   Anpassung – das Unvermeidliche beherrschen

Die Idee, dass es nicht nur einen Schutz *des* Klimas, sondern auch einen Schutz *vor* dem (anthropogen gestörten) Klima braucht, wurde spätestens in Rio geboren und in das Völkerrecht integriert. *Mitigation* und *adaptation* gehören seitdem zusammen wie zwei Seiten einer Medaille. So verpflichten sich die Vertragsstaaten der Klimakonvention, Programme zu erarbeiten und umzusetzen, in denen nicht nur Anstrengungen zum Klimaschutz, sondern auch „Maßnahmen zur Erleichterung einer angemessenen Anpassung an die Klimaänderungen vorgesehen sind" (UNFCCC 1992, Art. 4 I b).

Führt man sich vor Augen, dass u.a. der Stern Review unzweideutig klargestellt hat, dass „die Vermeidung weiterer Emissionen die beste und preiswerteste Anpassungsstrategie darstellt" (Lechtenböhmer/Scholten 2007, 147), dann müsste man sich eigentlich mit *adaptation* im engeren Sinne nicht weiter beschäftigen, wäre da nicht das unbestreitbare Faktum des „unvermeidlichen Klimawandels" (ebd., 135). Selbst durch strikteste Minderungsmaßnahmen ließen sich, so das IPCC, weitere Auswirkungen der Klimaänderung in den nächsten Jahrzehnten nicht mehr vermeiden. „Deshalb sind Anpassungsmaßnahmen – vor allem zur Bewältigung kurzfristiger Folgen – unerlässlich." (IPCC 2007, 37)

Minderung und Anpassung stehen also für zwei sich ergänzende, nicht alternative Maßnahmenbündel. Die Position „Anpassung statt Vermeidung" baut somit eine Scheinalternative auf. In Wahrheit ist beides unerlässlich: „Erhebliche Anpassung an den Klimawandel wird auch bei einer Erwärmung um global ‚nur' 2 °C notwendig sein." Und ohne Begrenzung des Temperaturanstiegs „auf 2 °C wäre eine erfolgreiche Anpassung an den Klimawandel kaum möglich." (Rahmstorf/Schellnhuber 2012, 124)

Beispiele für *adaptation* sind der Schutz vor Überflutungen und Überschwemmungen, etwa durch Küsten- und Uferschutz, der Aufbau von Frühwarnsystemen, landwirtschaftliche Anpassung vor allem an höhere Temperaturen und ausbleibende Niederschläge, ein hinreichend und nach dem Verursacherprinzip ausgestatteter Finanzierungsfonds für Anpassungsprogramme vor allem der ärmsten und verwundbarsten Länder, die Neuausrichtung der Entwicklungszusammenarbeit, Mikrokreditsysteme für die Armen, die völkerrechtliche Anerkennung und Integration von Klimaflüchtlingen sowie der Ausbau des Katastrophenschutzes. Insgesamt zielen alle diese Maßnahmen auf eine Senkung der Vulnerabilität bzw. eine Stärkung der Resilienz von Lebewesen, Ökosystemen und Staaten.

William Joseph Brennan, langjähriger Richter am US Supreme Court, bringt die Diskrepanz zwischen wissenschaftlicher Erkenntnis und politischer Praxis mit einem paradox anmutenden Satz treffend auf den Punkt: „Nichthandeln kann ebensolcher Machtmissbrauch sein wie Handeln." (Brennan 1988, o.S.) Wer über das Wissen, die Fähigkeit und die Macht verfügt, das Problem des menschengemachten Klimawandels anzugehen, es aber dennoch unterlässt, der missbraucht seine Macht. „Those with the power to prevent these changes also have a responsibility to recognise the potential impact of failure on the human rights of millions of vulnerable people." (Robinson 2005, 65)

Dies gilt umso mehr, wenn man die zentrale Erkenntnis des Stern Review berücksichtigt, dass mit relativ geringen Kosten, die bis zum Jahr 2050 sehr wahrscheinlich auf etwa ein Prozent des jährlich erwirtschafteten globalen Bruttoinlandsprodukts ansteigen werden, die schlimmsten Auswirkungen des Klimawandels vermieden werden könnten und Nichthandeln mit einem weltweiten Wohlfahrtsverlust in Höhe von fünf bis *zwanzig* Prozent Konsumeinbuße pro Person einherginge (vgl. Stern 2006, x, 240, 572). Ganz abgesehen von den vermeidbaren und irreversiblen Schäden an Mensch und Natur, die aus der Sicht einer Ethik der Nachhaltigkeit nicht einfach in Kauf genommen werden dürfen. Es wäre also nicht nur ökonomisch unvernünftig, sondern auch unverantwortlich, die Dringlichkeit der Agenda zu ignorieren. Denn: „... significant delays in addressing climate change may compound the problem and make future remedies more difficult, painful, and costly. On the other hand, the impact of prudent actions today can potentially improve the situation over time, avoiding more sweeping action in the future." (USCCB 2001, 6) Werden diese Chancen vertan, so werden vor allem die Armen, die nachrückenden Generationen und die außermenschliche Natur die Leidtragenden sein: „Inaction and inadequate or misguided responses to climate change will likely place even greater burdens on already desperately poor peoples." (USCCB 2001, 3)

Ähnlich wie Stern sowie die Katholischen Bischöfe der USA und Deutschlands unterstreicht auch der Präsident der Weltbank-Gruppe, Jim Yong Kim, in seinem Vorwort zu dem Ende 2012 erschienenen Bericht der Weltbank („Turn down the heat"): „Ambitious action on climate change ... is a moral imperative", but it makes also „good economic sense" (Kim 2012, ix). Oder mit den Worten von Mary Robinson: „... beyond the economic imperative there is the ethical imperative to move in this direction." (Robinson 2006, 4)

5   Nicht zuletzt

Die in Potsdam im Oktober 2007 zusammengekommenen Nobelpreisträger/-innen haben mit allem Nachdruck auf die Dringlichkeit und die Größe der Aufgabe hingewiesen: We need, „rapidley and ubiquitously, a thorough re-invention of our industrial metabolism – the Great Transformation" (Potsdam Memorandum 2007, 1). Rahmstorf und Schellnhuber unterstreichen in diesem Sinne die Notwendigkeit eines „großen Strukturwandels vom Kaliber einer zweiten Industriellen Revolution" und zeigen sich trotz allem hoffnungsvoll: „Die Wirtschaftsgeschichte lehrt, dass unter besonderen Bedingungen sehr wohl Fortschrittsschübe entstehen können, welche unsere Gesellschaft dramatisch verändern" (Rahmstorf/Schellnhuber 2012, 113). Sollte dies allerdings nicht gelingen, werden die Probleme wachsen, je länger die Industrie- und Schwellenländer nahezu tatenlos abwarten. Sunita Narain hat es in ihrer Potsdamer Präsentation prägnant formuliert. Ihr Resümee mit Blick auf die Verhandlungsergebnisse der Klimakonferenzen und die „Erfolge" der Industrieländer bei der Emissionsminderung ist ernüchternd: „High on rhetoric. Low on action." (Narain 2007, 8)[14]

Wir brauchen stattdessen, so Narain, einen „global deal" für effektives Handeln (ebd., 1; vgl. Stern 2009). Wir benötigen eine globale oder zumindest multinationale Kooperation unter Beteiligung von Politik, Wirtschaft, Wissenschaft, Technik und Zivilgesellschaft, eine Art „Manhattan-Projekt", das der Menschheit und Natur (anders als in den 1940er Jahren) nicht Zerstörung, sondern die Bekämpfung des Klimawandels und den Schutz vor seinen Folgen bringt; eine Art „Apollo-Programm", das unsere Spezies (im Unterschied zu den 1960er Jahren) nicht von den Aufgaben auf diesem Planeten ablenkt, sondern mit gleicher Zielstrebigkeit das unverantwortliche „Menschheitsexperiment ungewissen Ausgangs", das der Klimawandel darstellt, geordnet abfedert und beendet, so dass eine „gefährliche anthropogene Störung des Klimasystems verhindert wird" (UNFCCC 1992, Art. 2). In kleineren Dimensionen darf man sich die erforderlichen konzertierten Anstrengungen gar nicht erst vorstellen[15].

Im Gegenteil heißt es im Potsdam Memorandum, dass das geforderte Innovationsprogramm sogar noch in vielerlei Hinsicht die genannten nationalen *crash programs* der Vergangenheit übersteige (vgl. Potsdam Memorandum 2007, 3). Die gebündelte *woman-and-man-power,* die das IPCC zur Erforschung der Klimaveränderungen auf die Beine stellt, muss eine Entsprechung auf der technischen und politischen Seite finden. Nur dann besteht Hoffnung, dass die Menschheit die wohl größte Herausforderung des 21. Jahrhunderts doch noch bewältigen wird: „Noch besteht die Chance, das Unbeherrschbare

---

14   Der „Collins" übersetzt *rhetoric* mit „Rhetorik", aber auch mit „Phrasendrescherei".
15   Vgl. Narain 2007b, 10: „No more kindergarten approach".

149

zu vermeiden und das Unvermeidliche zu beherrschen. Nutzt man diese Chance nicht, wird das Unbeherrschbare unvermeidlich sein." (Höhn 2007, 6)

Wir sind die letzte Generation, die einen gefährlichen Klimawandel verhindern kann – aber nur, wenn wir schnell und entschieden gegensteuern. Wir haben das Wissen. Wir haben die finanziellen und technischen Mittel. Was allein fehlt, ist der politische Wille[16]. Aber dieser ist glücklicherweise eine „erneuerbare Ressource". „Let's renew it!" (Al Gore 2007, o.S.)

Literatur

Alle Internetlinks wurden am 6. Dezember 2012 überprüft.

Agenda 21 (1992): Konferenz der Vereinten Nationen für Umwelt und Entwicklung im Juni 1992 in Rio de Janeiro – Dokumente, hrsg. vom Bundesministerium für Umwelt, Naturschutz und Reaktorsicherheit, Bonn 1997.

Annan, Kofi A. (2005): Issue Development, in: NorthSouthEastWest. A 360° view of climate change, published by the Climate Group, Edenbridge, 32-33.

AOSIS (o.J.) – Alliance of Small Island States: SIDS climate change dilemma: keeping average temperature increase below 1.5°C to stay alive, http://www.ftf.lth.se/fileadmin/ftf/Course_pages/Faff15/Filer/4_AOSIS_ToStayAlive.pdf.

Beck, Ulrich (1986): Risikogesellschaft. Auf dem Weg in eine andere Moderne, Frankfurt/M.

Benedikt XVI. (2007): Letter to the Ecumenical Patriarch of Constantinople on the occasion of the Seventh Symposium of the Religion, Science and the Environment movement (September 1, 2007), http://www.vatican.va/holy_father/benedict_xvi/letters/2007/documents/hf_ben-xvi_let_20070901_symposium-environment_en.html.

Benedikt XVI. (2010): Willst du den Frieden fördern, so bewahre die Schöpfung. Botschaft zur Feier des Weltfriedenstages am 1. Januar 2010, http://www.vatican.va/holy_father/benedict_xvi/messages/peace/documents/hf_ben-xvi_mes_20091208_xliii-world-day-peace_ge.html.

Brennan, William J. (1988): Dissenting Opinion. DeShaney v. Winnebago County Department of Social Services (489 U.S. 189, 1988-89), http://www.law.cornell.edu/supct/html/historics/USSC_CR_0489_0189_ZD.html.

Carlowitz, Hannß Carl von (1713): Sylvicultura oeconomica, oder haußwirthliche Nachricht und Naturmäßige Anweisung zur wilden Baum-Zucht, Leipzig.

Catholic Earthcare Australia (2005): The Bishops' Committee for Justice Development Ecology and Peace/Catholic Earthcare Australia: Climate Change. Our Responsibility to Sustain God's Earth, o.O.

---

16 Vgl. Robinson 2006, 5: „At the global level it is obviously ethical, rational and feasible to take action now. The technology exists – what we lack is the political commitment to act."

CIEL (2007) – Center for International Environmental Law: Inuit Case, in: Steiner, Henry J./Alston, Philip/Goodman, Ryan: International Human Rights in Context. Law, Politics, Morals. Text and Materials, 3rd Ed., Oxford, 1458-1459.

DBK (2007) – Die deutschen Bischöfe – Kommission für gesellschaftliche und soziale Fragen/Kommission Weltkirche: Der Klimawandel: Brennpunkt globaler, intergenerationeller und ökologischer Gerechtigkeit. Ein Expertentext zur Herausforderung des globalen Klimawandels (Die deutschen Bischöfe – Erklärungen der Kommissionen 29, hrsg. vom Sekretariat der Deutschen Bischofskonferenz), 2., aktualisierte Aufl., Bonn.

DBK (2011) – Der Schöpfung verpflichtet. Anregungen für einen nachhaltigen Umgang mit Energie. Ein Expertentext zu den ethischen Grundlagen einer nachhaltigen Energieversorgung (Arbeitshilfen 245, hrsg. vom Sekretariat der Deutschen Bischofskonferenz), Bonn.

Enquete (1998): Enquete-Kommission des Deutschen Bundestages „Schutz des Menschen und der Umwelt – Ziele und Rahmenbedingungen einer nachhaltig zukunftsverträglichen Entwicklung": Konzept Nachhaltigkeit – Vom Leitbild zur Umsetzung. Abschlussbericht (BT-Drs. 13/11200), Bonn.

Gore, Al (2006a): Eine unbequeme Wahrheit. Die drohende Klimakatastrophe und was wir dagegen tun können, 3. Aufl., München.

Gore, Al (2006b): Interview, in: Eine unbequeme Wahrheit (Pressemappe zum deutschen Kinostart am 12.10.2007), o.O., 11-13.

Gore, Al (2007): Ansprache nach Überreichung des Academy Award der Academy of Motion Picture Arts and Sciences.

Graßl, Hartmut (2000): Art. Klimaveränderung. 1. Zum Problemstand, in: Lexikon der Bioethik, Bd. 2, Gütersloh, 392-396, hier 392.

Held, Hermann (2012): Natürliche Ressourcen. Bedrohung der Ökologie, intra- und intergenerationelle Gerechtigkeit. Vortrag im Rahmen der Jubiläumstagung des Instituts für Christliche Sozialwissenschaften „Ressourcen – Lebensqualität – Sinn. Gerechtigkeit für die Zukunft denken", Münster 4.10.

Hengsbach, Friedhelm (1987): Eine amerikanische Herausforderung (Kommentar), in: Nationale Konferenz der katholischen Bischöfe der Vereinigten Staaten von Amerika: Gegen Unmenschlichkeit in der Wirtschaft. Der Hirtenbrief „Wirtschaftliche Gerechtigkeit für alle", Freiburg-Basel-Wien, 199-318.

Höhn, Hans-Joachim (2001): Ökologische Sozialethik. Grundlagen und Perspektiven, Paderborn-München-Wien-Zürich.

Höhn, Hans-Joachim (2007): Die „andere" Globalisierung. Weltrisikogesellschaft, Welt-klima und Zwangssolidaritäten, in: Die Menschheitsfamilie – Gemeinschaft des Friedens. Welttag des Friedens. 1. Januar 2008 (Arbeitshilfen 218, hrsg. vom Sekretariat der Deutschen Bischofskonferenz), Bonn, 6-8.

Ielemia, Apisai (2007): A Threat To Our Human Rights. Tuvalu's Perspective On Climate Change, in: UN Chronicle, Vol. XLIV, No. 2: Green Our World, http://www.un.org/wcm/content/site/chronicle/home/archive/issues2007/greenourworld/pid/21625.

IPCC (2007) – International Panel on Climate Change: Vierter Sachstandsbericht des IPCC (AR4). Klimaänderung 2007: Zusammenfassungen für politische Entscheidungsträger, deutsche Übersetzung hrsg. von ProClim – Forum for Climate and Global Change, dem Umweltbundesamt Österreich und der Deutschen IPCC-Koordinierungsstelle, Bern-Wien-Berlin.

Johannes Paul II. (1999): Nachsynodales Apostolisches Schreiben „Ecclesia in America" (Verlautbarungen des Apostolischen Stuhls 141, hrsg. vom Sekretariat der Deutschen Bischofskonferenz), Bonn.

Johannes Paul II. (2006), zit. nach Päpstlicher Rat für Gerechtigkeit und Frieden: Kompendium der Soziallehre der Kirche, Freiburg-Basel-Wien, Nr. 470.

Kim, Jim Yong (2012): Foreword, in: The World Bank (Ed.) (2012): Turn Down the Heat: Why a 4°C Warmer World Must be Avoided. A Report for the World Bank by the Potsdam Institute for Climate Impact Research and Climate Analytics, Washington D.C., ix-x.

Lange, Sigrun (2005): Leben in Vielfalt. UNESCO-Biosphärenreservate als Modellregionen für ein Miteinander von Mensch und Natur. Der österreichische Beitrag zum UNESCO-Programm „Der Mensch und die Biosphäre", Wien.

Lechtenböhmer, Stefan/Scholten, Anja (2007): Anpassungsstrategien an den unvermeidlichen Klimawandel, in: Hiller, Bettina/Lange, Manfred A. (Hrsg.): Globale Umweltveränderungen und Wetterextreme – Was kostet der Wandel (Zentrum für Umweltforschung der Westfälischen Wilhelms-Universität Münster – Vorträge und Studien 17), Münster, 135-147.

Lenton, Timothy M. et al. (2008): Tipping elements in the Earth's climate system, in: PNAS 105, No. 6, 1786–1793.

Levermann, Anders (2007): Kippt das Klimasystem?, in: FAZ Nr. 52 vom 2.3., 39.

Lienkamp, Andreas (2009): Klimawandel und Gerechtigkeit. Eine Ethik der Nachhaltigkeit in christlicher Perspektive, Paderborn-München-Wien-Zürich.

Lienkamp, Andreas (2012): Herrschaftsauftrag und Nachhaltigkeit. Exemplarische Überlegungen zum Umgang mit der Bibel im Kontext theologischer Ethik, in: Heimbach-Steins, Marianne/Steins, Georg (Hrsg.) in Verbindung mit Alexander Filipović und Kerstin Rödiger: Bibelhermeneutik und Christliche Sozialethik, Stuttgart, 187-216.

Moses, Marlene (2010), zit. nach: Inselstaaten appellieren an UN-Sicherheitsrat, in: Klimaretter.info. Das Magazin zur Klima- und Energiewende vom 21.5., in: http://www.klimaretter.info/umwelt/nachricht/5907-wir-koennen-nicht-laenger-stillhalten.

Narain, Sunita (2007): Global Warming in an (even more) unequal world: A global deal for effective action. Präsentation beim Symposium „Global Sustainability: A Nobel Cause", Potsdam, Germany, 8-10 October 2007, http://www.nobel-cause.de/potsdam-2007/webcasts/presentations/Narain.pdf.

Potsdam Memorandum (2007): Main Conclusions from the Symposium „Global Sustainability: A Nobel Cause", Potsdam, Germany, 8-10 October 2007, http://www.nobel-cause.de/potsdam-2007/potsdam-memorandum/Potsdam%20Memorandum_eng.pdf.

Rahmstorf, Stefan/Richardson, Katherine (2007): Wie bedroht sind die Ozeane? Biologische und physikalische Aspekte, Frankfurt/M.

Rahmstorf, Stefan/Schellnhuber, Hans Joachim (2012): Der Klimawandel. Diagnose, Prognose, Therapie, 7. vollst. überarb. u. akt. Aufl., München.

Revkin, Andrew C. (2007): The Climate Divide. Reports From Four Fronts in the War on Warming, in: The New York Times, Apr 3.

Rio-Deklaration (1992) – Erklärung von Rio zu Umwelt und Entwicklung, in: Konferenz der Vereinten Nationen für Umwelt und Entwicklung im Juni 1992 in Rio de Janeiro – Dokumente. Klimakonvention, Konvention über die Biologische Vielfalt, Rio-Deklaration, Walderklärung, hrsg. vom Bundesminister für Umwelt, Naturschutz und Reaktorsicherheit, Bonn, 39-43.

Robine, Jean-Marie et al. (2007): Report on excess mortality in Europe during summer 2003 (EU Community Action Programme for Public Health, Grant Agreement 2005114), http://ec.europa.eu/health/ph_projects/2005/action1/docs/action1_2005_a2_15_en.pdf.

Robinson, Mary (2005): Issue Human Rights, in: NorthSouthEastWest. A 360° view of climate change, published by the Climate Group, Edenbridge, 64-65.

Robinson, Mary (2006): Climate Change and Justice. Barbara Ward Lecture, London, 11 December 2006, http://pubs.iied.org/pdfs/G00101.pdf.

Schaeffer, Michiel/Hare, William/Rahmstorf, Stefan/Vermeer, Martin (2012): Long-term sea-level rise implied by 1.5 °C and 2 °C warming levels, in: Nature Climate Change (Advance online publication), June 24, http://www.nature.com/nclimate/journal/v2/n12/full/nclimate 1584.html.

Schellnhuber, Hans Joachim (2007): What Is Dangerous Climate Change? CLIM Hearing, European Parliament, Brussels, 10 Sep 2007, http://www.europarl.europa.eu/comparl/tempcom/clim/sessions/20070910/schellnhuber_en.pdf.

Schönwiese, Christian-Dietrich (2005): Klimaänderungen im Industriezeitalter – Beobachtungen, Ursachen, Signale, in: Münchener Rückversicherungsgesellschaft (Hrsg.): Wetterkatastrophen und Klimawandel. Sind wir noch zu retten? München, 32-41.

Schönwiese, Christian-Dietrich (2008a): Klimatologie, 3. Aufl., Stuttgart.

Schönwiese, Christian-Dietrich (2008b): Der Klimawandel in Vergangenheit und Zukunft – Wissensstand und offene Fragen, in: Amosinternational, Nr. 1, 17-23.

Sopoanga, Saufatu (2003): Address by The Honourable Saufatu Sopoanga, Prime Minister and Minister for Foreign Affairs, Immigration and Labor of Tuvalu, in: United Nations General Assembly, Fifty-eighth session, 10th plenary meeting, Wednesday, 24 September 2003, 3 p.m., New York. Official Records, A/58/PV.10, New York 2003, 21-23.

Stern, Nicholas (2006): Stern Review on the economics of climate change, http://webarchive.nationalarchives.gov.uk/+/http://www.hm-treasury.gov.uk/stern_review_report.htm.

Stern, Nicholas (2009): Der Global Deal. Wie wir dem Klimawandel begegnen und ein neues Zeitalter von Wachstum und Wohlstand schaffen, München.

Tans, Pieter/National Oceanic and Atmospheric Administration (NOAA)/Earth System Research Laboratory (ESRL) (2012): Trends in Atmospheric Carbon Dioxide, http://www.esrl.noaa.gov/gmd/ccgg/trends/.

UN Security Council (2011): Statement by the President of the Security Council, 20.7., S/PRST/2011/15*.

UNFCCC (1992) – Rahmenübereinkommen der Vereinten Nationen über Klimaänderungen (Klimakonvention), in: Konferenz der Vereinten Nationen für Umwelt und Entwicklung im Juni 1992 in Rio de Janeiro – Dokumente. Klimakonvention, Konvention über die Biologische Vielfalt, Rio-Deklaration, Walderklärung, hrsg. vom Bundesminister für Umwelt, Naturschutz und Reaktorsicherheit, Bonn, 3-19.

UNMD (2000): United Nations Millennium Declaration 2000. Resolution adopted by the General Assembly, http://www.un.org/millennium/declaration/ares552e.htm.

USCCB (2001): United States Conference of Catholic Bishops: Global Climate Change: A Plea for Dialogue, Prudence, and the Common Good, Washington, D.C.

Vermeer, Martin/Rahmstorf, Stefan (2009): Global sea level linked to global temperature, in: PNAS 106, Nr. 51, 21527–21532.

WBGU (2006) – Wissenschaftlicher Beirat der Bundesregierung Globale Umweltveränderungen: Die Zukunft der Meere – zu warm, zu hoch, zu sauer. Sondergutachten, Berlin.

WBGU (2008) – Wissenschaftlicher Beirat der Bundesregierung Globale Umweltveränderungen: Welt im Wandel: Sicherheitsrisiko Klimawandel. Jahresgutachten 2007, Heidelberg.

WBGU (2009) – Wissenschaftlicher Beirat der Bundesregierung Globale Umweltveränderungen: Kassensturz für den Weltklimavertrag – Der Budgetansatz. Sondergutachten, Berlin.

WBGU (2011) – Wissenschaftlicher Beirat der Bundesregierung Globale Umweltveränderungen: Welt im Wandel. Gesellschaftsvertrag für eine Große Transformation. Hauptgutachten, Berlin.

WCC (2002): Solidarity with Victims of Climate Change. Reflections on the World Council of Churches' Response to Climate Change, Genf.

WCED (1987) – World Commission on Environment and Development: Our Common Future, in: United Nations General Assembly. Forty second session, 4 August. A/42/427.

Weizsäcker, Ernst Ulrich von (1997): Erdpolitik. Ökologische Realpolitik als Antwort auf die Globalisierung, 5. Aufl., Darmstadt.

World Bank (Ed.) (2012): Turn Down the Heat: Why a 4 °C Warmer World Must be Avoided. A Report for the World Bank by the Potsdam Institute for Climate Impact Research and Climate Analytics, Washington D.C.

Klimaschutz und Armutsbekämpfung meistern: Gerechtigkeit ins Zentrum der Klimapolitik stellen!

Anika Schroeder

Der menschlich verursachte Klimawandel ist nahezu weltweit über alle politischen Lager und Gesellschaftsgruppen als eine der größten Herausforderungen identifiziert worden. Einstimmig wird für Gerechtigkeit plädiert. Dabei wirft die Klimapolitik entscheidende Fragen zur Verteilung von Entwicklungschancen auf. Gerechtigkeit, Verantwortung oder gar Solidarität werden da gern genutzt, um eigene Interessen durchzusetzen, nicht aber als handlungsleitendes Prinzip definiert und eingehalten. Dabei gehört Gerechtigkeit ins Zentrum der Klimapolitik!

1. Globale Gerechtigkeit im Klimawandel

Die in Armut lebenden Menschen trifft der Klimawandel im Besonderen: Er führt schon jetzt nicht nur zu erhöhten Durchschnittstemperaturen, sondern löst weltweit Stürme, Starkniederschläge oder Dürren aus. Der Meeresspiegel steigt. Regen- und Trockenzeiten verschieben sich. Regenfälle werden immer variabler und unvorhersehbarer. Ernten verdorren oder ertrinken. Krankheiten wie Malaria dringen in neue Gebiete vor. Allerdings sind die Folgen des Klimawandels sehr ungleich verteilt. Eine der schleichenden Folgen der Erderwärmung ist etwa die Verschiebung von Klima- und damit Anbauzonen für Feldfrüchte. Während die Getreideerträge bei einem Anstieg der globalen Mitteltemperatur um zwei bis drei Grad Celsius in den gemäßigten Breiten zunehmen, werden sie in den meisten tropischen und subtropischen Regionen erheblich abnehmen, da die Pflanzen dort bereits heute in ihrem Temperaturoptimum wachsen. Nach jetzigen Prognosen wird die Temperaturerhöhung jedoch noch größer sein, sofern keine drastischen und sofortigen Emissionsreduktionen umgesetzt werden. Doch nicht nur die Folgen selbst, sondern auch die Möglichkeiten zum Umgang mit den Folgen der globalen Erwärmung variieren erheblich. Die Armen haben ohnehin kaum ausreichende Ernteerträge und nicht die Möglichkeiten, schlechte Ernten mit Getreide aus den Speichern des Vorjahres oder durch finanzielle Rücklagen zu überbrücken. An diesem Beispiel wird bereits deutlich, dass sich die negativen Folgen des Klimawandels vor allem in Verbindung mit Armut dramatisch auswirken und die Armen gegenüber den Folgen des Klimawandels am verwundbarsten sind.

Der Klimawandel zerstört damit viele Entwicklungschancen und sogar bereits erzielte Erfolge der Armutsbekämpfung. An dem Ziel, die globale Erwärmung auf unter 2 °C zu begrenzen, ist daher als globales Ziel unbedingt fest zu halten. Spätestens seit dem Abschluss der UN Klimakonferenz in Kopenhagen ist dieses Ziel Leitbild der globalen, nationalen und damit auch lokalen Klimapolitik und dessen Maßnahmen geworden.

Um dies zu erreichen tragen alle Verantwortung für den Klimaschutz; Regierungen, Unternehmen und Bürger. Die Industrienationen tragen eine besondere Verantwortung. Sie haben die Atmosphäre bereits übermäßig mit Treibhausgasen überladen und anderen Staaten dadurch den Wachstumspfad auf Grundlage der Verbrennung fossiler Rohstoffe verbaut; gleichzeitig verfügen sie – nicht zuletzt durch die Verbrennung von Kohle und Öl – über enorme finanzielle und technische Möglichkeiten. Diese müssen nun zum Wohle aller eingesetzt werden. Für die Energiewende zu Hause und weltweit. Gleichzeitig müssen sie die Menschen in Entwicklungsländer, die selbst nichts zum Klimawandel beigetragen haben, aber bereits heute unter dessen Folgen leiden, bei der Anpassung an den Klimawandel unterstützen (siehe dazu Edenhofer et al. 2010). Diese Überlegungen wurden bereits 1992 auf dem Erdgipfel in Rio de Janeiro mit dem Prinzip der gemeinsamen, aber unterschiedlichen Verantwortlichkeiten als handlungsleitendes Motiv globaler Umweltpolitik niedergeschrieben. Was jedoch steckt hinter diesem Prinzip oder dem heute vielfach genutzten Begriff der „Klimagerechtigkeit"?

2. Entwicklungschancen erhalten – Durch Klimaschutz

Niemand kann sich hinter der Untätigkeit anderer verstecken. Denn die Herausforderung ist groß: Der Wissenschaftliche Beirat für globale Umweltveränderungen (WBGU) geht davon aus, dass bis Mitte dieses Jahrhunderts nur noch etwa 750 Mrd. t CO_2 aus fossilen Quellen in die Atmosphäre gelangen dürfen, wenn die Begrenzung der Erwärmung auf 2 °C mit einer Wahrscheinlichkeit von wenigstens zwei Dritteln gelingen soll (WBGU 2009). Dieses „globale Budget" wäre bereits in rund 25 Jahren erschöpft, wenn die Emissionen auf dem aktuellen Niveau eingefroren würden. Die globalen Energiesysteme müssen daher bis Mitte des Jahrhunderts weitgehend dekarbonisiert werden. Das ist nur zu erreichen, wenn die Nutzung der fossilen Rohstoffe verboten oder zu teuer wird. Und das muss weltweit gelingen.

Stattdessen erhöht sich aber weltweit der Energieverbrauch – bis 2030 um weitere 50 % (!) – durch das Wachstum von Wirtschaft, Konsum und Bevölkerung. Der Verbrauch von fossilen Rohstoffen steigt. Dieses Dilemma wird sich nicht durch die Endlichkeit der fossilen Energieträger von allein lösen, wie viele nach wie vor meinen. Denn weltweit mögen die Reserven von Erdöl zu Neige gehen. Kohle wird die Menschheit hingegen noch mehre-re hundert Jahre mit ausreichend Energie – auch für eine wachsende Kon-sumgesellschaft– versorgen. Satt auf „peak oil" zu warten, ist eine globale Revolution der Energieversorgung vonnöten.

Während noch Anfang der 70er Jahre rund 60 % der weltweiten CO_2-Emissionen durch die „alten" Industriestaaten ausgestoßen wurden, sind sie mittlerweile „nur noch" knapp zur Hälfte für den Ausstoß an Treibhausgasen verantwortlich, da die schnell wachsenden Schwellenländer mit ihrer hohen Bevölkerungszahl ihre Industrialisierung vorantreiben. Die Betrachtung der Pro-Kopf-Emissionen offenbart, dass sich in Wirklichkeit nicht viel verändert hat. Die Bürger der alten Industrieländer tragen mit durchschnittlich 11,1 Tonnen CO_2 (vgl. International Energy Agency (IEA) Statistics Division 2006) weit mehr zum Klimawandel bei als ein Bürger in den Entwicklungs-ländern, welcher 2003 rund 2,1 Tonnen im Jahr verursachte.[1] Und selbst in den großen Schwellenländern Indien und China – letzteres wird oftmals als Klimasünder Nummer zwei genannt – beträgt der Pro-Kopf-Ausstoß an CO_2 2003 lediglich 1 und 3,2 Tonnen (International Energy Agency (IEA) Statistics Division 2006).

Ziel einer gerechten Klimaschutzpolitik muss es sein, allen Menschen auf dieser Welt das gleiche Recht zur Nutzung der Atmosphäre zu gewähren. Dieser Vorschlag hat auch das internationale Parkett erreicht und wird von Bundeskanzlerin Merkel ambitioniert vertreten (A. Merkel 2007).

Die langfristig verträgliche Menge Treibhausgase, die pro Mensch zur Mitte des Jahrhunderts noch in die Atmosphäre gelangen darf, beträgt im Durchschnitt unter zwei Tonnen CO_2 im Jahr. Für die Industrieländer bedeu-tet dies, ihren Ausstoß auf mindestens 1/5 reduzieren zu müssen, die USA gar auf 1/10. Aber auch Schwellenländer müssten sich trotz der Armut großer Teile ihrer Bevölkerung verpflichten, ihre Emissionen zu reduzieren. So müsste auch China seinen Ausstoß halbieren, während andere Länder wie beispielsweise Indien ihre Emissionen sogar noch verdoppeln dürften. Viele Schwellenländer bezeichnen es als ungerecht, dass Entwicklungs- und Schwellenländer nicht den gleichen fossilen Entwicklungspfad einschlagen dürfen, wie ehemals die Industrienationen. Doch die Grenzen ihres Wachs-tums sind durch die Aufnahmefähigkeit des Klimasystems gesetzt, die nicht überschritten werden darf, wenn nicht Entwicklungschancen zukünftiger Generationen bedroht werden sollen.

Industrieländer wie Deutschland haben daher nicht nur die ethische Ver-antwortung, als Vorreiter im Klimaschurz ein Beispiel geben, sondern auch Schwellenländer bei einer klimafreundlichen Energieversorgung zu unter-

---

1 Zu bedenken ist allerdings, dass auch in den Entwicklungs- und Schwellenländern die kaufkräftige Mittelschicht und Oberschicht wachsen und entsprechend hohe Treibhausgas-emissionen ausstoßen, die dem Niveau eines US- oder EU- Bürgers entsprechen oder dieses sogar übersteigen.

stützen. Auch Entwicklungsländer benötigen Unterstützung, damit sie direkt in das Zeitalter der Erneuerbaren Energien und effizienten Energiegewinnung und Nutzung einsteigen können.

3. Entwicklungschancen nutzen – Anpassungsmaßnahmen fördern

Trotz aller Klimaschutzpolitik – der Klimawandel selbst wird sich nicht mehr abwenden, sondern nur noch begrenzen lassen. Schätzungen zufolge bedeutet eine Zunahme der globalen Mitteltemperatur um 2 °C z.B., dass bis zum Jahr 2050 weitere 200 bis 300 Millionen Menschen zu den 1,1 Milliarden von Wasserknappheit betroffenen Menschen dazu kommen werden (M.L. Parry et al. 2001, S. 118 ff.). Daher müssen sich alle Menschen darauf einstellen, dass sie ihre Lebens- und Anbauweise an eine wärmer werdende Welt anpassen müssen. Schon heute sterben und leiden Menschen durch die Zunahme an Naturkatastrophen. Insbesondere in den Entwicklungsländern. Eine Anpassung an diese extremen Phänomene, die sich von Jahr zu Jahr stark verändern, ist Menschen kaum möglich, wenn sie nicht aktiv unterstützt werden durch Katastrophenprävention und Katastrophenhilfe (UNEP 2007).

Jedoch zeigen die MISEREOR Erfahrungen, dass viele Potenziale zur Anpassung an graduelle Veränderungen bestehen, die es zu nutzen gilt. Partnerorganisationen (z.B. CIDSE 2009; Pande 2009; Piepenstock 2009; Yap 2009) berichten, dass sich Menschen in Entwicklungsländern schon längst autonom und zum Teil erfolgreich an die Folgen des Klimawandels angepasst haben. Zunehmenden Dürreperioden wird etwa mit Methoden zur Verbesserung der Bodenfeuchte oder dem Anpflanzen anderer Sorten begegnet, Ernteeinbußen werden durch temporäre Arbeitsmigration ausgeglichen und die zunehmende Variabilität der Niederschläge wird durch den Anbau schnell reifender Sorten kompensiert. Hier gilt es anzusetzen und zu unterstützen.

Die Möglichkeiten der Armen zur Anpassung an den Klimawandel sind also auch davon abhängig, ob sie Vertrauen in sich selbst und Möglichkeiten zum Experimentieren neuer, unterschiedlicher Überlebensstrategien haben. Ebenso spielt eine Rolle, inwieweit sie von ihren Familien und Nachbarn, ihren lokalen und nationalen Regierungsinstitutionen sowie der internationalen Gemeinschaft unterstützt oder gar in ihren Möglichkeiten begrenzt werden. Je mehr Kreativität und Solidarität besteht und je besser die politischen Rahmenbedingungen sind, desto besser ist auch die Resilienz gegenüber klimatischen Risiken sowie ihre Fähigkeit, sich – unter Umständen sogar vorausschauend – an den Klimawandel anzupassen. Um diese Anpassungskapazitäten zu erhöhen, bedarf es vor allem weiterer Anstrengungen zur

Armutsbekämpfung sowie der Integration der Klimawandelfolgen in die Entwicklungsplanung auf allen Ebenen.

Wie oben beschrieben haben die Industrienationen die moralische Pflicht und die wirtschaftlichen Möglichkeiten, Entwicklungsländer darin zu unterstützen, Anpassungsmaßnahmen zu entwickeln und umzusetzen. Sie tragen auch die Verantwortung, für nicht abzuwendende Schäden aufzukommen. Die Unterstützung von Anpassungsmaßnahmen ist dabei als zusätzlich zur Entwicklungszusammenarbeit zu verstehen, für die daher auch zusätzliche finanzielle Mittel bereitgestellt werden müssen (VENRO 2010), wenngleich Anpassung- und Entwicklungsprojekte nicht sauber voneinander zu trennen sind.

Erstens behindert der Klimawandel schon heute den Erfolg zahlreicher Entwicklungsprojekte und -programme. Zweitens kann eine nachhaltige Entwicklungszusammenarbeit die Anpassungskapazitäten in ärmeren Ländern erheblich erhöhen (Ayers & Huq 2008). Drittens ist der erste Schritt zur Reduzierung der Anfälligkeit gegen Naturkatastrophen (Vulnerabilität) nichts anderes als Armutsbekämpfung – das Hauptziel der internationalen Entwicklungszusammenarbeit.

4. Klimagerechte Entwicklung in der Praxis – Prinzipien für eine erfolgreiche Anpassung an den Klimawandel[2]

Gerechtigkeit im Klimawandel hört allerdings nicht bei der Verteilung von Pflichten und Rechten auf globaler Ebene auf. Gerechtigkeit muss auch bei allen klimapolitischen Maßnahmen im Zentrum stehen. Für Klimaschutz und Anpassung an den Klimawandel bedarf es ganz konkreter menschenrechtlicher Richtlinien. Anhand der Anpassung an den Klimawandel soll dies hier konkretisiert werden.

Industrienationen müssen wie ausführlich beschrieben für die Anpassungskosten aufkommen. Aber die Entwicklungsländer selbst haben wiederum die Pflicht, diese finanziellen Mittel effizient, transparent und zielführend zu nutzen und darüber Rechenschaft abzulegen, damit seitens der Zivilgesellschaft Verbesserungen eingefordert werden können. Sie sind insbesondere gefordert, betroffene und besonders anfällige Bevölkerungsgruppen zu identifizieren und Maßnahmen zu ergreifen, um *deren* Anpassungskapazitäten, also ihre Widerstandskraft, gegenüber den Folgen des Klimawandels zu

---

2 Diese Prinzipien sind entnommen aus: Schroeder, Anika (2011): In Vorbereitung auf eine wärmere Welt: Anpassung an den Klimawandel durch Nutzung lokaler Ressourcen. In: Kofler, Bärbel & Netzer, Nina 2011: Klimaschutz und nachhaltiges Wirtschaften. Für ein neues entwicklungspolitisches Leitbild. Friedrich Ebert Stiftung. Berlin

verbessern und nicht etwa die Viertel der Reichen besonders zu schützen. Darüber hinaus ist jeder Staat verpflichtet, seinen Bürgern Informationen über die Auswirkungen des Klimawandels bereitzustellen, damit sie ihre prozeduralen (Beteiligungs-) Rechte einfordern und umsetzen können.

Wissen angemessen vermitteln

Auch wenn Menschen weltweit die Veränderungen im Klima spüren und ihnen zum Teil erfolgreich begegnen, können sie den globalen Klimawandel und dessen Ursachen noch lange nicht erfassen. So können sie nicht erahnen, ob die gefühlten Veränderungen temporärer Art sind, ob sie anhalten oder sich gar verstärken werden. Dies stellt eine erhebliche Barriere zur Anpassung an den Klimawandel dar, da die Individuen nicht entscheiden können, ob sich eine Investition in neue Methoden oder Technologien lohnt. Sowohl in öffentlichen Einrichtungen als auch innerhalb der organisierten Zivilgesellschaft gibt es hingegen nur Wenige, die den komplexen Klimawandel verstehen und dessen Ursachen und Folgen angemessen vermitteln können. Hier muss Verantwortung durch Industrienationen wahrgenommen und entschieden nachgebessert werden, zum Beispiel durch die Verbesserung der Forschungslandschaft sowie die Vermittlung von Wissen in Institutionen der Entwicklungsländer. Für Bevölkerungsschichten, die eine hohe Analphabetenquote aufweisen und kaum Zugang zu Zeitungen besitzen, sind die Mittel der Wahl Radio, Comics, Theater oder Filme sowie die Ausbildung von MultiplikatorInnen, die die komplexe Thematik in angemessener Weise vermitteln können.

An Erfahrungen anknüpfen

Der Klimawandel erreicht derzeit eine Geschwindigkeit, in der eine autonome Anpassung nicht ausreichen wird. Dies könnte dazu führen, dass ganze Gebiete unbewohnbar werden. Allerdings treten mit dem Klimawandel zunächst keine der Menschheit grundsätzlich unbekannten Wetterphänomene auf. Für einen Großteil der Klimata und Risiken wurden in der Menschheitsgeschichte bereits Risikomanagementstrategien entwickelt. Daher können das lokale Wissen zum Umgang mit klimatischen Risiken sowie die Praxis der Entwicklungszusammenarbeit und deren Erfahrungen mit Gemeinschaften ein erster – wenngleich nicht hinreichender – Ausgangspunkt für die Entwicklung und Umsetzung wirkungsvoller Anpassungsmaßnahmen sein. Die Landwirtschaft stellt hier ein gutes Beispiel dar.

Durch die Unterstützung von MISEREOR haben etwa Kleinbauern weltweit nachhaltige Landnutzungskonzepte erhalten, wiederbelebt und weiterentwickelt, die es besonders den Armen ermöglichen, klimatische Risiken zu minimieren. Durch nachhaltige Anbaumethoden können Felder den Stark-niederschlägen, Dürren oder starken Winden besser standhalten. Zudem droht bei potenziellen Ernteverlusten keine Verschuldung, weil zuvor keine Kredite für externe Betriebsmittel wie Dünger oder Pestizide aufgenommen werden müssen. Unsere Erfahrungen zeigen, dass nachhaltige Anbaumethoden sich gerade im Klimawandel der energie- und kapitalintensiven Landwirtschaft als überlegen erweisen, da Ernteschäden nicht auch noch zu Verschuldungen führen.

Lokales Erfahrungswissen in Forschung und Ausbildung integrieren

Ein weiteres Problem besteht in den großen Lücken zwischen der Forschung und den Praktiken vor Ort. So erhält zum Beispiel gerade die nachhaltige Landwirtschaft wenig Unterstützung aus nationalen Forschungs- und Ausbildungsinstituten. Kleinbäuerliche Landwirtschaft wird in wenigen Universitäten und Forschungseinrichtungen ernst genommen, untersucht und weiterentwickelt. Stattdessen orientiert sich die Ausbildung an der industriellen Landwirtschaft. Agrartechniker haben kaum Wissen und Erfahrungen erlangt, wie sie Kleinbauern auf schlechten Böden und in schlechter Lage angemessen beraten können. »Als ich von der Uni kam und bei der Caritas Santa Ana anfing, musste ich feststellen, dass ich gar nichts weiß von Landwirtschaft«, sagt etwa der Agrartechniker Carlos Gonzales aus El Salvador. »Ich habe erst mal ein halbes Jahr von den Kleinbauern gelernt und dann – verbunden mit dem Wissen aus dem Studium – andere angemessen beraten können.« Er verstehe einfach nicht, dass der Staat bei der Ausbildung von Agrartechnikern nur den Arbeitgeber des Großgrundbesitzers im Kopf habe und auf schwierige und teure Technologien schiele, wo »wir doch selbst über eine so reiche Agrikultur verfügt haben und zum Teil noch verfügen« (interner Projektbericht MISEREOR).
   Allerdings existieren auch sehr gute Beispiele für die Zusammenarbeit von Wissenschaftlern und Kleinbauern bei der Anpassung an den Klimawandel bzw. sogar für die Ermöglichung von Forschung und Entwicklung durch Kleinbauern selbst. Einige durch MISEREOR unterstützte Projekte sollen hier Pate stehen: So fördert die Bauernorganisation MASIPAG Entwicklungen auf den Philippinen, die von den Menschen selbst definiert und vorangebracht werden. Die Kleinbauern züchten hier selbst neue Reissorten, die auf alten Sorten basieren und ganz genau auf die Böden und Klimarisiken vor Ort angepasst sind. Erfolgreiche Züchtungen werden untereinander ausgetauscht. Insgesamt sind so 500 Sorten entstanden, die bestens an die lokalen Bedürfnisse angepasst sind. Ein weiteres Beispiel für die erfolgreiche Erforschung neuer Methoden zur Risikominimierung ist die Nutzung so genannter Bioindikatoren. *Agrecol Andes* erfasst altes Wissen über das spezifische Verhalten

von Tieren und die Veränderungen von Pflanzen, wenn ein Wetterumschwung ansteht, und prüft dieses Wissen über die Bioindikatoren auf die heutige Zuverlässigkeit, um schließlich Kleinbauern dabei zu dienen, den richtigen Aussaat- oder Erntetermin zu bestimmen und Ernteverluste durch Dürreperioden oder Starkniederschläge – inklusive Hagel – zu verringern. Denn viele Kleinbauern in abgelegenen Gebieten haben keinen Zugriff auf meteorologische Informationen.

Austausch zwischen den Betroffenen des Klimawandels ermöglichen

Wissen um die Reduzierung von Klimarisiken kann auch an neuen Orten in die Praxis umgesetzt werden, wo neuerdings ähnliche klimatische Bedingungen auftreten oder in Zukunft auftreten werden. Diesen Austausch können die Betroffenen alleine kaum bewerkstelligen. Die MISEREOR-Erfahrung zeigt, dass insbesondere der Austausch von Gemeinden oder von Bauer zu Bauer viel mehr Erfolg verspricht, als die Entsendung von Beratern. Auch zur Anpassung an den Klimawandel scheint ein solcher Ansatz vielversprechend. Leider werden derlei Maßnahmen schon heute zu wenig gefördert: Noch immer ist es für Entwicklungsorganisationen attraktiver, externe Berater in die Dörfer zu entsenden. MISEREOR hat gemeinsam mit Partnern aus mehreren Ländern im Sahel ein Pilotprojekt zur Anpassung an den Klimawandel gestartet. Im Rahmen dieses Projektes tauschen sich Vertreter von Kleinbauern und Nomaden sowie NGOs untereinander aus, um gemeinsam zunehmende Dürren und Variabilität sowie extreme Niederschläge und damit verbundene Überschwemmungen besser bewältigen zu können. Zudem werden die beteiligten NGOs mit Agrarforschungs-Instituten zusammenarbeiten, um vor Ort neues, angepasstes Saatgut zu entwickeln und neue Anbaumethoden zu erproben. Erfahrungen aus dieser Zusammenarbeit sollen auch in eine gemeinsame Lobbyarbeit münden, um den effizienten Einsatz von Mitteln zur Anpassung an den Klimawandel zu fördern. Auch das bereits genannte Bauernnetzwerk MASIPAG setzt auf Austausch: Im Rahmen des *farmers led approach* findet ein reger Dialog zwischen Bauern unterschiedlicher und vergleichbarer klimatischer Zonen des Landes statt. So können Landwirte erfahren, wie mit anderen klimatischen Risiken umgegangen werden kann, die sie ebenso betreffen. Durch Bodenschutz, Hecken zum Schutz vor Winden, den Einsatz salzresistenter Reissorten sowie eine kapitalextensive Form der Landwirtschaft sind die MASIPAG-Bauern viel besser gegenüber klimatischen Risiken gerüstet als andere Bauern (Bachmann et al.2009).

Gerechte Rahmenbedingungen zur Anpassung an den Klimawandel

Wie oben beschrieben, existieren viele Argumente dafür, dass Anpassung bei jenen beginnen muss, die vom Klimawandel betroffen sind, und ihre eigenen Erfahrungen und Kapazitäten Ausgangspunkt für jedwede Anpassungsstrategie sein muss. Allerdings sind dazu viele Aktivitäten notwendig, welche die Handlungsfähigkeit Einzelner oder von Gemeinden übersteigen. Zudem liegt die Verantwortlichkeit in vielen Bereichen beim Staat – z.B. bei Infrastrukturmaßnahmen wie der Umlegung von Straßen, der Errichtung von Dämmen und Deichen oder dem Bau von sicheren Notunterkünften. Gerade in Entwicklungsländern fehlt es jedoch an umfassendem Kartenmaterial zu Landnutzung und Relief, an meteorologischen Daten und Informationen zur Besiedelung sowie an sozialen Kennzahlen von deren Bewohnern. Eine Planung durch die Regierungen kann hier in keinster Weise erfolgreich sein, ohne lokales Wissen einzubeziehen. Darüber hinaus können Entwicklungs- und Anpassungsmaßnahmen nur wirkungsvoll umgesetzt werden, wenn die lokalen Kenntnisse und Erfahrungen im Umgang mit klimatischen Risiken bei der Planung erfasst und berücksichtigt werden. Nur so können Fehlinvestitionen verhindert und erfolgreiche Ansätze vorangebracht werden.

Erfahrungen von MISEREOR-Partnern in den Sundarbans – den mit Mangrovenwald bewachsenen Mündungs- und Überschwemmungsgebieten Bangladeschs – zeigen beispielhaft, wie relevant die Einbindung lokalen Erfahrungswissens bei der Entwicklung nationaler Anpassungspläne ist. Die nationalen Programme zum Hochwasserschutz folgen in Bangladesch den bisher geförderten Programmen, ohne dass eine Evaluierung erfolgt wäre, um daraufhin ggf. Verbesserungen vorzunehmen. Dabei stören diese Programme z.T. tradierte Flutmanagementsysteme, welche nicht nur dem Hochwasserschutz dienen. Vielmehr kann eine gesteuerte Überschwemmung dazu führen, dass sich Sedimente ablagern, welche die Bodenfruchtbarkeit erhöhen und damit den Einsatz kostenintensiver Dünger ersetzen können. Zudem werden Straßen gebaut, ohne zuvor die Dynamik des Wassers zu eruieren. Infolgedessen werden Straßen zu Staumauern, welche den Wasserabfluss von den Feldern zum Meer verhindern.

Damit lokales Wissen besser in nationale Pläne integriert werden kann, fördert MISEREOR die Organisation BACIK, welche *People's Adaptation Programs* entwickelt. In lokalen Workshops in den Gemeinden werden die Folgen des Klimawandels und aktuelle Herausforderungen besprochen und notwendige Maßnahmen eruiert. Die Ergebnisse werden genutzt, um Entscheidungsträgern lokales Wissen näherzubringen und dafür zu werben, Anpassungspläne »von unten nach oben« zu entwickeln.

In diesem Sinne ist es von außerordentlicher Bedeutung, die Anpassungsprogramme transparent und antizipativ zu entwickeln und die Zivilgesellschaft in der aktiven Beteiligung zu unterstützen. Darüber hinaus muss

die Zivilgesellschaft gefördert werden, um Anpassungsstrategien und Maßnahmen kritisch zu begleiten, die Angemessenheit der Maßnahmen sicherzu-
stellen sowie darauf hinzuwirken, dass Anpassungsmaßnahmen auch wirklich
jene erreichen, welche die Unterstützung und den Schutz am meisten benötigen.

Wenn Anpassung an ihre Grenzen stößt

Die oben ausgeführten Beispiele zeigen, dass durchaus Handlungsoptionen
und Kreativität bei den Betroffenen des Klimawandels vorhanden sind, um
eine gemäßigte Erderwärmung bei entsprechender Unterstützung zu bewältigen. Allerdings weisen Klimaprognosen darauf hin, dass die Anpassung trotz
aller Klimaschutz- und Anpassungsmaßnahmen vielerorts nur bedingt bzw.
gar nicht greifen kann, da viele durch den Klimawandel entstehende Schäden
irreversibel sind. Deswegen sind zusätzlich zu den Anpassungsbemühungen
auch Politikmaßnahmen zum Risikomanagement, Versicherungssysteme,
Kompensation von Schäden sowie die Begleitung von Migration erforderlich.
Die Umsiedlung kann dabei immer nur ein letzter Schritt sein, wenn zuvor
alle anderen Optionen geprüft worden sind. Vor dem Start jeglicher Planungen sind die Betroffenen umfassend und angemessen zu informieren. Um-
siedlungen dürfen dabei selbstverständlich nie in Armut und Obdachlosigkeit
enden, und angebotene Unterkünfte müssen internationalen Standards folgen.
Eine kollektive Umsiedlung und Ansiedlung ist dabei immer individuellen
Lösungen vorzuziehen, um soziale Netzwerke, Kulturen und Sprachen erhalten zu können (Biermann and Boas 2010).

Überleben im Klimawandel ermöglichen

Auch wenn Regierungen, Gemeinden, Einzelpersonen und Entwicklungsorganisationen weltweit erst am Anfang stehen, die Anpassung an den Klimawandel zu ermöglichen und Chancen des Klimawandels zu nutzen, zeigen die
oben genannten Erfahrungen, dass vielerlei Potenziale bestehen. Um diese zu
nutzen, ist es unerlässlich, beim Menschen selbst anzusetzen und dessen
Kreativität und Fähigkeiten nicht durch vertikale Planung von oben nach
unten zu zerstören. Die oben genannten, aus der Erfahrung abgeleiteten Prinzipien sind letztlich eine Bestätigung dafür, dass für erfolgreiche Maßnahmen
menschenrechtliche Prinzipien bei der Anpassung an den Klimawandel gelten müssen. Zunächst einmal ist es die Pflicht eines jeden Staates, seinen
Bürgern ein Mindestmaß an den in Menschenrechtsverträgen anerkannten
Rechten zu gewähren. Jeder Staat ist damit verpflichtet, die vom Klimawandel besonders betroffenen und anfälligsten Bevölkerungsgruppen zu identifizieren und Maßnahmen zu ergreifen, um deren Anpassungskapazitäten zu

verbessern. Darüber hinaus ist jeder Staat verpflichtet, seinen Bürgern Informationen über die Auswirkungen des Klimawandels bereitzustellen, damit sie ihre prozeduralen (Beteiligungs-)Rechte einfordern und umsetzen können. Zudem ergibt sich eine menschenrechtliche Pflicht der Industrienationen, die Entwicklungsländer bei der Anpassung an den Klimawandel zu unterstützen. Der unterstützte Staat hat wiederum die Pflicht, diese finanziellen Mittel zur Anpassung an den Klimawandel effizient und zielführend zu nutzen und darüber Rechenschaft abzulegen, damit seitens der Zivilgesellschaft Verbesserungen eingefordert werden können.

Ob es letztlich gelingt, allen Gesellschaften – und hier insbesondere den ärmsten Bevölkerungsteilen – die Anpassung an den Klimawandel zu ermöglichen, wird im Wesentlichen vom Ausmaß des Klimawandels sowie von der finanziellen Unterstützung der Industrienationen und dem politischen Willen aller Akteure abhängen, die Anpassung mit den Betroffenen gemeinsam zu gestalten. Der Kampf gegen den Klimawandel und gegen die Armut können und müssen gemeinsam angegangen und gewonnen werden.

Literatur

Ayers, J./Huq, S. (2008): Supporting Adaptation to Climate Change: What Role for Official Development Assistance?, Paper presented at DSA Annual Conference 2008.

Bachmann, L./Cruzada, E./Wright, S. (2009): Food Security and Farmer Empowerment. A study of the impacts of farmer-led sustainable agriculture in the Philippines.

Biermann, Frank/Boas, Ingrid (2010): Preparing for a Warmer World: Towards a Global Governance System to Protect Climate Refugees, in: *Global Environmental Politics* 10.

CIDSE (2009): Reducing Vulnerability, Enhancing Resilience: The Importance of Adaptation Technologies for the post-2012 Climate Agreement (Report, May 2009).

Edenhofer et al. (2010): Global, aber Gerecht. Klimawandel bekämpfen Entwicklung Ermöglichen. Hrsg.: Potsdam Institut für Klimafolgenforschung, Institut für Gesellschaftspolitik, MISEREOR, Münchener Rück Stiftung. C.H. Beck

International Energy Agency (IEA) Statistics Division (2006): CO_2 Emissions from Fuel Combustion (2006 edition). Paris: IEA. http://data.iea.org/ieastore/default.asp.

Merkel, A. (2007): Rede von Bundeskanzlerin Angela Merkel anlässlich des Wirtschaftssymposiums der japanischen Tageszeitung „Nikkei". 30.08.2007 Tokyo. http://www.bundesregierung.de/Content/DE/Rede/2007/08/2007-08-30-rede-merkel-wirtschaftssymposium-nikkei.html

Pande, Poonam/Akermann, Kaspar (2009): Adaptation of small scale farmers to climatic risks in India, Report, Sustainet India; http://www.global-aber-gerecht.de/fileadmin/upload/El_tiempo_no_es_como_antes.pdf.

Parry, M.L. u.a. (2001): Millions at a risk. Defining Critical Climate Change Threats and Targets, in: Global Climate Change, 11 (2001).

Piepenstock, Anne (2009): El Tiempo ya no es como antes – Mapeo de actores, percepción y adaptación al Cambio Climático en áreas rurales de la región andina – Bolivia; http://www.global-aber-gerecht.de/fileadmin/upload/El_tiempo_no_es_como_antes.pdf.

Schroeder, Anika (2011): In Vorbereitung auf eine wärmere Welt: Anpassung an den Klimawandel durch Nutzung lokaler Ressourcen. In: Kofler, Bärbel & Netzer, Nina 2011: Klimaschutz und nachhaltiges Wirtschaften. Für ein neues entwicklungspolitisches Leitbild. Friedrich Ebert Stiftung. Berlin

Smit, B./Pilifosova, O. (2001): Adaptation to Climate Change in the Context of Sustainable Development and Equity, in: McCarthy, J. J. et al. (Hrsg.): *Climate Change 2001. Impacts, adaptation and vulnerability*, Cambridge.

Sen, Sukanta et al. (2009): National Adaptation Programme of Action (NAPA), People's Perceptions and Plan; http://www.global-aber-gerecht.de/fileadmin/upload/Dialogforen/summary_NAPA_study.pdf.

UNEP (2007): Human Development Report (HDR)/DGVN (Hrsg.) (2007): Bericht über die menschliche Entwicklung 2007/2008. Den Klimawandel bekämpfen: Menschliche Solidarität in einer geteilten Welt, Berlin.

VENRO/Forum Umwelt und Entwicklung/klima-allianz (2010): Für eine kohärente und zukunftsfähige Klima- und Entwicklungsfinanzierung. Forderungen an die Bundesregierung.

WBGU – Wissenschaftlicher Beirat der Bundesregierung Globale Umweltveränderungen (2009): Kassensturz für den Weltklimavertrag – Der Budgetansatz. Sondergutachten. Berlin:WBGU.

Yap, Roberto (2009): *Small Rice Farmers'Adaptation to Climate Change in the Philippines*, John J. Caroll Institute on Church and Social Issues.

Autorenverzeichnis

Geiger, Gunter, Diplom-Volkswirt, Direktor der Katholischen Akademie/ Bonifatiushaus in Fulda

Görg, Christoph, Prof. Dr., Leiter des Departments Umweltpolitik am Helmholtz Zentrum für Umweltforschung-UFZ in Leipzig und Professor für politikwissenschaftliche Umweltforschung am Fachbereich Gesellschaftswissenschaften der Universität Kassel.

Hieke, Thomas, Professor Dr. theol., Professor für Altes Testament an der Johannes Gutenberg-Universität Mainz.

Lienkamp, Andreas, Professor Dr. theol., Professor für Christliche Sozialwissenschaften am Institut für Katholische Theologie – Fachbereich 3: Erziehungs- und Kulturwissenschaften – der Universität Osnabrück und Direktor des Instituts für Katholische Theologie.

Müller-Lindenlauf, Maria, Dr. agr., Wissenschaftliche Mitarbeiterin/Projektleitung im Fachbereich Nachwachsende Rohstoffe und Lebensmittel am IFEU – Institut für Energie- und Umweltforschung Heidelberg GmbH

Overwien, Bernd, Prof. Dr., lehrt an der Uni Kassel: Lehrstuhl „Didaktik der Politischen Bildung", FB 05 Gesellschaftswissenschaften. Leitung der Arbeitsstelle Globales Lernen und Internationale Kooperation.

Reder, Michael, Prof. Dr. phil., Inhaber des Lehrstuhls für praktische Philosophie mit Schwerpunkt Völkerverständigung und Mitarbeiter am Institut für Gesellschaftspolitik und Leiter des Forschungs- und Studienprojektes *Globale Solidarität* der Rottendorf-Stiftung.

Saan-Klein, van, Beatrice, Dr., Umweltbeauftragte des Bistums Fulda Dozentin für Umweltbildung und Umweltethik.

Schroeder, Anika, Diplom-Umweltwissenschaftlerin und Referentin für Klimawandel und Entwicklung bei MISEREOR in der Abteilung Entwicklungspolitik.

Vogt, Markus, Prof. Dr. theol., Inhaber des Lehrstuhls für Christliche Sozialethik an der Ludwig-Maximilians-Universität München. Seit März 2009 Sprecher der Arbeitsgemeinschaft der Sozialethikerinnen und Sozialethiker des deutschsprachigen Raums.

Eigene Notizen

Eigene Notizen

Eigene Notizen

Eigene Notizen

Eigene Notizen